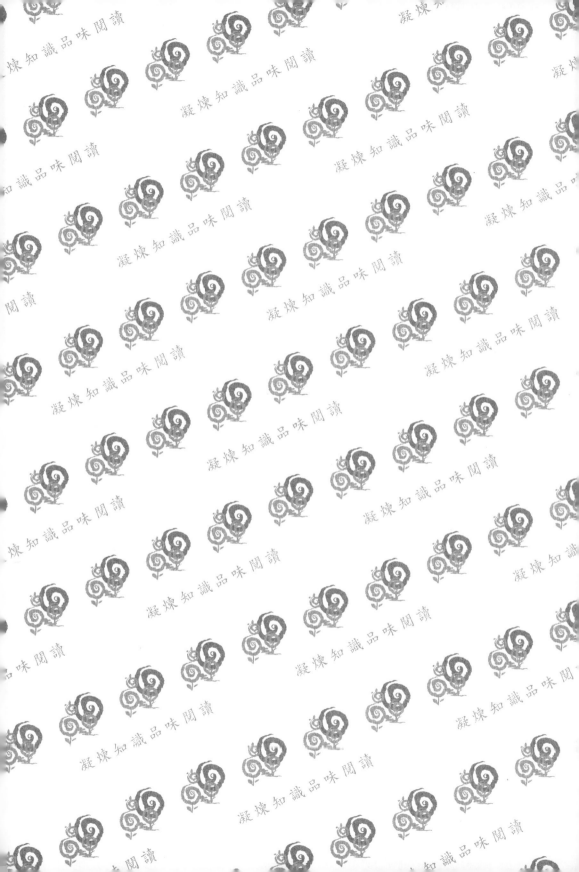

2020年
總統選舉

新時代的開端

陳陸輝 主編

方　淇、王德育、吳重禮、林聰吉

俞振華、洪國智、翁履中、郭子靖

陳陸輝、游清鑫、黃　紀、廖崇翰

蔡佳泓、鄭夙芬、蕭怡靖／合著

五南圖書出版公司 印行

得票率(%)

民主進步黨
　≤25.0
　≤50.0
　≤75.0
　≤100.0
中國國民黨
　≤25.0
　≤50.0
　≤75.0
　≤100.0

主編序

　　自2016年蔡英文女士當選總統以來，民進黨在首次同時控制行政與立法等機構的完全執政下，推行重要的政策，也出現不少的爭議。在2018年年底的「九合一」基層選舉中，同時舉行了10項公民投票案，更創下台灣民主選舉與公民意志直接表達的重要里程碑。不過，蔡英文總統所屬的民進黨卻遭逢完全執政以來的重大選舉挫敗。在2019年年初中國大陸國家主席習近平提出的「一國兩制、台灣方案」以及前行政院長賴清德在民進黨總統提名的黨內初選挑戰，蔡總統面對黨內的挑戰與中國大陸所給予的壓力，在其逐一化解並趁著香港「反送中運動」的催化，讓其在2020年的總統選舉命運出現重要的轉折。

　　本書延續自2008年以來政治大學選舉研究中心的傳統，邀請國內外對選舉政治相關研究的學者，針對2020年總統選舉做深入的剖析。除了簡單回顧本次選舉之外，本書將分析藍綠政黨的長期選民基礎、外在威脅下的台灣認同、政黨偏好與經濟評估、候選人特質、政治世代與統獨態度、兩岸關係與台美關係等諸多因素對總統選舉的影響。此外，本書也特別針對2019年的香港反送中運動對台灣網路輿情的影響進行分析，並納入近年來受到國內外學者重視的人格特質主題，研究其對選舉關注之影響。透過學術研究的嚴謹深入與科普用字的淺顯易懂，讓本書對2020年總統選舉提出重要的詮釋與說明，並以附錄的方式，納入2020年總統選舉前後的大事紀，重點摘錄重要事件，讓本書更具時代意義與歷史價值。

　　本書得以順利出版，要感謝五南圖書公司發行人楊榮川先生以及總經

理楊士清先生長期支持政治學相關領域著作的出版，副總編輯劉靜芬小姐的耐心協助以及本書編輯黃郁婷小姐的細心編排與校對，都是讓本書得以問世的重要功臣。

　　政治大學選舉研究中心自1989年經過教育部的核准而正式「掛牌」成立後，由陳義彥老師擔任選舉研究中心的首任主任。　義彥老師擘畫並推動中心人員的擴充與設備的建置，並創立專業且具雙向匿名審查機制的《選舉研究》期刊，讓研究相關主題的文章有一個學術分享的園地，更對於台灣的選舉研究學者培養與成長具有重要意義。因此，我們僅以此書獻給陳義彥老師，感謝他對於台灣選舉研究主題的重要貢獻。

陳隆輝

2021年6月21日
於政治大學選舉研究中心

目次

Chapter **3** 威脅下的台灣認同與 2020 年總統選舉
鄭夙芬、王德育 *45*

Chapter **4** 政黨偏好與經濟評估：2016 vs. 2020
黃紀 *67*

Chapter 1

2020年總統選舉的回顧與影響

陳陸輝、俞振華

壹、前言

　　自 2016 年蔡英文總統當選以來，提出許多重要的政策，也出現不少重要的事件，這些政策與事件對於蔡總統的執政團隊以及民進黨的地方選舉，產生一定程度的影響。為了說明蔡總統在這四年執政期間的施政表現以及民意反應，本文首先將以「台灣選舉與民主化調查」（以下簡稱 TEDS）在這段期間每季進行的電話訪問資料為基礎，討論民眾對相關政策的態度與立場，以說明民眾對於這段期間蔡總統施政表現的評價。當然，自 2018 年年底地方選舉民進黨敗選後，兩大主要政黨的競爭態勢及兩岸關係也出現重要的轉折。因此，不論是政黨提名策略或與兩岸關係相關的外部事件，對於蔡總統 2020 年的連任選舉，也扮演重要的角色，本文第參、肆部分將分別檢討 2019 年兩大主要政黨的總統提名過程，及說明選舉競爭時期的外部因素與 2020 年大選結果。在結語部分，我們將討論未來台灣選舉政治的可能發展以及本書其他相關章節的內容。

貳、蔡總統上任以來到 2018 年選舉前的施政表現

　　蔡英文總統在贏得 2016 年總統大選之後，有諸多重要的政策，在其上任不久後即付諸實施。當然，其中也有一些項目引起諸多爭議。從表 1-1 中，本文列出有關「不當黨產」、「一例一休」、「非核家園」、「同性婚姻」、「卡管事件」、「促轉會爭議」、「軍公教年金改革」等政策或是事件，這些議題事件在蔡總統第一任的任期間推動或是出現，引發社會大眾的討論。以下，我們運用 TEDS 每季執行的總統滿意度調查，以軍公教年金改革、一例一休、同性婚姻議題以及能源政策等四項政策或事件，說明民眾對於上述政策的反應。

表 1-1　蔡英文總統第一任職任期間重大議題事件時間表

實施時間	政策	內容
2016 年 7 月 25 日	立法院三讀通過《政黨及其附隨組織不當取得財產處理條例》。	8 月 31 日，不當黨產處理委員會正式成立，時任民進黨籍不分區立委顧立雄爲不當黨產處理委員會主任委員。
2016 年 12 月 23 日	總統府公布《勞動基準法》修正案，其中第 36 條，「勞工每七日中應有二日之休息，其中一日爲例假，一日爲休息日。」對於「一例一休」的討論開始。	《勞動基準法》修正案落實週休二日、加班費加碼。2017 年 1 月 1 日正式實施，除「一例一休」，也取消七天的國定假日。並在 2018 年 1 月修法放寬「七休一」、休息日加班工時核實計算、放寬單月加班工時上限至五十四小時……等規定。
2017 年 1 月 26 日	《電業法》修法總統公布。	其中第 95 條第 1 項載明：「核能發電設備應於中華民國一百十四年以前，全部停止運轉」。
2017 年 5 月 24 日	大法官會議釋字第 748 號。	《民法》第四編親屬第二章婚姻規定……與《憲法》第 22 條保障人民婚姻自由及第 7 條保障人民平等權之意旨有違。有關機關應於本解釋公布之日起二年內，依本解釋意旨完成相關法律之修正或制定。
2017 年 7 月 6 日	立法院通過《前瞻基礎建設特別條例》。	該計畫以四年爲期編列 4,200 億預算。
2017 年 12 月 27 日	《促進轉型正義條例》總統公布施行。	2018 年 5 月 31 日，促進轉型正義委員會成立，促進轉型正義委員由前監察院委員黃煌雄、行政院大陸委員會副主任委員張天欽分別擔任主任委員與副主任委員。9 月 11 日，由於張天欽和部分成員發表爭議言論，導致促進轉型正義委員會被輿論批評如同「東廠」或「選戰打手」，張天欽於隔日請辭獲准。

表 1-1　蔡英文總統第一任職任期間重大議題事件時間表（續）

實施時間	政策	內容
2018 年 1 月 5 日	台大校長遴選委員從五位候選人中投票，選出中研院院士管中閔擔任新校長，但教育部遲不任命。	2018 年 12 月 24 日教育部長葉俊榮同意其上任，葉俊榮並於隔日辭職，管中閔於 2019 年 1 月 8 日上任。本案前後三位教育部長先後辭職。
2018 年 7 月 1 日	軍、公教退休年金改革上路。	公教影響比軍改大。
2018 年 11 月 24 日	全國性公民投票通過第 7、8、9、10、11、12、16 案。	第 7、8 案為能源相關公投；第 10、12 案為婚姻相關公投。
2019 年 5 月 22 日	《電業法》修法第 95 條經總統公布生效。	2018 年 11 月 24 日公民投票案第 16 案投票通過廢除《電業法》第 95 條第 1 項之規定，該項規定並已於該年 12 月 2 日失其效力。
2019 年 5 月 24 日	5 月 17 日，《司法院釋字第七四八號解釋施行法》三讀通過，5 月 22 日蔡英文總統公布，今日生效。	同性婚姻施行法生效。

資料來源：作者整理。

一、軍公教年金改革

　　在蔡政府第一任執政期間，軍公教的年金改革引來不少討論。相關的討論，其實遠在馬英九執政期間，民眾便對於軍公教退休年金之外，還享有年利率 18%（以下簡稱「18 趴」）的優惠利息存款，深感不公。本文從 TEDS 總統滿意度調查的資料可以發現：在 2017 年 3 月時，民眾對於「廢除優惠存款對軍公教不公平」議題的看法，只有三成是同意的，但是卻有近六成是不同意的。至於沒有具體表示意見的約一成一。顯示在民進黨執政初期，民眾對於軍公教年金改革的議題，特別是廢除「18 趴」優惠存款利息，相對是較為支持的。

表 1-2　民眾對軍公教 18 趴優惠存款的態度

	2017 年 3 月
同意	30.2
不同意	58.7
其他無反應	11.1
（樣本數）	(1,218)

資料來源：TEDS2017_PA。

說明：表格數字爲直欄百分比（括號內爲樣本數）。

不過，隨著改革的具體內容逐漸浮現，除了讓優惠存款制度逐步走入歷史外，也調降軍公教所得替代率、延後請領年齡、提高費率上限……等，社會上對此一議題的看法也出現波動。我們看到，軍公教年金改革在 2018 年 7 月 1 日正式上路，在上路之前，不滿意度逐漸下降，從五成六到約四成九，至於覺得滿意的比例在三成二到三成八之間上下波動。到正式上路之後，其不滿意度維持在四成八，但是，滿意度則上升到四成。滿意與不滿意兩者之間的差異，縮短到不到一成之間。不過，整體來說，民眾對軍公教年金改革的不滿意比例還是較滿意爲多。

表 1-3　民眾對軍公教年金改革的滿意度

	2017 年 6 月	2017 年 9 月	2018 年 3 月	2018 年 9 月
滿意	31.7	37.9	32.2	40.0
不滿意	56.4	50.2	48.5	48.1
其他無反應	11.9	11.9	19.3	11.9
（樣本數）	(1,230)	(1,231)	(1,241)	(1,200)

資料來源：TEDS2017_PA、TEDS2018_PA、TEDS2019_PA。

說明：表格數字爲直欄百分比（括號內爲樣本數）。

二、一例一休

　　軍公教年金改革雖然有著不同的討論，不過軍公教占全台灣民眾的比例相對有限。另外一個政策，攸關全國勞工權益的「一例一休」議題，則引來更多的討論。蔡英文總統上台之後，希望透過修正《勞動基準法》達到「一例一休」的週休二日的美意，不過修法過程卻引起不少爭議。儘管蔡英文總統曾經在接受《蘋果日報》專訪時說過：「勞工本來就是我們民進黨心裡最軟的那一塊」[1]。不過，正因為一例一休執行過程引來諸多爭議，不但引來資方不滿，勞方也出現不少異議。

　　因此，在賴清德擔任行政院長期間，於 2018 年 1 月再次修正《勞動基準法》，如將「一例一休」的七休一規定鬆綁、休息日加班工時核實計算、放寬單月加班工時上限至五十四小時、特休假得遞延、輪班間隔縮短至八小時……等規定，讓原本的「一例一休」規定放鬆後，使勞資雙方可以較具彈性地處理「一例一休」帶來的勞資紛擾。從表 1-4 中可以發現，在 2018 年 3 月，《勞動基準法》經過再次修訂之後，民眾覺得滿意的約四成七，覺得不滿意的則為三成七。而沒有表示具體意見的約一成六。顯示該議題的爭議經過一定程度的調整之後，儘管仍有一定的比例不滿，但整體社會大眾是肯定後續的處理方式。

表 1-4　民眾對《勞動基準法》修正的態度

	2018 年 3 月
滿意	46.6
不滿意	37.0
其他無反應	16.4
（樣本數）	(1,241)

資料來源：TEDS2018_PA。

說明：表格數字為直欄百分比（括號內為樣本數）。

---

[1] 蔡英文總統在 2016 年 11 月 14 日接受《蘋果》專訪時做以上表示。請參考：〈《蘋果》專訪總統　1 例 1 休爭議　我很痛苦〉，資料網址：https://www.youtube.com/watch?v=ZbiHyZr0lkA，檢索日期：2021 年 3 月 13 日。

三、同性婚姻議題

　　蔡政府第一任任期中，另外一個引起廣泛討論的議題是同性婚姻。該議題自 2017 年 5 月 24 日，司法院大法官會議釋字第 748 號解釋指出：「民法第四編親屬第二章婚姻規定⋯⋯與憲法第 22 條保障人民婚姻自由及第 7 條保障人民平等權之意旨有違。有關機關應於本解釋公布之日起二年內，依本解釋意旨完成相關法律之修正或制定。」由於第 748 號釋憲案並未說明是要修訂《民法》抑或另立專法，因此後續仍引發諸多討論。我們從表 1-5 所引用的 TEDS 從 2017 年以來的多次電話訪問的趨勢可以發現，民眾同意同婚的比例大約在三分之一到四成左右，至於不同意的比例，約在五成二到五成八之間，顯然民眾因為各種因素而對於同性婚姻的議題，有較高的比例持反對態度。

表 1-5　民眾對同性婚姻議題的態度

	修民法讓同性結婚	同婚合法化		同婚專法
	2017 年 3 月	2017 年 6 月	2018 年 12 月	2019 年 6 月
同意	39.1	33.6	33.6	40.0
不同意	52.1	57.0	58.3	51.8
其他無反應	8.8	9.3	8.1	7.2
（樣本數）	(1,218)	(1,230)	(1,219)	(1,365)

資料來源：TEDS2017_PA、TEDS2018_PA、TEDS2019_PA。
說明：表格數字為直欄百分比（括號內為樣本數）。

　　其後，在 2018 年 11 月 24 日舉行的公投案中，其中第 10 案：「你是否同意民法婚姻規定應限定在一男一女的結合？」以及第 12 案：「你是否同意以民法婚姻規定以外之其他形式來保障同性別二人經營永久共同生活的權益？」結果該兩案各以 72.48% 與 61.12% 的同意票通過。換言之，以《民法》以外的規定來落實相同性別二人共同生活權益，應該是該次公投的共識。也因此，在 2019 年 5 月 17 日，《司法院釋字第七四八號解釋施行法》三讀通過，5 月 22 日蔡英文總統公布，並在 2019 年 5 月 24 日生效。

四、能源政策

「2025 非核家園」是民進黨對核能的重要政策，也在 2017 年 1 月 11 日修正通過的《電業法》第 95 條第 1 項中載明：「核能發電設備應於中華民國一百十四年以前，全部停止運轉」。不過，在其他發電方式滿足國內民眾用電需求相對吃緊、風力發電尚未成規模的情況下，各種火力發電廠往往需要「火力全開」才能應付（尤其在夏天的）電力需求，但是也同時造成嚴重的空污問題。

表 1-6 為 2018 年 6 月與 12 月，針對以風力、火力發電來取代核電的議題上的民眾意見。在 2018 年 6 月時，民眾對於該議題同意的比例僅三成七，但是到了 12 月時，其比例上升到約四成五。至於反對的比例，則從五成一下降到四成三。當然，其態度的改變，也許與同年 11 月舉行的公投案有關。

在 2018 年 11 月 24 日舉行的公投案中，其中第 7 案：「你是否同意以『平均每年至少降低 1%』之方式逐年降低火力發電廠發電量？」第 8 案：「您是否同意確立『停止新建、擴建任何燃煤發電廠或發電機組（包括深澳電廠擴建）』之能源政策？」以及第 16 案：「您是否同意：廢除電業法第 95 條第 1 項，即廢除『核能發電設備應於中華民國一百十四年以前，全部停止運轉』之條文？」結果該三案各以 79.04%、76.41% 與 59.49% 的同意票通過。換言之，民眾希望降低火力發電的比例、同意停建燃煤發電，以及廢除民進黨政府希望在 2025 年達到非核家園的相關規定。

表 1-6　民眾對以風力、火力發電取代核電議題的態度

	2018 年 6 月	2018 年 12 月
同意	36.7	44.7
不同意	51.3	42.8
其他無反應	12.0	12.5
（樣本數）	(1,241)	(1,219)

資料來源：TEDS2017_PA、TEDS2018_PA、TEDS2019_PA。

說明：表格數字為直欄百分比（括號內為樣本數）。

參、2018 年地方選舉慘敗與初選重整

回顧自 2016 年以來完全執政的民進黨，上述因為一例一休、軍公教年金改革、同婚議題、能源政策的政策爭議，以及卡管事件與促轉會副主委張天欽不當發言的諸多事件，讓蔡總統的滿意度開高走低後持續低迷。從圖 1-1 中可以發現：2016 年 6 月她剛上任時有超過半數的（52.8%）支持度，一路下跌到 2017 年 6 月的 27.3%。相對而言，對她不滿意的比例，從 2016 年 6 月的一成六，一路上升到 2017 年 6 月的五成七。因為施政表現的低迷，在 2017 年 9 月 4 日，時任行政院長林全向總統提出辭呈，而在 9 月 8 日由時任台南市長的賴清德接替。賴清德接任行政院長之後，在 2017 年 9 月的 TEDS 民調中，曾使得蔡英文總統的滿意度回升到三成四。不過，此次反彈並未持續，以致在 2018 年年底的地方選舉遭受空前挫敗後，其滿意度僅剩兩成二。

民進黨在 2018 年年底選舉的挫敗，喪失 2014 年所獲得的大量縣市長

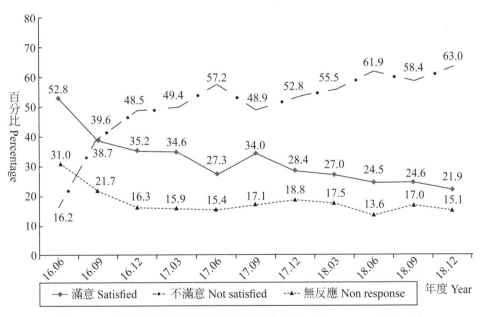

圖 1-1　台灣民眾對總統滿意度趨勢分布（2016.06-2018.12）

席次，其中較值得重視的是，從 1998 年以來執政二十年的高雄市拱手讓人，並造就了國民黨韓國瑜的崛起。此外，台中市、宜蘭縣、彰化縣、雲林縣、嘉義市、澎湖縣等縣市，民進黨也都失守，且國民黨也將原本是無黨籍執政的金門縣與花蓮縣贏回來。總之，該次地方選舉結果，讓兩黨在 2016 年總統與立委選舉後的相對氣勢，出現重要轉折。

依據民進黨的傳統，蔡英文在地方選舉敗選後即辭去黨主席一職，以示負責。且當時由於蔡英文低迷的民調數據，外界開始出現不少揣測，思考民進黨提名其他候選人取代蔡英文參選 2020 年總統大選的可能性[2]。的確，即使蔡總統在 2019 年 2 月即表態爭取連任，但原本擔任行政院長的賴清德，於 2019 年 3 月初民進黨中常會通過總統提名辦法後，表態將投入黨內初選，挑戰現任者蔡英文，兩位也都在 3 月中下旬完成登記，總統提名初選正式成局。於是，蔡英文成為我國總統民選以來，第一位爭取連任時遇到黨內挑戰的現任總統。[3]

不過，初選並沒有在原本預定的 4 月中旬前（4 月 10 日至 12 日）舉行。首先，民進黨中執會以蔡總統 4 月初將出訪邦交國為由，於 3 月底的會議當中決議，將候選人公告及初選時程向後延遲一週。然而，兩週後的中執會（4 月 10 日），又以增加協調時間為由，主張將總統初選時程延至立委初選之後，並決議將總統初選的協調時程延至 5 月 22 日。換言之，經過兩次中執會的「拖延」決議，至少 5 月底前不會有初選了。

為配合中執會的決議，民進黨中常會於 5 月初通過了新的初選時程，將初選訂在協調終止日後的一週內，預定在當月月底舉行初選。不過，到了 5 月 22 日的中執會上，於討論具體初選機制時，又有中執會委員提案修改初選民調規則，主張市話與手機調查都應該納入，並在對比式調查當中納入國民黨的韓國瑜及無黨籍的柯文哲。不過，當時的提案並沒有形

---

2 〈民進黨 2020 換人爭大位？沈富雄曝兩種可能：老娘不幹了〉，《今日新聞 Now News》，2018 年 12 月 20 日，https://www.nownews.com/news/3132703，檢索日期：2021 年 4 月 10 日。

3 丁肇九，2019，〈1996 年以來的六次總統大選，藍綠兩黨候選人各是怎麼決定的？〉，《關鍵評論網》，4 月 26 日，https://www.thenewslens.com/feature/2018-2020/117792，檢索日期：2021 年 4 月 10 日。

成決議，而是在一週後的中執會才以共識決的型式，確定初選時程及民調規則，將納入手機調查的民調初選訂在 6 月中旬（6 月 10 日至 14 日）。而蔡英文最終以平均支持度 35.68%，擊拜賴清德的 27.48%，於 6 月 19 日正式獲得民進黨提名成為總統參選人，並在 11 月中提名賴清德擔任副手，以化解初選時所造成的紛擾。

　　顯然，民進黨從 3 月賴清德宣布參加黨內初選挑戰蔡英文開始，程序上經歷了不少轉折及細部制度的改變，原本應該 4 月決定的人選，一直拖到 6 月才產生。同時，這也是蔡英文參與的第二次總統提名初選。2012 年蔡英文首次爭取總統提名時，主要是與蘇貞昌及許信良競爭，最後只以不到 2 個百分點擊敗蘇貞昌獲得提名，而當時的初選時程從登記到舉辦民調初選大約一個月（自 3 月底至 4 月底）。2016 年時則是定於一尊，黨內沒有人挑戰當時的黨主席蔡英文。幾位較有實力的潛在參選人，包括陳菊、蘇貞昌、賴清德等，都在黨中央公告提名機制前，宣布不參選。因此，在同額登記的情況下，初選協調及民調初選機制都沒有啟動。於是，2016 年民進黨總統提名程序是 2 月中登記，4 月中正式提名，兩個月期間當中沒有任何波動。這一次顯然是受到 2018 年民進黨地方選舉敗選的影響，黨內對於後續總統大選是否提名蔡英文有了雜音，於是出現挑戰者。黨中央為了延長協調時程，將民調初選一延再延，整個時程從登記到初選為時超過三個月，甚至連制度也在初選前小幅修改。對照 TEDS 總統滿意度的調查，蔡英文於 2019 年第一季（3 月調查）的整體施政滿意度是 30.4%，到了第二季（6 月調查）時的整體施政滿意度提升至 44.6%，期間整整上升了 14 個百分點。當然，這段期間或許有諸多內部或外部因素對於蔡英文的支持度產生正向的影響，但若依「後見之明」，初選時程延長究竟對於蔡英文還是賴清德較有利，不言可喻。

　　相對地，由於國民黨在 2018 年地方選舉大勝，整體氛圍對國民黨有利，因此欲爭取總統大位者眾。換言之，過去國民黨總統提名總是定於一尊的情況已不復見。從 2018 年年底朱立倫卸任新北市長後宣布爭取國民黨總統提名開始，包括台灣大學教授張亞中、前台北縣長周錫瑋、前立法院長王金平、及鴻海董事長郭台銘等五位，皆在 2019 年 5 月國民黨訂定

總統提名辦法前表態參選。到了 6 月，王金平宣布退出，高雄市長韓國瑜則宣布加入「徵召初選」，並在後續 7 月的初選民調中勝出，擊敗主要對手郭台銘，獲得國民黨提名。這是國民黨繼 2015 年以來，第二次舉行總統提名初選。

　　不過和前一次相比，國民黨此次初選顯然有很大的不同。經歷 2014 年太陽花學運及年底的地方選舉大敗，2015 年國民黨內遲遲無人願意參選隔年的總統大位，因此才有後續的洪秀柱登記參選，並通過黨員連署及該年 6 月針對她一人所舉辦的初選民調，於 7 月時獲得國民黨提名，成為代表國民黨的 2016 年總統參選人。不過，洪秀柱獲得提名後，其傾中的言論導致聲勢持續下滑，因此 10 月時國民黨透過臨時全國代表會廢除其提名，改徵召時任黨主席朱立倫參選。換言之，2015 年國民黨首次透過黨內初選所產生的總統候選人，最後仍然無法代表國民黨參選。反觀這一次國民黨總統提名過程，是該黨首次有不只一位候選人參與黨內初選，且最後也依初選結果，提名韓國瑜參選。儘管最後結果不如國民黨預期，但至少此次初選機制的正當性並未受到質疑。

　　綜觀此次兩大主要政黨的總統提名過程，皆受到 2018 年年底地方選舉結果的影響。換言之，此次黨際競爭（地方選舉）的結果，都使得兩黨後續的黨內競爭加劇。對於民進黨而言，地方選舉失敗使得蔡英文的連任之路受到阻礙，黨內的雜音甚至形成我國總統民選以來，第一次出現連任者遇到黨內挑戰者的情況。最後蔡英文雖然化險為夷，仍獲得黨內提名，但過程延宕及民調機制修改（即加入手機調查），已為日後初選機制的正當性埋下變數。對於國民黨而言，地方選舉勝利一度讓國民黨以為贏得了總統大選的前哨戰，並使得韓國瑜在國民黨內的聲望迅速崛起。而在擺不平諸多參選人的情況下，國民黨的總統初選同樣一再延遲。雖然國民黨最後尊重初選結果提名韓國瑜，但韓國瑜在總統大選中的表現，同樣讓許多人對於目前初選機制的合理性產生質疑。總之，此次兩大黨的總統提名機制都有因人設事的痕跡，即使最終兩黨都提名了贏得初選的候選人，但未來初選機制是否真能制度化，顯然仍是未定之天。

肆、外部因素引領民進黨氣勢翻轉

2019年元旦，蔡英文總統發表談話，提出以「四個必須」作為兩岸關係發展的基礎。隔天，中國大陸領導人習近平在北京人民大會堂舉行《告台灣同胞書》四十週年紀念會，提出「一國兩制、台灣方案」，給了在2018年地方選舉選後民意低迷的蔡英文總統非常好的翻轉契機。

根據陸委會在2019年3月中旬委託政治大學選舉研究中心的民意調查可以發現：有將近五成的台灣民眾非常不贊成「一國兩制」，而表示不贊成的也有三成一，兩者合計接近八成的民眾傾向不贊成一國兩制。至於表示贊成或是非常贊成者，合計僅一成左右。也因為民眾對於「一國兩制」的強烈反感，蔡英文總統自2019年年初，即以反對「一國兩制、台灣方案」為主軸，強力回擊中國大陸，各項民調滿意度也逐月上升，除了在年中的初選勝出獲得民進黨提名外，後續伴隨著香港反對《逃犯條例》修訂草案運動（俗稱「反送中運動」）所爆發並升高的警民衝突，持續讓蔡英文總統民氣走揚。我們從表1-7中可以發現，民眾對於「台灣撐香港的最好方法就是守護好我們的民主」的說法，有超過四分之三表示同意，約一成到一成六表示不同意，至於沒有表示具體意見者也只有不到一成。顯示「反送中運動」的議題引起台灣民眾的強烈反感，也間接對「一國兩制、台灣方案」表達反對的意見。相對地，國民黨的韓國瑜反而因為競選高雄市長時擁抱中國大陸市場的態度，被貼上「親中」的標籤，在面對

表1-7　民眾對於「守護台灣民主就是撐香港的表現」之看法

	2019年9月	2019年12月
同意	75.5	79.8
不同意	16.3	12.2
其他無反應	8.2	8.0
（樣本數）	(1,240)	(1,260)

資料來源：TEDS2020_PA。

說明：表格數字為直欄百分比（括號內為樣本數）。

2019 年所發生的一連串兩岸三地事件時，又缺乏迅速應變的能力，於是在 7 月獲得國民黨提名後，支持度即節節敗退。總之，習近平的發言及香港反送中事件等外部因素，使得民進黨與國民黨在 2019 年時氣勢翻轉，甚至成爲讓蔡英文總統在 2020 年 1 月 11 日選舉中順利獲得勝利的重要因素。

2020 年總統大選與立委選舉在 1 月 11 日舉行。本屆總統選舉中，全台灣有 19,311,105 名合格選民，投票率爲 74.90%。在三組總統候選人中，代表民進黨的蔡英文、賴清德以史上最高的 8,170,231 票（得票率 57.13%），當選爲第十五任正副總統。國民黨的韓國瑜、張善政則獲得 5,522,119 票，雖較 2016 年時朱立倫、王如玄的搭配多出 170 萬票，但得票率僅 38.61%。親民黨的宋楚瑜與余湘則獲得 606,590 票（得票率 4.26%）[4]。

同一天舉行的第十屆立法委員選舉，在全國不分區部分的投票率爲 74.86%。民進黨在區域立委部分獲得 46 席、不分區立委與原住民立委分別獲得 13 席與 2 席，繼續以合計 61 席的過半席次（席次占比 53.98%），再次單獨掌握國會，延續該黨「完全執政」。國民黨在區域立委獲得 22 席，不分區與原住民共 16 席，合計 38 席（席次占比 33.63%），在國會中的席次雖較上屆略增 3 席，但是普遍認爲該黨無法維持上述在 2018 年地方縣市長基層選舉的氣勢，而視爲敗選，加上該黨總統候選人初選以及不分區名單的爭議，選後該黨主席吳敦義也因此辭職。初次競逐國會席次的台北市長柯文哲所領軍的台灣民眾黨，則以不分區得票 11.22%，獲得分配 5 席的成績，取代時代力量而躍升爲第三大黨（席次占比 4.42%）；時代力量則在不分區政黨票中取得 7.75% 的得票率，分配到 3 席立委席次（席次占比 2.65%）；台灣基進在台中市第二選區的陳柏惟擊敗現任立委顏寬恆，取得該黨唯一席次。至於親民黨在本屆的不分

---

4 2020 年總統選舉與立法委員不分區選舉得票分布的政治版圖，呈現在本書的封面與封底，該圖檔係由黃紀教授提供，特此感謝。請參考：黃紀，2020，「黃紀教授台灣政治地緣資訊系統」，政治大學台灣政經傳播研究中心集體資料庫，http://tpgis2.nccu.edu.tw/。

區得票率僅 3.66%，並未達 5% 門檻，未獲得任何席次。此外，在選戰過程中受民進黨禮讓支持的趙正宇以及原爲民進黨籍但涉及股票內線交易而未獲民進黨提名的蘇震清，在就職後隨即宣布加入民進黨團；而另 1 席無黨團結聯盟的山地原住民立委高金素梅以及前花蓮縣長傅崐萁則加入國民黨團。至於原爲時代力量後改以無黨籍參選的林昶佐則以無黨籍身分，尙未加入任何黨團運作。本屆立委在 2020 年 2 月 1 日就職，並選舉民進黨游錫堃、蔡其昌爲國會正副院長。

伍、結論

　　綜觀蔡英文總統前四年任期的施政內容、民意反應，以及 2020 年的總統與立委選舉結果，有幾個關鍵點對台灣的民主發展有深遠的影響，值得持續觀察。首先，蔡英文總統第一屆總統任內推行諸多政策，引來各方不同意見，但是蔡總統卻成爲首位在總統選舉中獲得超過 817 萬的史上最高票數而贏得連任的我國第一位女性總統，她所屬的民主進步黨也以單獨過半的席次，同時掌握行政權與立法權而繼續「完全執政」，因此，自 2019 年以來兩岸三地發生的重要事件，在這段期間應該扮演重要角色，甚至協助民進黨扭轉了 2018 年年底地方選舉失敗的劣勢。從蔡總統過去四年執政的觀察，完全執政的民進黨其行政系統的意志多能透過立法機構貫徹。在蔡總統連任、內閣小幅改組後，其在就職演說中表示將在立法院「成立修憲委員會，提供一個平台，讓攸關政府制度、以及人民權利的各項憲政體制改革議題，能夠被充分對話、形成共識」。因此，除了過去四年的既有政策外，她對於政府體制、國家未來或兩岸定位是否將提出重大方向改變？而府院之間的協調合作是否能夠繼續順暢無間？都值得持續觀察。其次，自 2019 年年底民進黨在立法院通過《反滲透法》，伴隨 2019 年年初以來「一國兩制、台灣方案」和「反送中」的激盪，以及蔡總統連任後，中國大陸持續爭奪我邦交國和壓縮國際參與空間，兩岸之間的互動勢必牽動蔡總統連任後的兩岸關係後續變化方向。特別是與兩岸

經濟互動攸關的《兩岸經濟合作架構協議》（ECFA），雖此協議未受到檢討甚或中止，但是近來中國大陸禁止台灣鳳梨進口的政策，引來民意強烈的反彈？中國大陸其後會對台灣採取的可能措施或是造成影響如何？值得觀察。第三，在兩岸政治與經濟之外，選後不久從中國大陸武漢市所爆發的新冠病毒（COVID-19）疫情，讓全球的交流緊縮。染疫人數以及死亡人數在若干國家或是地區快速攀升，使得各國紛紛祭出停飛或是停航的措施，也開始管制從不同國家入境的人員，讓全球人員與財貨的互動交流快速急凍。儘管台灣的防疫表現迄今仍是全球的模範生，但因為入境旅客銳減、國內觀光持續低迷，皆對台灣經濟造成不小的衝擊。邁入 2021 年之後，各種疫苗陸續上市，台灣何時能夠解封，讓人民以及境外人士進出而不須採取居家隔離或是自主健康管理的「新正常」生活，對政府無疑是一大考驗。第四，國民黨雖在 2018 年地方選舉中獲勝，可惜在 2020 年的總統立委選舉的表現遠不如預期，甚至在韓國瑜快速崛起、凝聚所謂的「韓粉」後，黨內不同路線的競爭態勢加劇。在年輕一代的江啓臣當選黨主席之後，國民黨能否凝聚力量重振旗鼓？抑或隨波逐流逐漸式微？頗值得觀察。而柯文哲領軍的台灣民眾黨雖然在立法院僅拿下 5 席，但卻手持推薦下次總統候選人的門票。未來，綠、白、藍三種政治勢力之間的合縱連橫，對我國政黨體系的發展至為關鍵。當然，對於再次完全執政的民進黨，是否願意繼續推動攸關一千多萬名勞工權益，卻可能即將破產的勞工年金制度？2020 年 11 月美國總統川普連任失敗，拜登於 2021 年 1 月上台後，對於台美關係可能改變將如何因應？共軍軍機持續繞台以及兩岸關係持續低迷，會不會因為擦槍走火、突發事件，引爆進一步衝突？最後，雖然 2020 年總統大選兩大主要政黨的候選人，都是經由民調初選機制產生，但這項黨內甄補機制畢竟是透過外包給「看不見的選民」為評判標準，其實缺乏黨內實質參與的民主機制，因此不論初選時程或民調方式，我們都看到兩黨派系鬥爭及諸多因人設事的操作痕跡。未來兩黨初選機制是否邁向制度化，顯然還有一段路要走。

儘管以上在 2020 年總統選後的發展值得注意，不過，本書以下各章節，仍將依據本系列叢書過去的傳統，分別從選民的政黨認同、議題偏

好、對候選人的相對比較、台灣認同、兩岸關係、以及中美關係等選民角度，討論上述因素對選民投票行為的可能影響。此外，因為選民的經濟投票以及人格特質，向來是選舉研究關注的焦點，本書也將納入相關章節，討論選民的黨派立場是否影響其經濟好壞的評估，以及人格特質如何影響政治參與。當然，在 2020 年的選舉中，前述「反送中運動」對於台灣民眾具有哪些影響，頗值得深入分析，本書也有專章加以討論。

參考書目

黃紀，2020，「黃紀教授台灣政治地緣資訊系統」，政治大學台灣政經傳播研究中心集體資料庫，http://tpgis2.nccu.edu.tw/。

Chapter 2

藍綠陣營選民基礎的
長期分析

陳陸輝

壹、前言

　　每個政黨有其選民基礎，因此，除了新成立的以外，政黨並不需要在選舉中重新向選民介紹自己，他們就能以其過去各自不同的議題立場供人民選擇（Lipset and Rokkan 1967, 2）。西方國家政黨早期的社會分歧，往往聚焦於文化、政教關係、經濟產業與階級的分歧，其中，階級因素特別重要。不過，正如 Campbell 等人（1960）指出：民眾的政黨認同會因為重要歷史事件而出現變化。本文將從 20 世紀末到 21 世紀初，台灣幾次現任總統參選的選舉年度，分析選民政黨認同的持續與變遷。因為我國目前政黨體系以「藍」、「綠」的區分為主，本文也延續此一傳統，以泛藍與泛綠兩個陣營為分析主軸。

貳、台灣藍綠兩大陣營的出現 [1]

　　1996 年的總統直選是台灣民主化的重要里程碑，不過，如果仔細檢視台灣在中央層級的全面性開放競爭選舉，1991 年的國民大會代表選舉，以及 1992 年的第二屆立法委員選舉，應該是我中央民意機構全面改選的重要起點，其中，定期集會的立法院，讓新選出的立法委員能以自由地區的民意代表身分監督行政機構，具有重要意義。當然，在 1996 年我國舉行的首次公民直接投票選出的總統選舉，更讓台灣民眾首次有機會以自己手中的選票，選擇國家未來四年的領導人。因為公開與競爭的中央選舉自 1990 年代初持續舉行，正如 Converse（1969）所主張：隨著選舉競爭的制度化，有助於民眾對主要政黨形成穩定的政黨認同（Norris 2004）。因此，我們希望了解自 1996 年以來，台灣民眾對藍綠政黨認同的持續與變化。當然，如同前言所討論的，選民的政黨認同會因為重大事

1　本文內容，以陳陸輝與陳映男（2013）以及陳陸輝（2020b）兩篇文章為基礎，增加相關資料與內容後修訂而成。

件而出現可能的改變，因此，在每次選舉過程中的重大議題，會不會對於政黨的選民基礎產生持續的影響，頗值得觀察。此外，不同世代民眾的政黨認同會不會出現不同風貌，也值得深入分析（Abramson 1979）。當然，從 Norris（2004）分析制度差異對政黨體系影響的角度觀察，我們也認為在 2005 年的修憲之後，我國自 2008 年的立委選舉改採單一選區比例代表並立的混合選舉制度（mixed-member majoritarian systems, MMM），讓小黨的生存空間受到一定程度的壓縮。因此，民眾政黨認同的分布也可能會出現變化。當然，從不同政黨陣營在議題立場上的差異，特別是對兩岸未來將走向統一或是獨立的方向，頗能區別不同陣營。因此，本文的後續分析，也將以泛藍與泛綠兩個主要陣營為主。

參、政黨的社會基礎 [2]

由於選民的社會背景與選舉研究中的政黨之社會基礎（social base of parties）密切相關，因此，這個主題是台灣選舉研究的重點，也常常是探討台灣是否出現政黨解組（party dealignment）或是政黨重組（party realignment）的重要課題。對於政黨重組的現象，學者整理美國史上的幾次政黨重組，發現有幾個現象，分別是：政黨支持的基礎出現地理上或是區域的轉變、不同職業團體對政黨支持情況的變動、新選民被動員參與投票而支持特定的政黨、新議題出現而切割選民以及選民對於政黨印象的改變（Abramson, Aldrich, and Rohde 2006, 7-8）。因此，本文將聚焦於性別、出生年、省籍、職業、教育程度以及居住地區，分析不同背景民眾對主要陣營政黨支持的持續與變遷。

選民的性別差異，是研究政黨社會基礎的重要課題。美國以性別差距（gender gap）說明在總統選舉中，不同性別對政黨投票支持的差異。其實美國的女性對兩黨選舉支持的差距不大，但是男性往往更傾向支持共

---

2 相關文獻討論，請參考陳陸輝（2000）、陳陸輝與陳映男（2013）、游清鑫（2018）。

和黨（Abramson, Aldrich, and Rohde 2006, 111-113）。在台灣的政治實務上，女性選民占有一半以上的選票，且近年台灣女性的投票率還高於男性（莊文忠、洪永泰 2020），因此，如何吸引女性選民，成為選戰中一個重要課題。早期胡佛與游盈隆（1983）的分析中發現：女性較男性更傾向支持國民黨，且隨著教育程度的提高，女性支持國民黨的傾向更高。不過，自 1990 年代以來，專門以女性為對象的研究並不多（翁秀琪、孫秀蕙 1995；黃秀端 1996；黃秀端、趙湘瓊 1996），直自 2000 年後，楊婉瑩等人的一系列研究針對女性的政治參與、對統獨議題的態度、在國家認同上以及總統投票的傾向，才有系統地說明了女性與男性之間在政治傾向上的性別差異（楊婉瑩 2007；楊婉瑩、劉嘉薇 2009；楊婉瑩、林珮婷 2010；楊婉瑩、李冠成 2011）。

　　另外一個重要的社會因素，選民的年齡或是政治世代，也成為民眾在政治態度上甚至投票行為差異的指標（劉義周 1993，1994；陳義彥 1994；陳義彥、蔡孟熹 1997；林佳龍 2000；徐永明、范雲 2001；陳陸輝 2000，2002，2003，2019，2020b；陳陸輝、耿曙 2009；游清鑫、蕭怡靖 2007；陳光輝 2010；陳憶寧 2011）。不同的政治世代往往因為生活的經驗不同，對於媒介使用、政治事務認知、對選舉以及民主政治的看法有重要的差異。政治世代的集體記憶（collective memory）不同（Mannheim 1952; Schuman and Scott 1989; Griffin 2004），其背後的重要假定為他們 18 歲到 25 歲的階段，是政治態度的形塑期（formative years），因此重要政治傾向大多在該時期定型，且相對穩定與持續（Jennings 2007）。不過，在我們處理受訪者的年齡／世代／時期對其政治態度的影響程度時，我們面對了幾個互相競爭的解釋方式[3]。第一種效果是上述的世代效果（generational effect or cohort effect），因為出生在同一時期的選民，受到相同的歷史、政治與社會環境所影響，所以有共同的集體記憶，態度也相對持續。例如，美國的新政世代，儘管其年紀增長，卻一直都較為傾向民

---

[3]　以下討論可以參考 Glenn（1977）。也可以參考黃紀（2020）在陳陸輝主編（2020a）一書中的討論。

主黨（Abramson 1989）。第二種效果是生命週期效果（life-cycle of aging effect）。這是指選民隨著自己年齡的增長，面對生命不同的階段時，諸如：成家、立業……等等，對其政治態度的影響。通常其背後的假定是隨著生命週期歷經的事務不同，人的政治態度會愈來愈保守，或是愈來愈支持保守政黨。第三種效果是時期效果（period effect），它是指在特定時間點發生的重大事件往往會影響所有民眾。例如，在 2020 年所爆發的新冠肺炎（COVID-19）疫情，對於全球民眾的生活習慣造成重要影響。戴口罩、保持社交距離、勤洗手、居家令、在家工作以及隔離等行為或是名詞，變成全球共同的行為或是語言，這些經驗對當時所有民眾都會有不同程度的影響。由於 Campbell 等人在《美國選民》一書認為選民的政黨認同的強度是會隨年齡增加而增強，Converse（1969）重新分析 Almond 與 Verba 在五個國家所做的調查訪問資料也重申此一論點。不過，區分生命週期效果與世代效果，並不是一件容易的事情（Abramson 1989; Huang 2019），通常需要取得跨年度的資料，才較容易看出是哪一種效果對選民的政黨認同具有較大的影響力。有鑑於此，本文使用的總統競選連任年度的電話訪問樣本數頗大，故得以將選民以每隔 4 歲為一個單位，分析不同出生年的民眾，在四位現任者總統於其連任選舉年度中，其政黨認同的差異。

　　由於台灣特殊的政治與社會環境，使得「本省人／外省人」省籍問題成為過去切割政黨支持或是分析「台灣認同」的重要因素，相關的研究均發現，省籍的不同使得民眾對於不同政黨的支持程度出現重要的差異（陳義彥 1994；陳陸輝 2000；吳重禮、李世宏 2005；吳重禮、崔曉倩 2010；鄭夙芬、王德育、林佩婷 2018）。不過，隨著 1945 年跟隨政府播遷來台的第一代外省民眾逐漸凋零、新世代對於中國大陸集體記憶模糊以及對於中國大陸的印象轉變，民眾的省籍在 21 世紀交替之間，是否失去其重要性，仍然值得觀察。

　　在政黨社會基礎的分析中，階級或是職業類別是其中的關鍵。Lipset（1981）觀察西方國家的政治發現：社會階級是最重要的社會分歧（social cleavage）。不過，Dalton（2006）的研究卻認為，區別西方民主國家社會

分歧的因素中，階級不再像過去一樣是左右關鍵，後物質主義的價值觀也許能左右民眾對特定政黨支持。在台灣，過去由於國民黨長期執政，且在「全民政黨」（catch-all party）的威權統治之下，各職業團體的政治活動以及組織並不活躍。胡佛與游盈隆（1983）及林佳龍（1989）的研究，發現了不同職業背景的民眾政黨支持的差異。本系列叢書在 2012 年檢視不同職業民眾在 1996～2012 年的變化也呈現了：原本在 1996 年支持泛藍的農林漁牧業，在 2004 年之後轉而支持泛綠陣營。相對地，軍公教人員在1996～2012 年期間，都是泛藍的支持者（陳陸輝、陳映男 2013）。此一趨勢是否延續？也值得關注。

居住在不同地區的選民，有「南綠、北藍」的現象（徐永明 2001；Lee and Hsu 2002）。從 1996～2012 年的分析，我們也發現居住在南部地區的民眾，其支持泛綠陣營的比例是持續偏高的（陳陸輝、陳映男2013）。地理區域對不同陣營支持的差異，也可能跟不同地理區域的產業結構有關。耿曙與陳陸輝（2003）以不同視角，從兩岸經貿互動對不同地區產業可能的衝擊入手，針對台灣的北、中、南、東部等四大地理區塊，依其經濟結構差異以及在「擴大兩岸經貿交流」問題上是否獲利或是受害，分析其區塊政治支持的差異。研究發現不同產業類別，例如農林漁牧產業，因為兩岸經貿交流可能受害，而傾向支持民進黨。至於第三產業的服務業，因為兩岸交流可能獲利，而傾向支持國民黨。因此，不同產業或是不同階級的民眾，在政治支持上出現重要的差別。

綜合以上的內容，本文將以 1996 年以來，歷次競選連任總統的年度為分析重點，以選舉研究中心該年度的資料，分析不同出生世代、性別、教育程度、省籍、職業類別與居住地區民眾，對於藍、綠陣營支持程度的持續或是變遷進行探討。

肆、研究資料與方法

本文運用政治大學選舉研究中心自 1996 年以來，每次現任總統競選連任的選舉年度所執行的電話訪問資料進行分析。由於在選舉年度選研中心所執行的電話訪問案所累積的資料至少有上萬筆，因此，有較多的樣本數可以進一步以每隔四年的選民出生年區間，檢視新選民政黨支持的持續與變遷，也利於從世代政治的角度，檢視不同世代選民的政黨傾向是否出現變化。在資料處理上，民眾出生在 1945 年之後，每四年編碼爲一群組，檢視其政治態度的變化。從表 2-1 可以發現：出生在 1944 年之前的選民，他們在 1996 年爲 52 歲以上，到了 2020 年則爲 76 歲以上，而在 1996 年爲首投族的 1973～1976 年出生的這一群民眾，到了 2020 年則爲 44 歲到 47 歲。

表 2-1　民眾出生年與選舉年年齡對照表

出生年	1996 年齡	2004 年齡	2012 年齡	2020 年齡
1997-2000				20-23 歲
1993-1996				24-27 歲
1989-1992			20-23 歲	28-31 歲
1985-1988			24-27 歲	32-35 歲
1981-1984		20-23 歲	28-31 歲	36-39 歲
1977-1980		24-27 歲	32-35 歲	40-43 歲
1973-1976	20-23 歲	28-31 歲	36-39 歲	44-47 歲
1969-1972	24-27 歲	32-35 歲	40-43 歲	48-51 歲
1965-1968	28-31 歲	36-39 歲	44-47 歲	52-55 歲
1961-1964	32-35 歲	40-43 歲	48-51 歲	56-59 歲
1957-1960	36-39 歲	44-47 歲	52-55 歲	60-63 歲
1953-1956	40-43 歲	48-51 歲	56-59 歲	64-67 歲
1949-1952	44-47 歲	52-55 歲	60-63 歲	68-71 歲
1945-1948	48-51 歲	56-59 歲	64-67 歲	72-75 歲
1944 之前	52 歲以上	60 歲以上	68 歲以上	76 歲以上

資料來源：作者整理。

運用此種劃分方式的好處在於，我們既可以檢視首投族選民政治態度的分布與變化，也可以持續追蹤特定出生年民眾政黨傾向的持續與變遷。得利於選研中心在總統選舉年度的大規模樣本，讓本文可以將 1996 年、2004 年、2012 年、2020 年四次的各個年度資料合併，再以性別、年齡、居住地與教育程度四個變數反覆加權，讓分析的資料與母體的結構一致。除了描述不同出生年民眾的政黨傾向分布趨勢之外，本文也將民眾藍綠政黨傾向視為有序多分的變數，運用有序勝算對數模型（ordered logit model），檢視不同性別、省籍、教育程度、居住地區、職業以及出生年的民眾，在 1996～2020 年四次現任總統競選連任的期間，其藍綠政黨傾向的變化。

伍、藍營衰退綠營壯盛？世代交替的趨勢[4]

自 1996 年以來，國民黨與民進黨目前仍然是國內兩個主要政黨，因此，我們首先檢視台灣民眾對兩大政黨支持的變化情況。從表 2-2 中的上半部可以發現：國民黨與民進黨歷年認同者的平均都大約為兩成五，不過，在 1996～2020 年四次現任總統競選連任的該年，我們可以發現幾個趨勢：首先，當選連任時，該黨的支持度比過去高，例如，2004 年陳水扁當選時，民進黨認同者的比例比 1996 年超出一成二，2020 年蔡英文贏得連任時，民進黨認同者也較 2012 年高出 8 個百分點。至於國民黨的認同者，在 2012 年馬英九當選連任年時，較 2004 年高出約一成二。因此，勝選的氣勢對政黨的「民氣」有所助益。其次，民進黨的認同者自 2004 年以後，都有兩成五左右的比例，儘管在 2012 年無法勝選，仍然維持其氣勢。國民黨在 2004 年敗選後，認同者跌到兩成一，不過，在 2020 年之後，跌到一成七。因此，可以看出民進黨的認同者似乎展現「雖敗猶榮」的態勢，但是，國民黨的認同者會不會因此「人氣潰散」，頗值得觀察。

4　本節的內容與分析方式，請參考陳陸輝（2019，2020b）。本節的部分內容，由前引兩篇文章修改而成，特別感謝《展望與探索》雜誌，允許作者引用該兩篇文章。

表 2-2　台灣民眾政黨傾向的分布

	1996 年	2004 年	2012 年	2020 年	
政黨認同					歷次平均
國民黨	32.1	21.2	32.7	17.0	25.7
偏藍政黨	9.8	10.7	4.1	0.6	6.3
民進黨	12.8	24.7	25.7	34.0	24.3
偏綠政黨	0.4	2.4	2.3	7.3	3.1
中立無傾向	44.9	41.1	35.1	40.9	40.5
藍綠陣營					歷次平均
泛藍政黨	41.9	31.8	36.8	17.6	32.0
泛綠政黨	13.3	27.1	28.0	41.3	27.4
中立無傾向	44.9	41.1	35.1	40.9	40.5
（樣本數）	(10,984)	(34,855)	(18,011)	(11,491)	

資料來源：政治大學選舉研究中心歷年電話訪問調查資料合併而得。請參考：https://esc.nccu.edu.tw/upload/44/doc/6965/Party202012.jpg。
說明：表中數字為直欄百分比（括號內為樣本數）。

第三點是，民進黨在 2020 年勝選之後，其認同者的比例高達三成四，還略高於 1996 年李登輝當選的國民黨的氣勢，因此，如果民進黨此一氣勢持續維持，將對台灣選舉政治的後續發展具有重大影響。第四，國民黨之外的偏藍政黨在 1996 年與 2004 年大約有一成，但是 2020 年幾乎消失，而民進黨之外的泛綠政黨認同者則從不到 1 個百分點上升到約 7 個百分點，除了選舉制度之改變之外，也可見兩個陣營的氣勢消長。

　　回到本文後續分析，將使用的「泛藍」與「泛綠」陣營的分布，從表 2-2 的下半部分可以發現：如果以泛綠相對泛藍的氣勢來看，我們發現是放大以上「綠軍聲勢大漲，藍軍氣氛低迷」的態勢。在 1996～2020 年，藍軍認同者的比例約三成二，綠軍約兩成七，不過，泛藍的氣勢高點在 1996 年，約有四成二的支持者，其後在 2012 年雖反彈到近三成七，但是在 2020 年則不到一成八。相對地，泛綠的氣勢，從 1996 年的一成三低

點，一路上漲到 2020 年四成一的史上新高。這個氣勢的變化，大致與前述的說明相同。當然，除了認同藍綠的陣營之外，大約有四成的民眾是沒有政黨傾向的，他們的比例在 1996～2012 年之間是下降的，符合本文認為隨著選舉競爭，民眾會開始向議題立場與其接近的政黨靠攏。不過，到了 2020 年，沒有政黨傾向的比例又上升回四成一左右，回到 2004 年的比例。這是因為藍軍敗選，使原來支持者不願歸隊？還是因為新的選民不願意在兩個陣營選邊站？值得後續分析。

　　接下來我們先以表 2-3 說明本節後續的資料處理方式。從表 2-2 中可以看出，四個年度資料都有超過 1 萬以上的受訪者，因此，我們將其切割為 15 個年齡層，其中，以 2020 年的表 2-3 的資料為例，我們各年齡大多維持 600 個以上的樣本數，其中樣本數較少的 1945～1948 年出生的民眾也有超過 360 位。表 2-3 中為了讓本文的分析結果更易理解，以卡方檢定調整後餘值的概念[5]，標示出該年度不同年齡層的民眾，其政黨偏好在「泛藍陣營」、「泛綠陣營」與「無傾向」的三種分布中，相對較為傾向或是較不傾向特定陣營。我們就以表 2-3 為例子，說明如何運用調整後餘值，來解析台灣民眾政黨偏好的持續與變化。在 2020 年時，最下面的一個橫列是總計百分比，民眾偏向泛綠陣營的比例約四成二，無政黨傾向的約四成一，偏好泛藍陣營的約一成八。進一步檢視不同年齡層則可發現：1981～2000 年期間出生的民眾，他們偏好泛藍陣營的比例都在一成上下，相對於全體民眾的一成八，其比例在統計上是顯著偏低（以斜粗體字表示）。相對來說，他們偏好泛綠陣營的比例大約四成五到五成，相對於全體民眾平均的四成二，在統計上則是顯著偏高（同樣以斜粗體字表示）。至於 1953～1972 年出生的民眾，他們偏好泛藍陣營的比例大約兩成三上下，相較全體選民是顯著偏高的。相對地，除 1957～1960 年這一群之外，1953～1972 年這一群他們偏好泛綠陣營的比例僅約三成七上下，是比全體民眾為低的。在 2020 年時的首投族，他們支持泛綠陣營的

表 2-3　2020 年不同出生年民眾的政黨傾向分布

	傾向泛藍	無傾向	傾向泛綠	（樣本數）
1997-2000	*12.2%*	39.0%	*48.8%*	(639)
1993-1996	*8.4%*	41.5%	*50.1%*	(752)
1989-1992	*9.3%*	43.8%	*46.9%*	(767)
1985-1988	*10.1%*	41.3%	*48.6%*	(734)
1981-1984	*11.3%*	*43.9%*	*44.8%*	(1,004)
1977-1980	16.9%	41.9%	41.3%	(860)
1973-1976	19.8%	40.3%	39.9%	(908)
1969-1972	*24.8%*	37.7%	*37.5%*	(802)
1965-1968	*25.9%*	38.2%	*35.9%*	(804)
1961-1964	*24.8%*	39.7%	*35.5%*	(948)
1957-1960	*21.3%*	38.9%	39.8%	(723)
1953-1956	*23.1%*	38.9%	*38.1%*	(746)
1949-1952	18.8%	38.7%	42.5%	(654)
1945-1948	20.7%	37.9%	41.4%	(367)
1944 之前	20.4%	43.7%	*35.9%*	(604)
橫列 %	17.8%	40.5%	41.7%	(11,312)

資料來源：見表 2-2。

說明：1. 表中數字爲橫列百分比（括號內爲樣本數）。

　　　2. 表中數值爲斜粗體者，係標準化餘值絕對值大於 2。卡方檢定結果是卡方值爲 305.85，自由度爲 28，$p<0.001$。

比例將近五成，是除了 1993～1996 年出生者外，全體民眾中對泛綠陣營支持度較高的一群。至於不具政黨偏好的無傾向者中，1981～1984 年這一群是比例最高者，大約四成四上下，但 1945～1972 年這一群民眾相對是較低的，約三成八上下。值得注意的是，1944 年之前出生的民眾，對於泛藍的支持度較全體平均爲高，約兩成，而對泛綠陣營的支持度約三成六，相較於全體民眾則是顯著較低的，但是他們無傾向的比例約四成四也頗高，我們在下一節後續的多變量分析時，將以 1944 年以前出生的民眾

為對照組來加以比較分析。

　　如果僅以表 2-3 的內容觀察，我們並不確定是因為年輕的選民比較支持泛綠陣營，還是因為不同的世代，因為成長時的生活經驗不同，而有不同的政黨傾向。因此，利用跨時的資料，如表 2-1 的呈現方式，較能夠掌握不同世代民眾的政黨傾向，是因為世代的集體記憶不同，而對特定政黨的支持相對持續；還是因為生命週期的效果，也就是隨著每個人生命歷程，在年輕時充滿夢想而希望改變世界，但愈年長因為各方面責任愈重而愈保守；還是因為時期效果，因為同一個時段，民眾受到相同重大事件影響其政黨偏好。不過，若將表 2-1 同時納入民眾對兩個陣營的三分類政黨偏好，會讓表格內容變得過於複雜，因此，我們按照分析交叉列表 2-3 的分析方法，在資料分析時先針對四次總統選舉連任那年時，民眾對「泛綠陣營」、「泛藍陣營」以及「無傾向」的政黨偏好予以分析，再分為「泛藍陣營」、「泛綠陣營」、「無傾向」三種分類，各自以表 2-1 的方式呈現，但是以歷年的標準化餘值分析結果，則以斜粗字體標示，一併呈現在表中數字。

　　我們以表 2-4 解析不同年齡層民眾對「泛藍陣營」政黨偏好的分布。表中首先看見一個有趣的現象，就是對於首投族來說，泛藍陣營未必是「票房毒藥」。儘管在 1996 年時，泛藍陣營未能爭取到當時的首投族支持，但是當時另外兩個年輕族群：出生在 1965～1972 年的世代，有超過四成五的比例認同泛藍政黨，而在 2012 年的首投族，對泛藍的支持也是較全體民眾顯著為高。在 2004 年與 2020 年兩個年度中，最年輕的族群對泛藍的支持則是顯著偏低。在 2004 年與 2020 年時，可以發現 1977 年以後出生的民眾對泛藍的支持度是顯著較低的。此外，從表 2-4 中可以發現，出生在 1965～1972 年的民眾，也就是台灣的「五年四班」到「六年一班」的民眾，在表 2-4 的四個年度中，相對於全體民眾，對泛藍陣營的支持度相對來說是較高的。當然，如果我們認為泛藍陣營的支持者是相對「保守」的話，則從表 2-4 中，似乎並未看到民眾隨著生命週期而變得更加支持泛藍陣營。以 1969～1972 年出生的為例，可以看到他們在 1996 年時對泛藍陣營的認同度約是四成六，為所有年齡層最高。到 2004 年雖

表 2-4　不同出生年民眾歷年傾向泛藍政黨的分布

	1996	2004	2012	2020	歷年平均
1997-2000				*12.2%*	12.2%
1993-1996				*8.4%*	8.4%
1989-1992			*41.6%*	*9.3%*	25.4%
1985-1988			*32.5%*	*10.1%*	21.3%
1981-1984		*30.5%*	*32.8%*	*11.3%*	14.7%
1977-1980		*30.0%*	*33.1%*	16.9%	16.7%
1973-1976	40.9%	33.2%	35.2%	19.8%	13.8%
1969-1972	*45.6%*	*36.1%*	*41.8%*	24.8%	16.6%
1965-1968	*45.5%*	*37.2%*	*42.2%*	25.9%	17.0%
1961-1964	44.1%	*35.0%*	37.8%	*24.8%*	15.7%
1957-1960	43.4%	33.5%	38.3%	*21.3%*	14.9%
1953-1956	41.1%	31.9%	*39.9%*	*23.1%*	15.7%
1949-1952	41.5%	*29.9%*	35.0%	18.8%	13.4%
1945-1948	38.9%	*28.3%*	35.0%	20.7%	13.9%
1944 之前	41.2%	*28.1%*	38.3%	20.4%	14.7%
橫列 %	42.5%	32.1%	37.3%	17.8%	13.8%

資料來源：見表 2-2。
說明：1. 表中數字為橫列百分比（括號內為樣本數）。
　　　2. 表中數值為斜粗體者，係標準化餘值絕對值大於 2。

維持三成六，是所有年齡層較高的，但不如 1996 年的認同度。到了 2012 年，馬英九當選連任總統那一年，此一比例回升到四成二，與 1965～1968 年與 1989～1992 年這兩群相近。但是 2020 年則下跌到該年齡層史上新低的約兩成五。因此，在這一群民眾中，我們並沒有看到愈年長變得更為保守或是愈支持泛藍陣營，因此，所謂生命週期的效果並不明確。當然，從以上分析發現了這一群選民或是所謂的「五年級」到「六年一班」選民，相對於其他年齡層，他們歷年來是較為支持泛藍陣營的，所以，

所謂的世代效果是存在的。另一個值得注意的是，1944年之前出生的選民，在1996年與2004年，他們相對全體選民，是比較不支持泛藍陣營的，但在2012年與2020年上升到比全體平均略高。

　　根據Converse（1969）的研究，民眾的政黨認同是學習而來。換言之，當有競爭性的選舉舉行，政黨提出不同訴求競逐選民支持，選民開始逐漸形成其對政黨的支持與認同。我們從表2-5發現：1944年以前出生者，相對於全體選民，他們無政黨傾向的比例是顯著偏高的。從1996年開始，他們之中無政黨傾向的比例約五成，但是到了2012年下降到三成

表2-5　不同出生年民眾歷年無政黨傾向的分布

	1996	2004	2012	2020	歷年平均
1997-2000				39.0%	39.0%
1993-1996				41.5%	41.5%
1989-1992			*31.0%*	43.8%	37.4%
1985-1988			36.2%	41.3%	38.8%
1981-1984		*38.3%*	*37.1%*	*43.9%*	27.0%
1977-1980		39.1%	33.5%	41.9%	25.1%
1973-1976	*38.8%*	*38.2%*	36.2%	40.3%	19.1%
1969-1972	*40.3%*	*38.0%*	*31.9%*	37.7%	17.4%
1965-1968	*38.9%*	37.6%	*32.2%*	38.2%	17.6%
1961-1964	*39.6%*	39.2%	36.2%	39.7%	19.0%
1957-1960	42.8%	*37.9%*	34.3%	38.9%	18.3%
1953-1956	44.3%	41.3%	*31.7%*	38.9%	17.6%
1949-1952	44.4%	40.0%	35.0%	38.7%	18.4%
1945-1948	*51.0%*	42.9%	32.0%	37.9%	17.5%
1944之前	*49.7%*	*47.8%*	*38.2%*	43.7%	20.5%
橫列%	43.9%	40.5%	34.5%	40.5%	18.7%

資料來源：見表2-2。

說明：1. 表中數字為橫列百分比（括號內為樣本數）。

　　　2. 表中數值為斜粗體者，係標準化餘值絕對值大於2。

八，約減少一成五的比例。儘管在 2020 年又上升到四成四上下，但還是較 1996 年爲低。這一群民眾是年紀最大的一群，相對於其他族群，隨著時代推進，他們離世的比例也較其他年齡層爲高。不過，我們見證到了隨著政黨競爭的制度化，民眾（不）具有政黨認同的比例也在變化。在表 2-5 中，我們又發現在 1965～1972 年這一群選民，他們相對於其他年齡層，不具備政黨認同的比例，在歷年相對是較低的。此外，比較值得注意的是 1981～1984 年這一群在民眾 2004 年爲首投族的民眾。他們在 2004 年，相較於全體選民，政黨偏好「無傾向」的比例是較低的，不過 2012～2020 年，他們「無傾向」的比例卻變得比全體民眾爲高，是不是因爲 2005 年的「紅衫軍」運動而對（執）政黨變得較爲疏離？頗值得觀察。相同的情況也出現在 2012 年出生在 1989～1992 年的首投族，他們也是在 2012 年的政黨偏好「無傾向」的比例顯著較低，但是卻在 2020 年後變成無政黨傾向的比例較高。是否受到 2014 年「太陽花學運」的影響，也值得注意。從另一個角度來看，兩個族群都是在連任總統當選的年度成爲首投族，但是，兩位總統在連任之後，或因貪瀆弊案，或因施政措施失去民心，兩位都讓民眾相當失望。對於首投族來說，也許在初次選舉時支持該政黨，卻因爲該黨總統連任之後的表現不佳，而讓他們對於政黨政治感到失望，因此，轉到「無傾向」的陣營？頗值得後續深入觀察。

　　至於民眾在政黨傾向支持「泛綠陣營」的歷年分布，從表 2-6 中可以發現：在 1996 年時，最年輕的民眾最傾向支持泛綠陣營，這個現象在 2004 年持續，但是 2012 年最年輕的族群，相對於全體民眾，是較不支持泛綠陣營的。而 2020 年的首投族與次年輕族群，相較於其他年齡層，他們對綠營的支持度是最高的兩個年齡層。整體來說，泛綠陣營在 2020 年能夠獲得 40 歲以下年輕族群的支持，應該是他們在選舉中有突出表現的重要關鍵。此外，我們在 1996 年看到 1961～1968 年出生的這群民眾，相對於全體平均，是較爲支持泛綠陣營的，但是自 2004 年開始到 2020 年，他們變得較不支持泛綠陣營，儘管整體來說，他們對綠營的支持比例是逐年上升的。同樣地，對泛綠陣營較不支持的趨勢，我們也可以從 1944 年以前出生的最年長的年齡層發現。如果另外以 1953～1956 年出生的爲

表 2-6　不同出生年民衆歷年傾向泛綠政黨分布

	1996	2004	2012	2020	歷年平均
1997-2000				*48.8%*	48.8%
1993-1996				*50.1%*	50.1%
1989-1992			27.5%	*46.9%*	37.2%
1985-1988			*31.2%*	*48.6%*	39.9%
1981-1984		*31.2%*	30.1%	*44.8%*	25.0%
1977-1980		*31.0%*	*33.4%*	41.3%	24.9%
1973-1976	*20.4%*	28.6%	28.6%	39.9%	17.1%
1969-1972	14.1%	25.9%	26.3%	*37.5%*	16.0%
1965-1968	*15.6%*	*25.2%*	*25.6%*	*35.9%*	15.4%
1961-1964	*16.3%*	*25.9%*	*26.0%*	*35.5%*	15.4%
1957-1960	13.8%	28.6%	27.4%	39.8%	16.8%
1953-1956	14.6%	26.8%	28.4%	*38.1%*	16.6%
1949-1952	14.1%	*30.1%*	30.0%	42.5%	18.1%
1945-1948	*10.1%*	28.8%	*33.1%*	41.4%	18.6%
1944 之前	*9.1%*	*24.1%*	*23.5%*	*35.9%*	14.9%
橫列 %	13.5%	27.4%	28.3%	41.7%	17.5%

資料來源：見表 2-2。

說明：1. 表中數字爲橫列百分比（括號內爲樣本數）。

　　　2. 表中數值爲斜粗體者，係標準化餘值絕對值大於 2。

例，我們也沒看到他們愈年輕愈支持泛綠陣營的分布，相反地，這一群民衆卻愈年長愈支持泛綠陣營。因此，台灣民衆對泛綠陣營的支持，並不見明確的生命週期效果，民衆並未因爲愈年長愈不支持泛綠陣營，反而會因爲該陣營總統候選人當選而增加對該陣營的支持度。

　　我們從表 2-4 到表 2-6 中，我們大致看出幾個趨勢：首先，在特定陣營勝選的年度，除了 1996 年外，最年輕的首投族對於該陣營的支持程度相對於全體年齡層來說都是較高的。此外，我們並未看到愈年長愈傾向支

持泛藍陣營，或是愈年輕愈支持泛綠的生命週期現象。整體來說，當該陣營在總統選舉獲得連任的那一年，民眾對於該陣營的支持度相對較高，所以，時期效果相對顯著。當然，五年級到六年一班，相對其他年齡層，較為支持泛藍陣營，較不支持泛綠陣營的傾向，似乎有政治世代的效果。

陸、關鍵選舉的出現？政黨傾向的多變量分析

在前一節的初步分析中，我們僅聚焦在受訪者的出生年。不過，在進一步控制其他重要的人口學背景之後，不同出生年度民眾他們的對主要政黨陣營的支持度是否有重要差異？當然，從政黨的社會基礎角度來說，不同的人口學背景應該也是檢視政黨支持持續變遷的重要變數。因此，除了前一節的年齡層外（以1944年以前出生的為對照組），我們納入性別（女性為對照組）、教育程度（中學教育程度為對照組）、省籍（本省客家為對照組）、居住地區（東部地區為對照組）以及職業（家管、學生或無業為對照組），因為依變量可以視為支持泛藍、無傾向到支持泛綠的有序多分變數，我們分別將其編碼為1、2、3，再運用有序勝算對數模型來進行多變量的分析，因此，數值愈高或是估計係數為正值，則代表愈傾向認同泛綠陣營；估計數值為負值則代表愈支持泛藍陣營。分析結果見表2-7。

從表2-7的模型可以發現：若從出生世代來講，1973年之後出生的世代，相對於最年長的1944年以前出生的世代，他們是較為傾向泛綠陣營的。此外，在2012年也可以發現：相對於1944年以前出生的民眾，年輕的民眾較傾向認同泛綠。當然，使用有序勝算對數模型也有其限制，因為我們將民眾藍綠的認同視為順序變數，因此，無政黨傾向者我們視為中間項目，對照表2-3或是表2-5，我們發現最年長的世代無政黨傾向的比例較高，因此，運用有序勝算對數模型大致可以看到一個藍綠的趨勢，但是如果要將民眾的藍綠立場視為無序多分的變數時，也許多項對數勝算模型較佳。但是，表格也相對複雜。

除了出生世代之外，表2-7中也發現不同性別、教育程度、省籍、居

表 2-7　藍綠政黨的選民基礎

	1996			2004			2012			2020		
	係數	S.E.	p 值	係數	S.E.	p 值	係數	S.E.	p 值	係數	S.E.	p 值
截點 1	0.10	0.15	0.516	−0.34	0.07	<0.000	0.00	0.1	0.962	−0.83	0.14	<0.000
截點 2	2.23	0.16	<0.000	1.45	0.07	<0.000	1.51	0.1	<0.000	1.11	0.14	<0.000
男性	0.13	0.05	0.014	0.22	0.02	<0.000	0.27	0.03	<0.000	0.28	0.04	<0.000
教育程度												
小學教育	0.37	0.07	<0.000	0.19	0.03	<0.000	0.25	0.05	<0.000	0.33	0.07	<0.000
大學教育	0.18	0.07	0.007	−0.12	0.03	<0.000	−0.23	0.04	<0.000	−0.05	0.04	0.228
籍貫												
本省閩南	0.51	0.08	<0.000	0.38	0.03	<0.000	0.30	0.04	<0.000	0.34	0.06	<0.000
大陸各省	−0.92	0.11	<0.000	−0.85	0.04	<0.000	−1.00	0.06	<0.000	−0.78	0.08	<0.000
居住地												
北部地區	−0.22	0.12	0.071	−0.03	0.05	0.563	−0.15	0.07	0.044	−0.08	0.1	0.417
中部地區	−0.42	0.12	0.001	−0.09	0.06	0.091	−0.14	0.08	0.067	−0.16	0.1	0.112
南部地區	−0.18	0.12	0.133	0.24	0.05	<0.000	0.22	0.07	0.004	0.19	0.1	0.055
職業												
軍公教	−0.43	0.10	<0.000	−0.41	0.04	<0.000	−0.35	0.06	<0.000	−0.26	0.08	0.001
私部門專業	0.07	0.08	0.414	0.08	0.04	0.033	0.09	0.05	0.060	0.15	0.06	0.023
私部門職員	−0.06	0.07	0.394	−0.02	0.03	0.627	0.00	0.05	0.963	0.03	0.07	0.694
勞工	0.10	0.08	0.216	0.04	0.04	0.271	0.08	0.05	0.075	0.01	0.06	0.874
農林漁牧	−0.26	0.10	0.008	0.14	0.05	0.003	0.07	0.08	0.372	0.05	0.11	0.642
出生年												
1997-1999										0.73	0.13	<0.000
1993-1996										0.93	0.12	<0.000
1989-1992							0.33	0.08	<0.000	0.76	0.12	<0.000
1985-1988							0.64	0.08	<0.000	0.84	0.12	<0.000
1981-1984				0.32	0.05	<0.000	0.60	0.08	<0.000	0.69	0.11	<0.000
1977-1980				0.32	0.05	<0.000	0.66	0.08	<0.000	0.48	0.11	<0.000
1973-1976	0.43	0.11	<0.000	0.16	0.05	0.001	0.50	0.08	<0.000	0.37	0.11	0.001

表 2-7　藍綠政黨的選民基礎（續）

	1996			2004			2012			2020		
	係數	S.E.	p值	係數	S.E.	p值	係數	S.E.	p值	係數	S.E.	p值
1969-1972	0.20	0.10	0.050	0.07	0.05	0.153	0.30	0.08	<0.000	0.21	0.11	0.071
1965-1968	0.08	0.10	0.430	−0.03	0.05	0.564	0.21	0.08	0.005	0.13	0.11	0.243
1961-1964	0.18	0.10	0.067	0.02	0.05	0.647	0.29	0.08	<0.000	0.13	0.11	0.232
1957-1960	0.07	0.10	0.444	0.07	0.05	0.136	0.28	0.08	<0.000	0.26	0.11	0.022
1953-1956	0.12	0.10	0.191	0.03	0.05	0.575	0.16	0.08	0.038	0.12	0.11	0.272
1949-1952	−0.01	0.10	0.926	0.11	0.05	0.021	0.27	0.07	<0.000	0.36	0.11	0.001
1945-1948	−0.04	0.119	0.726	0.11	0.06	0.076	0.38	0.09	<0.000	0.25	0.13	0.053
樣本數	6,651			32,709			16,775			10,599		
模型概似比	494.4			2,435.2			1,412.9			773.3		
自由度	21			23			25			27		
p值	<0.001			<0.001			<0.001			<0.001		
Nagelkerke R^2	0.083			0.081			0.091			0.08		

資料來源：參考表 2-2。
說明：依變數編碼方式爲：1：傾向泛藍；2：無政黨傾向；3：傾向泛綠。

住地以及職業類別，也出現不同背景民眾的政黨認同傾向的持續與轉變。在持續部分，我們看到：男性、小學及以下教育程度與本省閩南籍民眾，相對於女性、中學教育與本省客家民眾，是較爲支持泛綠政黨的群眾。至於外省籍以及軍公教民眾，相對於本省客家或是其他職業者，是較爲傾向支持泛藍陣營的。除此之外，另外幾個背景的民眾也頗值得注意的。首先，大學以上教育程度者，相對於中學教育程度者，在 1996 年時是較爲支持泛綠陣營的，但是在 2004 年與 2012 年則轉爲較不支持泛綠陣營。此一現象在 2020 年仍然持續，儘管統計上並不顯著。其次，居住在南部的選民，相對於東部地區的選民，在 1996 年是較支持泛藍陣營，雖未達到統計上的顯著程度，但是，在 2004 年與 2012 年則轉變爲較支持泛綠陣營，且在 2020 年仍然有此趨勢，不過，並未達到統計上的顯著程度。此外，農林漁牧業者在 1996 年是顯著地較支持泛藍政黨，不過，在 2004 年

轉變為較支持泛綠，此後，這個趨勢延續，但是並未達到統計上的顯著程度。此外，私部門專業人員在民進黨兩次總統選舉連任成功的年度，是較為支持泛綠的，不過，其他年度雖有此趨勢，但是並不顯著。

柒、結論：新的政黨支持風貌？

　　一個國家政黨政治的持續與變遷，不但與一個國家選舉政治的重大議題相關，也與該國政治世代的交替相關。本文以1996～2020年幾次現任總統競選連任年度的電話訪問資料，分析民眾對藍綠不同陣營支持程度的變化。本文發現的重要趨勢為：泛綠的支持者自2004年後相對穩定，至少有兩成七的支持度，最高達到四成以上。但是泛藍支持程度在1996年有四成二的高點，在2012年回升到三成七，但在2020年卻跌到不及一成八。因此，綠軍聲勢上揚、藍軍聲勢低迷為2020年後的重要轉折。如果持一情況持續，泛綠將持續主導國內重要政策方向。

　　本文也運用現任總統競選連任年度的資料，針對不同選舉年度出生年民眾的政黨支持做較為細緻的分析。本文發現：在2004年與2020年，首投族與年輕族群是競選連任的泛綠政黨的重要支持力量。類似年輕人對連任總統支持的現象，我們也在1996年發現：當年較年輕的兩個族群（1965～1972年出生者），他們是對泛藍最支持的兩個年齡層，到了2012年，除了首投族也對泛藍頗為支持外，我們也發現上述的1965～1972年出生者仍是泛藍最支持者。較值得一提的是，1965～1972年出生這群民眾，相較全體民眾，在本文討論之歷次選舉中，他們是較為支持泛藍政黨者，同時，他們無政黨傾向也是較少者。

　　為了釐清不同出生年的民眾，是否在控制其他變數後，仍然具有支持特定陣營的趨勢，本文也運用有序勝算對數模型分析兩大陣營的社會基礎。整體來說，本文發現自1996年以來，出生在1973年以後的民眾，相對於出生在1944年以前的民眾，對於泛綠的支持程度是顯著偏高的。因此，如果此一趨勢持續，則隨著世代交替，台灣的政黨政治可能逐漸出現

不同的風貌。此外，本文也發現：男性、小學及以下教育程度與本省閩南民眾是泛綠政黨的重要群眾基礎。相對而言，女性、大陸各省市與軍公教民眾則是泛藍的支持者。此外，大學教育程度的民眾，在 1996 年是較支持泛綠者，不過在 2004 年後轉為較支持泛藍陣營，而職業為農林漁牧民眾，在 1996 年是挺泛藍的，在 2004 年轉而支持泛綠陣營。至於居住在南部的民眾，也有與農林漁牧民眾一樣類似的轉變。

在 2020 年總統選舉前後，兩岸關係的變化、習近平提出「一國兩制、台灣方案」、香港的「反送中運動」發酵，以及當前因為民進黨政府在控制新冠疫情（COVID-19）上受到國外矚目與國人稱許的情況下，當前的政黨政治生態與上世紀的風貌頗為不同。泛綠陣營在 2020 年的支持度達到歷史新高，未來如果能夠隨著世代交替之後持續壯大，對於台灣的選舉政治以及未來的兩岸關係變化，都會出現重要的影響。相對來說，如果疫情緩和之後，民眾開始關注政府治理、如何振興經濟……等相關議題，泛綠陣營能否以其施政表現維持其高人氣，也頗值得我們繼續觀察。

參考書目

吳重禮、李世宏，2005，〈政治賦權、族群團體與政治參與：2001 年縣市長選舉客家族群的政治信任與投票參與〉，《選舉研究》，12（1）：69-115。

吳重禮、崔曉倩，2010，〈族群、賦權與選舉評價——2004 年與 2008 年總統選舉省籍差異的實證分析〉，《台灣民主季刊》，7（4）：137-82。

林佳龍，1989，〈威權侍從政體下的台灣反對運動——民進黨社會基礎的政治解釋〉，《台灣社會研究季刊》，2（1）：117-143。

林佳龍，2000，〈台灣民主化與政黨體系的變遷：菁英與群眾的選舉連結〉，《台灣政治學刊》，4：3-56。

胡佛、游盈隆，1983，〈選民的黨派選擇：態度取向及個人背景的分

析〉，中國政治學會七十二年會暨學術討論會，台北：中國政治學
　　會。

徐永明，2001，〈「南方政治」的形成？──台灣政黨支持的地域差別，
　　1994-2000〉，《社會科學季刊》，2（4）：167-196。

徐永明、范雲，2001，〈「學作」台灣人：政治學習與台灣認同的變遷軌
　　跡，1986-1996〉，《台灣政治學刊》，5：1-63。

翁秀琪、孫秀蕙，1995，〈性別政治？從民國八十二年台灣地區縣、市長
　　選舉看性別、傳播與政治行為〉，《新聞學研究》，51：87-111。

耿曙、陳陸輝，2003，〈兩岸經貿互動與台灣政治版圖：南北區塊差異的
　　推手？〉，《問題與研究》，42（6）：1-27。

莊文忠、洪永泰，2020，《第 15 任總統副總統及第 10 屆立法委員選舉投
　　票統計分析》，中央選舉委員會委託報告。

陳光輝，2010，〈民主經驗與民主價值──兩個世代台灣大學生之比
　　較〉，《台灣民主季刊》，7（4）：1-45。

陳陸輝，2000，〈台灣選民政黨認同的持續與變遷〉，《選舉研究》，7
　　（2）：39-52。

陳陸輝，2002，〈政治信任感與台灣地區選民投票行為〉，《選舉研
　　究》，9（2）：65-84。

陳陸輝，2003，〈政治信任、施政表現與民眾對台灣民主的展望〉，《台
　　灣政治學刊》，7（2）：149-88。

陳陸輝，2019，〈從民意的觀點評估兩岸關係與 2020 總統選舉〉，《展
　　望與探索》，17（4）：125-142。

陳陸輝主編，2020a，《民意調查》，台北：五南。

陳陸輝，2020b，〈從長期民意趨勢看兩岸關係〉，《展望與探索》，18
　　（9）：27-52。

陳陸輝、耿曙，2009，〈台灣民眾統獨立場的持續與變遷〉，包宗和、吳
　　玉山主編，《重新檢視爭辯中的兩岸關係理論》，台北：五南。

陳陸輝、陳映男，2013，〈台灣政黨選民基礎的持續與變遷〉，陳陸輝主
　　編，《2012 年總統與立法委員選舉變遷與延續》，台北：五南。

陳義彥，1994，〈我國選民投票抉擇的影響因素──從民國 82 年縣市長選舉探析〉，《政治學報》，23：81-132。

陳義彥、蔡孟熹，1997，〈新世代選民的政黨取向與投票抉擇──首屆民選總統的分析〉，《政治學報》，29：63-91。

陳義彥等，1993，《選舉行爲與台灣地區的政治民主化──從第二屆立法委員選舉探討》，國立政治大學選舉研究中心，行政院國家科學委員會專題計畫成果報告，計畫編號：NSC 82-0301-H004-034，台北：行政院國科會。

陳義彥等，1996，《選舉行爲與台灣地區的政治民主化（IV）──從八十四年立法委員選舉探討》，國立政治大學選舉研究中心，行政院國家科學委員會專題計畫成果報告，計畫編號：NSC 84-2414-H-004-053 B2，台北：行政院國科會。

陳憶寧，2011，〈探索政治議題感知的世代差異──一個媒介效果的觀點〉，《台灣民主季刊》，8（2）：139-81。

游清鑫，2018，〈政黨的社會基礎〉，陳陸輝主編，《2016 台灣大選：新民意與新挑戰》，台北：五南。

游清鑫、蕭怡靖，2007，〈以新選民的政治態度論台灣民主政治的未來〉，《台灣民主季刊》，4（3）：109-51。

黃秀端，1996，〈決定勝負的關鍵：候選人特質與能力在總統選舉中的重要性〉，《選舉研究》，3（1）：47-85。

黃秀端、趙湘瓊，1996，〈台灣婦女近十年來政治態度的變遷──民國七十二年至八十一年〉，《問題與研究》，35（10）：71-95。

黃紀，2020，〈調查研究設計〉，陳陸輝主編，《民意調查》，台北：五南。

楊婉瑩，2007，〈政治參與的性別差異〉，《選舉研究》，14（2）：53-94。

楊婉瑩、李冠成，2011，〈一個屋簷下的性別權力關係對國家認同的影響〉，《選舉研究》，18（1）：95-137。

楊婉瑩、林珮婷，2010，〈她們爲什麼投給馬英九？探討 2008 年總統大

選的性別差距〉，《選舉研究》，17（1）：91-128。

楊婉瑩、劉嘉薇，2009，〈探討統獨態度的性別差異：和平戰爭與發展利益的觀點〉，《選舉研究》，16（1）：37-66。

鄭夙芬、王德育、林佩婷，2018，〈台灣認同與選民投票抉擇〉，陳陸輝主編，《2016 台灣大選：新民意與新挑戰》，台北：五南。

劉義周，1993，〈台灣的政治世代〉，《政治學報》，21：99-120。

劉義周，1994，〈台灣選民政黨形象的世代差異〉，《選舉研究》，1（1）：53-74。

Abramson, Paul R. 1979. "Developing Party Identification: A Further Examination of Life-Cycle, Generational, and Period Effects." *American Journal of Political Science* 23: 78-96.

Abramson, Paul R. 1989. "Generations and Political Change in the United States." *Research of Political Sociology* 4: 235-280.

Abramson, Paul R., John H. Aldrich, and David W. Rohde. 2006. *Change and Continuity in the 2004 Elections*. Washington D.C.: CQ Press.

Campbell, Angus, Philip E. Converse, Warren E. Miller, and Donald E. Stokes. 1960. *The American Voter*. Chicago: The University of Chicago Press.

Converse, Philip E. 1969. "Of Time and Partisan Stability." *Comparative Political Studies* 2: 139-71.

Dalton, Russell T. 2006. *Citizen Politics: Public Opinion and Political Parties in Advanced Industrial Democracies*. Washington, D.C.: CQ Press.

Glenn Norval D. 1977. *Cohort Analysis*. Beverly Hills, CA: Sage.

Griffin, Larry J. 2004. "'Generations and Collective Memory' Revisited: Race, Region, and Memory of Civil Rights." *American Sociological Review* 69: 544-557.

Huang, Chi. 2019. "Generation Effects? Evolution of Independence-Unification Views in Taiwan." *Electoral Studies* 58: 103-112.

Jennings, M. Kent. 2007. "Political Socialization." In *Oxford Handbook of Political Behavior*, eds. Russell J. Dalton, and Hans-Dieter Klingemann.

Oxford: Oxford University Press.

Lee, Pei-shan, and Yung-ming Hsu. 2002 "Southern Politics? Regional Trajectories of Party Development in Taiwan." *Issues & Studies* 38(2): 61-84.

Lipset, Seymour M. 1981. *Political Man: The Social Bases of Politics*. Baltimore: Johns Hopkins University Press.

Lipset, Seymour, and Stein Rokkan. 1967. *Party Systems and Voter Alignment*. New York: Free Press.

Mannheim, Karl. 1952 "The Problem of Generations." In *Essays on the Sociology of Knowledge*, ed. Paul Kecskemeti. New York: Oxford University Press.

Schuman, Howard, and Jacquline Scott. 1989. "Generations and Collective Memories." *American Sociological Review* 54 (3): 359-81.

Chapter 3

威脅下的台灣認同與2020年總統選舉

鄭夙芬、王德育

壹、前言

民進黨在 2018 年 11 月的九合一選舉慘輸，一般皆認為是中央執政不力所致，[1] 蔡英文總統的滿意度也下降到 2016 年執政以來的新低，不僅被認為執政期中考不及格，也受到黨內同志的嚴厲批判，甚至有親綠的四大老具名發公開信，要求蔡英文放棄連任，[2] 這些情況讓蔡英文的連任之路，顯得非常不樂觀。然而 2019 年 1 月習近平的「一國兩制、台灣方案」談話，及 2019 年 3 月開始的香港反送中爭民主運動，引起台灣民眾的關注，蔡英文總統也以對於這些事件的應對及操作，成功地翻轉自己的形象與選情。本文將探討 2019 年以來相關認同事件，尤其中國大陸對台灣日益明顯的文攻武嚇，對台灣民眾認同造成什麼影響，以及台灣認同的轉變在 2020 年總統選舉中所扮演的角色。

貳、台灣認同的形成與轉變

基本上，認同是一種團體間的界限設定（boundary setting），是從界定個人的歸屬來區分我群（we-group 或 ingroup）與他群（they-group 或 outgroup）的差異；而族群認同（ethnicity identity）的產生，在於具有相同族群意識的人認為彼此屬於同一個群體（Anderson 1991）。從界線設定的標準而言，研究指出台灣認同的發展，有三個不同的階段，第一個階段是國民政府來台後，因為本省人及外省人在文化上及政治上的不同待

---

1 當時的行政院院長賴清德指出中央執政的五大缺失為：「基層民眾對經濟成長無感、一例一休修法造成民怨、改革引發重大不滿、政府第一時間無法過止假訊息流傳與不實攻擊，以及立法行政互動溝通不足，民意無法即時反映在政策檢討上」。大紀元，https://www.epochtimes.com.tw/n268158/%E6%95%97%E9%81%B8%E6%AA%A2%E8%A8%8E-%E8%B3%B4%E6%8F%86%E7%B4%B0%E6%95%B8%E4%BA%94%E5%A4%A7%E7%BC%BA%E5%A4%B1.html，檢索日期：2018 年 12 月 24 日。

2 自由時報報導：「總統府資政吳澧培、前總統府資政彭明敏、長老教會牧師高俊明、前中研院院院長李遠哲四人，今天具名發出公開信，請蔡英文放棄連任，交出行政權並退居第二線。」自由時報，https://news.ltn.com.tw/news/politics/breakingnews/2660938，檢索日期：2019 年 12 月 21 日。

遇，所引發的「本省－外省」的省籍對立（吳乃德 1993，2002；王甫昌 1993，2003，2008；張茂桂 1993）。第二階段則是在 1970 年代的民主化運動開始之後，本省與外省族群在政治權力上角色的對換，以及本土意識的興起，使得台灣的族群關係，開始轉變爲本省受壓迫族群的台灣意識與外省宰治族群所代表的中國意識的對立，成爲在認同層次上的「台灣民族主義」（台灣意識）與「中國民族主義」（中國意識）的對立（王甫昌 1997，1998，2003；吳乃德 2002；徐火炎 1996；張茂桂 1993）。第三個階段則是在兩岸恢復交流之後，認同界線的我群從「台灣意識」轉變爲「台灣／中華民國」，他群則由「中國意識」轉變爲「中國／中華人民共和國」，讓台灣認同的發展轉變成「國家認同」的層次（Wang 2017；鄭夙芬 2013，2019a；鄭夙芬、王德育、林珮婷 2018）。[3]

　　台灣認同進入國家認同階段的關鍵，是與中國大陸的交流與接觸，雖然傳統接觸理論（Contact Theory）強調不同群體間的接觸，可以促進社會聯結及正向的團體關係（Allport 1954），然而在兩岸的互動過程中所發生的一些事件，卻嚴重地傷害了台灣人民對中國大陸的互信與情感，例如 1994 年發生的千島湖事件、1995 年的飛彈試射、1999 年台灣九二一大地震時，中國大陸要求國際對台灣救援需得到中國同意等作爲、2000 年台灣統選舉前，中國大陸對台灣的強硬談話[4]、2003 年 SARS 事件時，大陸代表在 WHO 會議對台灣的羞辱等，[5]反而讓台灣民眾更感受到台灣與中國的差異，而中國對台灣長期在國際上的打壓與孤立，也讓台灣民眾產生自我定位的需求。研究也指出兩岸的交流與接觸經驗的確有發揮一些減少誤解的作用（蒙自成 2016, 236），但兩岸增加雙方往來的頻率，並無法促進彼此的信任和合作（Wu 2007, 31），而兩岸人民偶發性的接觸，

3　關於台灣認同發展的三階段，詳見鄭夙芬（2013）及鄭夙芬、王德育、林珮婷（2018）。

4　中共國務院總理朱鎔基在北京九屆全國人大三次會議人大閉幕中外記者會上稱，不想干預台灣總統選舉，但「誰上台都不可搞台獨，任何形式的台獨都不能成立，這是我們的底線」，否則，主張台獨的人「不會有好下場」，並警告台灣選民「不要一時衝動，以免後悔莫及」。資料網址：大陸委員會，http://www.mac.gov.tw/english/index1-e.htm，檢索日期：2006 年 8 月 1 日。

5　大陸委員會，http://www.mac.gov.tw/english/index1-e.htm，檢索日期：2006 年 8 月 1 日。

並不影響台灣民眾對於中國民眾或政府的印象，較為深入之朋友關係的互動，雖有舒緩對一般中國民眾負面觀感的作用，但仍然無法消弭北京政府對我敵意的感受程度（Wang and Cheng 2017）。

另外，早期中國的對台政策主要是文攻武嚇，在 2004 年左右開始轉變為「兩手策略」，也就是制定強硬的《反國家分裂法》，在反對台灣獨立的立場上完全不予退讓，並在國際社會上圍堵台灣的空間；「軟的一手」則是指有計畫地、大規模地直接施惠台灣民眾，試圖影響台灣民意走向及左右台灣的大陸政策（鄭夙芬、王德育、林珮婷 2018），這個基調在 2008～2016 年較積極於兩岸交流的馬英九總統執政時期，使得兩岸的整體局勢顯現較為友善的氣氛。2016 年民進黨重新執政，雖然蔡英文總統的就職演說中，強調在兩岸關係上，會努力維持現有的機制，持續兩岸之間的對話與溝通，繼續推動兩岸關係和平穩定發展。[6] 但是對於蔡英文總統的宣示，中國大陸採取一個相對冷漠的反應，不僅暫停兩岸事務首長熱線溝通機制、多次宣傳軍演、增加共機擾台的頻率、限制陸客來台名額、以及暫停兩岸兩會協商機制，外交上也啟動在國際上更加孤立及排擠台灣的種種手段，對台政策又走回文攻武嚇的路線，種種措施都對台灣的政治及經濟產生威脅。

團體威脅論（Intergroup Threat Theory）指出，當一個團體的成員認為另一個團體可能會對他們造成傷害，不論傷害是否真的發生，威脅感就會存在（Stephan, Ybarra, and Morrison 2009）。這種威脅感也分為實質性的威脅（realistic threat）與象徵性的威脅（symbolic threat）兩種。前者是指對身體或資源的威脅，後者則指對我群意義的完整性或合法性的威脅（Stephan, Ybarra, and Morrison 2009, 44-45）。因此，中國大陸對台灣的軍事恫嚇（武嚇），可以視為是可能造成台灣生命財產損失的實質性威脅，而一國兩制的宣示（文攻）則是將造成台灣政治制度及生活方式改變的象徵性威脅。除了文攻武嚇之外，論者也指出：「兩岸緊密的經濟交流

---

6 蔡英文就職演說，中央社，http://www.cna.com.tw/news/firstnews/201605205012-1.aspx，檢索日期：2017 年 1 月 24 日。

將使台灣經濟高度依賴中國大陸，最後『以商圍政』、台灣終被統一，即是屬於實質性威脅；兩岸社會的頻繁交流，將混亂台灣原有的社會秩序與道德觀、侵蝕民主價值的追求，這便是屬於象徵性威脅」（蒙自成 2016, 209）。換言之，從團體威脅論的角度而言，不論是中國大陸對台灣宣示的文攻武嚇，或是兩岸的交流接觸，都是對台灣的威脅；而根據團體威脅論的推論，威脅有提高團體認同的效果。（Stephan, Ybarra, and Morrison 2009）在中國大陸對於台灣回到文攻武嚇路線之後，將對台灣民眾的認同造成什麼影響及轉變？而認同若有變化，是否會影響民眾的投票抉擇？都是本文想要探討的問題。

參、2020 年總統選舉中的認同議題

誠如前言，2016 年民進黨重新執政之後，大陸對台政策又走回文攻武嚇的路線，種種措施都是對台灣的政治及經濟產生威脅。除了兩岸關係低迷之外，民進黨也由於執政不力，在 2018 年 11 月九合一選舉慘輸，即使蔡英文總統表示願意深自反省與檢討，對於中央執政問題採取正面回應的態度，但是根據「台灣選舉與民主化調查」（簡稱 TEDS）的總統滿意度調查，蔡英文總統的滿意度並未因此回升，在 2018 年年底創新低到僅有 21.9%（見圖 3-1）。一般都認為蔡英文總統很難在 2020 年的選舉獲勝得到連任。

蔡英文總統的轉機出現在 2019 年 1 月 2 日，中國國家主席習近平發表《告台灣同胞書》，倡議「堅持九二共識反台獨」，被解讀為一個中國原則即是一國兩制，也就是所謂的「一國兩制、台灣方案」，[7]對此蔡英文總統強硬回應，強調「台灣不接受九二共識也不接受一國兩制」，以及提出四個必須：「中國必須正視中華民國台灣存在的事實」、「必須尊重

7　風傳媒，https://www.storm.mg/article/779791?srcid = 7777772e73746f726d2e6d675f636634376338363232612623531323434_1557988379，檢索日期：2019 年 5 月 16 日。

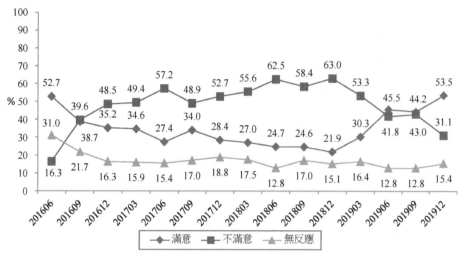

圖 3-1 蔡英文的總統滿意度（2016-2019）

資料來源：TEDS 總統滿意度調查。

2,300 萬人民對自由民主的堅持」、「必須以和平對等的方式來處理我們之間的歧異」、「必須是政府或政府所授權的公權力機構坐下來談」，[8] 這些主張得到民眾的支持，四大老要求她放棄連任的呼籲，則完全沒有得到民進黨或民眾的響應，反而是蔡英文總統對習近平的談話，可謂是對中華民國獨立自主主權的全面維護，她的滿意度也在 2019 年 3 月時回升到 30.3%，民意走向在短期內有將近一成的提升，已是相當的變化與進步，也值得密切注意。

2019 年 3 月香港民眾因為抗議修改《逃犯條例》（俗稱「反送中」），開始引發反送中爭民主的運動，在民進黨初選民調之前的 6 月 9 日，香港的反送中運動大遊行，有上百萬人上街。香港情勢的發展，或許也讓台灣民眾有唇寒齒亡的感受，而激起「今日香港，明日台灣」的「亡國感」[9] 危機意識。蔡英文總統隨即在臉書以「台灣撐香港我們守台灣」

---

8 自由時報，https://news.ltn.com.tw/news/politics/breakingnews/2659746，檢索日期：2019 年 12 月 25 日。

9 上報指出「亡國感」首次在搜尋引擎裡占有一席之地，是 2019 年 3 月 24 日到 31 日這一週。

為題回應：「一國兩制對台灣來說，是絕對不能接受的。一旦接受一國兩制，我們就會失去捍衛自由、民主與人權的權利，也會失去選擇自己未來的權利。我也要呼籲台灣人民繼續關注香港的發展，一起來撐香港，也一起來保衛台灣。」[10] 蔡英文總統對習近平談話的強硬回應及「支持香港、守護台灣」的立場，應該有大幅提升民眾對她的支持之效果，她的總統滿意度相對於 2018 年 12 月谷底的 21.9%，在 2019 年 9 月已加倍上升到 44.2%。

　　在習近平發表一國兩制台灣方案時，國民黨遲了一天才發出回應，稱堅持「一中各表」的「九二共識」，並且堅決反對台獨，以及指出習近平所提的「一國兩制、台灣方案」不能獲得台灣多數民意的支持。[11] 然而國民黨對所謂「九二共識、一中各表」的堅持，已經開始無法得到台灣民眾的認同，2019 年 12 月的調查發現支持台灣和大陸應該在「九二共識」，也就是說「一個中國、各自表述」的前提下進行交流的民眾，由 2018 年 3 月的 49.3%，到 2019 年 12 月已下降至 33.3%；[12] 而且面對香港的情勢，國民黨一直沒有對中國發表任何的言論，招致台灣民眾的批評，在大陸政策上反而顯得進退失據。

　　相對於蔡英文的強硬回應及力挺，在 2019 年 6 月 9 日香港發生百萬民眾上街之後，韓國瑜因為回應「我不知道、我不清楚」而飽受批評，雖然曾喊出「若他當選總統，保證一國兩制絕不會在台灣實現」，但他在 2019 年 7 月正式取得國民黨候選人資格，當 2019 年 8 月 5 日香港反送中行動升級為「全港大三罷」運動（罷工、罷課、罷市），航空業、運輸業、公務員皆紛紛響應罷工之時，韓國瑜接受採訪卻表示，「如果香港

資料來源：https://www.upmedia.mg/news_info.php?SerialNo = 75174，檢索日期：2020 年 11 月 16 日。

[10] 蔡英文臉書，https://www.facebook.com/tsaiingwen/photos/a.10151242056081065/10155879900406065/，檢索日期：2019 年 12 月 10 日。

[11] 中央通訊社，https://www.cna.com.tw/news/acn/201901030200.aspx，檢索日期：2019 年 12 月 27 日。

[12] 鄭夙芬，2018 年 3 月「台灣認同的世代差異及其政治效應」計畫及 2019 年 12 月「總統滿意度之研究」調查結果。

『動亂』持續下去，不光是香港的損失，也會是台灣重大的損失」，因為
將反送中運動稱為「動亂」，而被批評與港澳辦、中聯辦和香港特首林
鄭月娥同調，[13] 曾經拜訪香港中聯辦的韓國瑜，也因而和亡國感一詞牽連
在一起。[14] 雖然韓國瑜在 2019 年 11 月時指出：「解決香港情勢，我挺港
人全面民主普選」，並呼籲「香港政府以及北京政府都應該傾聽人民的
聲音」，[15] 2019 年 12 月又再次強調「我支持中華民國，反對一國兩制，
為了中華民國，我不怕粉身碎骨」，[16] 以表示自己對於中華民國主權的堅
持、對一國兩制的反對、以及對香港民眾爭取民主主張的支持，但似乎仍
無法消除民眾對他的疑慮。

　　雪上加霜的是國民黨 2019 年 11 月推出的不分區立委名單，因為將親
共色彩濃厚的吳斯懷放在第四順位，不僅引發輿論譁然，連黨內同志都大
加撻伐，認為會嚴重衝擊國民黨的立委選情，也有一些年輕議員至黨中央
靜坐抗議，而「下架吳斯懷」也成為民進黨的競選口號。[17] 2019 年 11 月
底接著又發生所謂的「王立強共諜案」，指稱中國在台灣設立諸多假帳號
製造假新聞、介入台灣選舉，及金援國民黨或親中的候選人。雖然王立強
說法有多疑點，[18] 但仍在台灣社會引發反紅媒及反滲透的主張，民進黨也
趁此時機，力拚在 2019 年年底前通過《反滲透法》三讀。[19]

　　在 2020 年總統及立委選舉的競選策略上，民進黨顯而易見的是利用
2019 年以來的認同事件，採取「抗中保台」的策略，激發民眾愛鄉護土
的意志，讓蔡英文總統的聲勢看漲。蔡英文的總統滿意度也在 2019 年年

13　新頭殼，https://newtalk.tw/news/view/2019-08-05/281860，檢索日期：2019 年 12 月 26 日。

14　大數據，https://group.dailyview.tw/article/detail/1306?fb_comment_id = 2513961985308505_252
3353321036038，檢索日期：2019 年 12 月 26 日。

15　三立新聞網，https://www.setn.com/News.aspx?NewsID = 635927，檢索日期：2019 年 12 月 26
日。

16　中時電子報，https://www.chinatimes.com/realtimenews/20191202000949-260407?chdtv，檢索日
期：2019 年 12 月 26 日。

17　上報，https://www.upmedia.mg/news_info.php?SerialNo = 77086，檢索日期：2019 年 12 月 26
日。

18　新頭殼，https://newtalk.tw/news/view/2019-11-29/333374，檢索日期：2019 年 12 月 26 日。

19　大紀元，http://www.epochtimes.com/b5/19/12/26/n11747098.htm，檢索日期：2019 年 12 月 27
日。反滲透法在 2019 年 12 月 31 日三讀，2020 年 1 月 15 日公告施行。

底上升到 53.5%；而國民黨候選人韓國瑜的聲勢，原本一直領先蔡英文，民調卻在 2019 年 6 月 9 日香港大遊行之後開始翻轉，[20] 差距也不斷擴大。韓國瑜的支持率不斷下降，除了他個人言行問題及國民黨無法團結的因素之外，在 2019 年一整年台灣認同議題不斷發酵的情況下，他較為傾中的形象及意識，則顯得相當不利，國民黨也面臨相同的問題，在總統及立委選舉皆陷入苦戰。

　　誠如前述，從 2019 年 1 月習近平「一國兩制、台灣方案」、香港反送中爭民主運動，以及 2020 年總統選戰期間的各種與認同有關的事件，大都與來自中國的威脅有關，這些威脅使得台灣民眾更不能接受一國兩制。民調顯示反對一國兩制的比例將近九成，[21] 反中的情緒也在社會蔓延，連帶使得向來主張九二共識一中各表的國民黨，在面對兩岸關係及選舉攻防時顯得左支右絀，最終的選舉結果是蔡英文總統以 817 萬的票數獲得壓倒性的勝利，連任成功，也打破歷年總統選舉的得票紀錄。由於 2020 年的總統選舉，可謂是在中國大陸對台灣的直接或間接威脅之下進行，形象上力抗中國保衛主權的蔡英文總統，卻得到破紀錄的超高票數。以往的研究顯示自 1996 年台灣總統直選以來，認同都是影響民眾的投票抉擇的重要因素（徐火炎 1998；鄭夙芬 2009，2013；張傳賢、黃紀 2011；鄭夙芬、王德育、林珮婷 2018），因此，本文的重點也將延續過去的研究，持續探討台灣民眾的認同意識在此次總統選舉中的作用。

[20] 2020 年中華民國總統選舉民意調查，https://zh.wikipedia.org/wiki/2020%E5%B9%B4%E4%B8%AD%E8%8F%AF%E6%B0%91%E5%9C%8B%E7%B8%BD%E7%B5%B1%E9%81%B8%E8%88%89%E6%B0%91%E6%84%8F%E8%AA%BF%E6%9F%A5。根據匯流新聞網 2019 年 6 月 15 日發布的調查，蔡英文的支持率已高於韓國瑜，https://cnews.com.tw/001190615a01/，檢索日期：2019 年 12 月 27 日。
[21] 陸委會 2019 年 8 月 1 日新聞稿，民意調查結果顯示 88.7% 民眾不贊成中國大陸「一國兩制」主張，資料來源：https://www.mac.gov.tw/cp.aspx?n = 18BFACF827B4CEC9，檢索日期：2020 年 11 月 16 日。

肆、資料與測量

　　本文所使用的資料為 2020 年總統選舉前進行的電話訪問，[22] 調查執行期間為 2019 年 12 月 23 日至 2020 年 1 月 8 日，訪問完成 1,077 個有效樣本（市話 678 份，手機 399 份）。調查中延續以往根據台灣民眾在文化及政治二個認同面向的共識與歧見，所設計之二個題目，來測量民眾的台灣認同程度：

> 有關台灣文化和中華文化的內容，請問您認為是完全相同，大部分相同，大部分不同，還是完全不同？
>
> 有人說：「台灣與大陸是二個獨立的國家」；也有人說：「台灣與大陸是同一個國家，只是目前暫時分開」，請問您比較同意哪一種說法？」

　　此一台灣認同程度指標係以台灣文化獨立性及台灣政治主體性為標準，在文化認同方面，若受訪者認為台灣文化和中華文化「不同」者，代表其對台灣文化獨特性的認同程度較高，以 1 代表，若認為台灣文化和中華文化「相同」者，代表其對台灣文化獨特性的認同程度較低，以 0 來代表。在政治認同上，若受訪者認為「台灣與中國為不同國家」，表示其對台灣國家主體性認同程度較高，以 1 代表，若認為「台灣與中國為相同國家」，表示其對台灣國家主體性認同程度較低，以 0 來代表。接著將受訪者在這兩道題目的答案數值相加，得到一個由 0 至 2 分的尺度，0 表示台灣認同的程度最低，2 表示台灣認同程度最高。據此將受訪者分成「高度台灣認同」、「中度台灣認同」以及「低度台灣認同」三類。[23]

　　調查結果發現在 2020 年總統選舉中（見圖 3-2），台灣社會中已有

---

[22] 本調查為科技部研究計畫「總統滿意度之研究」，計畫編號：MOST 108-2410-H-004-153-SSS。

[23] 詳細建構方式及說明詳見鄭夙芬、王德育、林珮婷（2018）。

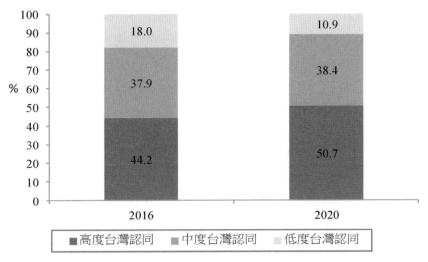

圖 3-2　台灣認同意識的分布（2016-2020）

資料來源：鄭夙芬（2016，2019b）。

超過半數（50.7%）的民眾具有高度的台灣認同意識，而不認為台灣文化有獨特性及自主政治意識的低度台灣認同者，則僅有 10.9%。另外，我們也與 2016 年的分布比較，可以看出台灣民眾的認同走向有愈來愈以台灣為中心的趨勢，高度台灣認同者較 2016 年增加 6.5%，低度台灣認同者則減少 7.1%。

　　前文提到，自 2019 年 6 月開始，中國就對香港的民運活動強烈鎮壓。雖然這不是對台灣直接的威脅，但是香港一直是北京實行一國兩制的樣板，而習近平也將九二共識一個中國定位為台灣版的一國兩制。在目睹香港民眾強烈的抗爭來爭取普選及法治等民主基本權利，卻仍不可得，雖然此種威脅不是直接針對台灣，但已經引發台灣民眾的「亡國感」反應。為了檢測中國的威脅對台灣民眾認同的關聯，我們在調查中納入下列的題目：

　　今年三月開始，香港發生嚴重的抗爭活動，請問香港的情況會不會讓您擔心台灣的未來？

　　調查結果如表 3-1 所示，受訪民眾中會因為香港的情況而擔心台灣未來的比例為 60.1%，表示「非常擔心」者有 35.8%，此一比例甚至高於「不太擔心」（17.7%）及「完全不擔心」（16.7%）二者的合計（34.4%）。這結果顯示由香港情勢所引發的「亡國感」唇亡齒寒效應，的確存在於台灣社會，而且也有相當的強度。

表 3-1　台灣民眾的亡國感程度

	次數	百分比
非常擔心	386	35.8%
有點擔心	262	24.3%
不太擔心	191	17.7%
完全不擔心	180	16.7%
無反應[*]	58	5.4%
合計	1,077	100.0%

資料來源：鄭夙芬（2019b）。

說明：[*]無反應包括：看情形、無意見、不知道、拒答。

　　表 3-2 呈現亡國感與台灣認同的關係。資料顯示亡國感程度最高者（「非常擔心」），有 65.3% 是高度台灣認同者，僅有 4.3% 是低度台灣認同者。亡國感程度較低者（「有點擔心」），則有 53.6% 是高度台灣認同者，僅有 6.4% 是低度台灣認同者。至於沒有亡國感的受訪者（不擔心台灣未來），以中度台灣認同者（「完全不擔心」45.9% 與「有點擔心」49.7%）的比例較高，其次是低度台灣認同者（「完全不擔心」28.0% 與「有點擔心」14.4%）。雖然此種情況可能是因為低度台灣認同者人數太少的緣故，但可以看出亡國感愈高，台灣認同程度也愈高的趨勢。值得注意的是，表 3-2 所呈現的並不能解釋為台灣民眾的亡國感提升了他們的對台灣的認同程度，因為其因果方向可能正好相反。也就是說，另一個可能的解釋是，台灣認同程度愈高者，愈可能有亡國感。雖然表 3-2 並不能表示亡國感與台灣認同間有因果關係，但是兩者間確實顯現密切的關係。這表示自 2016 年民進黨重新執政之後，中國大陸對台灣採取的文攻武嚇，尤其

是 2019 年以來的諸多威脅，不僅沒有讓台灣民眾屈服，台灣民眾的認同反而有升高的情況。而且可見的趨勢是台灣民眾愈來愈偏向認為台灣文化有其獨特性，也有高度的政治自主意識，隱然有產生集體認同共識的傾向。

表 3-2　亡國感與台灣認同

台灣認同程度	亡國感				
	完全不擔心	不太擔心	有點擔心	非常擔心	回答人數
低度台灣認同	28.0%	14.4%	6.4%	4.3%	10.8%(95)
中度台灣認同	45.9%	49.7%	40.0%	30.4%	38.9%(343)
高度台灣認同	26.1%	35.9%	53.6%	65.3%	50.3%(444)
合計（% / 回答人數）	100%(157)	100%(153)	100%(220)	100%(352)	100.0%(882)

資料來源：鄭夙芬（2019b）。
說明：無反應者未列入計算。

再就不同程度台灣認同者的基本特徵來看，表 3-3 顯示在年齡、教育程度及職業等變數上，並沒有顯著的差異，高度台灣認同者主要特徵是：女性（57.3%）、本省閩南人（52.3%）、認為自己是台灣人（62.5%）、偏向支持台灣獨立（67.9%）、支持泛綠政黨（67.9%）；而低度台灣認同者則主要是：男性（12.1%）、大陸各省市人（26.4%）、認為自己是台灣人也是中國人（29.2%）、認為自己是中國人（28.7%）、偏向支持兩岸統一（45.2%）、支持泛藍政黨（23.7%）。

就人口特徵分布也可以看出，女性的台灣認同程度高於男性，有著中度及高度台灣認同的女性占九成左右（90.3%），或許是因為女性在天性上，較男性對於家園可能容易有更深的依附程度。各年齡層雖然沒有顯著的差異，但台灣認同程度有隨著年齡層降低而升高的傾向，30 歲以下年輕人的台灣認同意識有九成以上屬於中、高程度的台灣認同者，而 40 歲以上者則在八成左右，台灣年輕世代生長於本土化及民主化的台灣，史觀教育內容也以台灣為主，與中國的聯繫不深，加諸自 2014 年太陽花運動

表 3-3 不同程度台灣認同者的基本人口特徵

	低	中	高	樣本數	檢定值
性別					
男性	12.1%	43.5%	44.4%	466	$\chi^2 = 15.097$
女性	9.6%	33.0%	57.3%	437	df = 2 p = .001
年齡					
20 至 29 歲	9.2%	40.9%	49.9%	162	$\chi^2 = 13.884$
30 至 39 歲	4.5%	41.0%	54.4%	188	df = 8
40 至 49 歲	11.8%	41.9%	46.4%	176	p = .085
50 至 59 歲	13.8%	33.6%	52.6%	166	
60 歲及以上	13.9%	34.9%	51.2%	197	
教育程度					
小學及以下	14.0%	38.0%	48.0%	71	$\chi^2 = 9.515$
國、初中	6.7%	32.0%	61.3%	102	df = 8
高中、職	11.4%	37.0%	51.6%	272	p = .301
專科	13.7%	35.0%	51.3%	109	
大學及以上	10.0%	42.6%	47.4%	346	
籍貫					
本省客家人	6.9%	47.4%	45.6%	97	$\chi^2 = 25.182$
本省閩南人	9.5%	38.2%	52.3%	696	df = 4
大陸各省市人	26.4%	35.0%	38.6%	74	p = .000
職業					
高、中級白領	13.8%	39.7%	46.5%	380	$\chi^2 = 13.042$
中低、低級白領	6.8%	42.1%	51.1%	199	df = 8
農林漁牧	9.1%	26.4%	64.5%	25	p = .110
藍領	11.5%	35.1%	53.4%	197	
其他	7.5%	35.7%	56.8%	102	

表 3-3 不同程度台灣認同者的基本人口特徵（續）

	低	中	高	樣本數	檢定值
台灣人／中國人認同					
台灣人	3.4%	34.2%	62.5%	630	$\chi^2 = 185.889$
都是	29.2%	47.2%	23.6%	227	$df = 4$
中國人	28.7%	63.8%	7.5%	30	$p = .000$
統獨立場					
偏統一	45.2%	44.6%	10.2%	56	$\chi^2 = 138.934$
維持現狀	13.2%	43.5%	43.3%	485	$df = 4$
偏獨立	1.8%	30.3%	67.9%	336	$p = .000$
政黨支持					
泛藍	23.7%	49.6%	26.7%	222	$\chi^2 = 115.898$
中立無反應	11.0%	40.1%	48.9%	337	$df = 4$
泛綠	2.6%	29.5%	67.9%	344	$p = .000$

資料來源：鄭夙芬（2019b）。

以來的反中情緒，在認同上與中國漸行漸遠的趨勢不難理解，但各年齡層的差異不顯著，顯示台灣各世代間的認同差異似乎在逐漸縮小之中。

就省籍而言，本省閩南人及本省客家人的台灣認同程度，顯然高於大陸各省市的受訪者，本省閩南人中已有超過半數（52.3%）具有高度台灣認同意識，但本省客家人中，僅有 6.9% 是低度台灣認同者，過去國民黨在政治操作上較拉攏客家族群，使得客家族群在認同上與外省族群較為接近（鄭夙芬 2013），但在 2016 年（見鄭夙芬、林珮婷、王德育 2018）及本次的調查結果卻顯示，客家族群的台灣認同模式都較接近本省閩南人，甚至中高程度的台灣認同者比例（93.0%）還高過本省閩南人（90.5%），顯示本省客家人的認同已經有所變化。雖然研究已經發現省籍不再是民眾投票時的主要考量（鄭夙芬、陳陸輝、劉嘉薇 2005；張佑宗 2006；包正豪 2009；鄭夙芬 2009），但省籍差異曾是台灣社會對立的主因，仍在政治及社會留下不易消弭的創傷，省籍因素對於認同的影響仍然存在。（洪

永泰 2014）

　　台灣人／中國人認同上則顯示較大的差異，認為自己是「台灣人」的受訪民眾，有 62.5% 是高度的台灣認同程度者，與中度程度者合計達 96.7%；認為自己「既是台灣人又是中國人」的雙重認同者，則有將近三成（29.2%）是屬於低度台灣認同者，雙重認同者不認同台灣文化獨特性及政治自主性的比例，甚至略高於「中國人」認同者，顯示在他們的意識中，不論或政治或文化層面的中國因素，都有一定的吸引力；至於「中國人」認同者的台灣認同程度偏低，僅有 7.5% 是高度台灣認同者，大部分是中度台灣認同者 63.8%，不過由於他們的人數僅有 30 人，僅能參考不宜推論。

　　不同統獨立場與政黨支持者的台灣認同程度，也有明顯的差異。偏向獨立及支持泛綠政黨的民眾，同樣都有 67.9% 屬於高度台灣認同者，他們之中的低度台灣認同者，都僅有 2% 左右；相對來說，認同泛藍政黨（23.7%）與支持統一（45.2%）的民眾，屬於低度台灣認同者的比例較高，他們在文化及政治認同上都較傾向中國意識。至於統獨立場維持中立及較沒有特定政黨認同者，有四成左右屬於中度台灣認同者，不過他們也僅有一成左右是低度台灣認同者，認同意識仍然較傾向以台灣為中心。上述結果也顯示台灣認同與民眾的統獨立場與政黨支持有高度的相關。

　　從上述不同台灣認同程度者的人口特徵分布，可以看出認同程度主要是受到省籍、台灣人／中國人認同、統獨立場及政黨支持的影響，可見省籍及藍綠政黨的意識型態差異，仍是影響台灣民眾認同的重要影響因素，也是形塑民眾國家認同的基礎。

伍、認同與投票抉擇

　　就台灣認同與投票行為的關係而言，圖 3-3 則顯示隨著台灣認同程度的升高，投給民進黨的蔡英文及賴清德的比例愈高：高度台灣認同者中有高達 85.5% 投給民進黨的候選人，中度台灣認同者也有超過半數（56.5%）

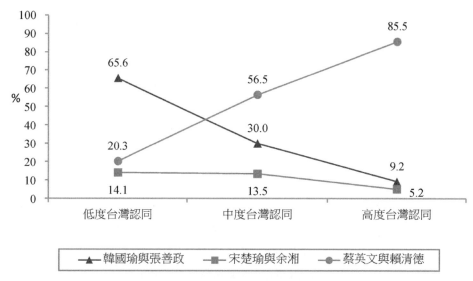

圖 3-3 2020 年台灣認同與選舉投票抉擇

資料來源：鄭夙芬（2019b）。

支持蔡英文與賴清德這組候選人。國民黨的韓國瑜及張善政的得票趨勢正好相反，台灣認同程度愈低者，愈傾向投給國民黨的候選人，雖然低度台灣認同者有 65.6% 投給韓國瑜及張善政，但低度台灣認同者僅占所有受訪民眾的一成，而且他們也只得到三成中度台灣認同者的支持；不過高度台灣認同投給韓國瑜及張善政的比例（9.2%），還是高於投給親民黨的宋楚瑜及余湘（5.2%），從圖 3-3 可以看出，親民黨的宋楚瑜在 2020 年總統選舉中更為邊緣化，相較於 2016 年的選舉，宋楚瑜的得票從 12.8% 下降到 4.3%，[24] 而不同程度台灣認同者投給他們的比例也相當低，除了顯示此次的選舉仍然是藍綠政黨的對決之外，也可以看出宋楚瑜在這次選舉中，意識型態上也和民意的方向不同，2016 年時宋楚瑜得到中度及高度台灣認同者各約二成的支持，隱然有擺脫深藍色彩的趨勢（鄭夙芬、王德

---

[24] 中選會選舉資料庫，https://db.cec.gov.tw/histMain.jsp?voteSel = 20160101A1，檢索日期：2020 年 12 月 31 日。

育、林珮婷 2018, 97），但在 2020 年的總統選舉，宋楚瑜的得票卻以來自低度的台灣認同者最多，似乎又回到深藍的路線。總而言之，在 2020 年總統選舉，台灣認同仍然與選民的投票抉擇有密切的關係，台灣認同程度愈高者愈傾向投給民進黨的候選人，而台灣認同程度最低者，投給國民黨候選人的比例最高。

　　圖 3-4 則進一步解析各黨候選人的選票結構，可以明顯地看出蔡英文和賴清德的票源，有 66.8% 來自高度台灣認同者，中度台灣認同者也有 30.2%，來自低度台灣認同者僅有 2.9%，表示蔡英文的支持，與台灣認同意識有高度的相關；泛藍的國民黨及親民黨的得票，則大約都有五成左右來自中度台灣認同者，不同之處在於韓國瑜和張善政的得票中，來自高度台灣認同者（22.1%）的比例，仍低於宋楚瑜及余湘（30.5%），但低度台灣認同者的支持為 29.0%，則高於宋楚瑜及余湘的 15.3%，顯示在 2020 年的總統選舉，以藍綠的光譜而言，國民黨較親民黨更加深藍，應與前述

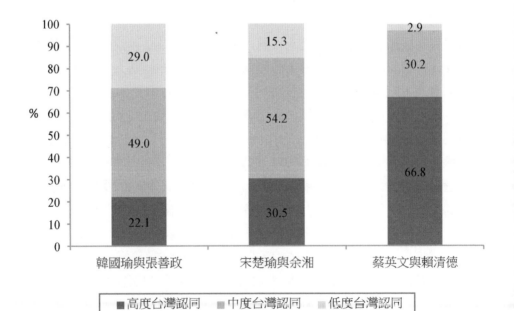

圖 3-4　2020 年總統選舉候選人的支持結構

資料來源：鄭夙芬（2019b）。

韓國瑜鮮明的支持親中形象有關。從各黨候選人的選票結構而言，當已經有五成的台灣民眾為堅持台灣文化獨特性及政治自主性的高度台灣認同者時，民進黨候選人的選票大多數來自高度台灣認同者，而泛藍候選人的選票卻主要來自中度及低度台灣認同者，顯示泛藍的認同論述，較得不到台灣民眾的支持，尤其是國民黨候選人最不受高度台灣認同者的青睞，似乎也代表國民黨所堅持的「九二共識、一中各表」，已漸漸在台灣失去市場。

陸、結論

在 2020 年台灣總統選舉前的 2019 年，發生許多與認同有關的事件，最顯著的是中國國家主席習近平的宣示「一國兩制、台灣方案」以及香港的反送中爭民主運動，也使得 2020 年的總統選舉，應該是自 1996 年台灣開始總統直選以來，認同議題最為顯著的一次選舉。這兩個事件的重要性，在於「九二共識就是一國兩制」的意涵，讓國民黨所堅持的九二共識受到嚴格的檢視；而中國大陸當局片面毀棄香港一國兩制五十年不變的承諾，則讓台灣民眾看到一國兩制的不可信，也讓「一國兩制、台灣方案」反而被台灣民眾視為對台灣的威脅。這些認同議題也得原本滿意度低迷的蔡英文總統，因為對習近平談話的強硬回應及「支持香港、守護台灣」的立場，大幅提升民眾對她的支持。在 2020 年總統及立委選舉的競選策略上，民進黨採取「保台抗中」的策略，激發民眾愛鄉護土的意志；而向來主張九二共識一中各表的國民黨，與形象及意識較為傾中的總統候選人韓國瑜，在台灣認同議題不斷發酵的情況下節節敗退。

本文的資料顯示自 2019 年以來的認同相關事件，使台灣民眾對於逐漸加重的中國威脅，除了產生「亡國感」之外，反而也使台灣認同意識有所強化，民眾的台灣認同程度與四年前相比，中度及高度台灣認同者的比例都有增加，已經有一半（50.7%）的受訪民眾是「高度台灣認同」者，而低度台灣認同者僅剩下一成左右，印證團體威脅論所揭示之外來的威脅

可以提高成員之團體認同的說法，從而凝聚對捍衛台灣之領袖蔡英文總統的向心力，讓她在選舉中得到高度支持；而本文的分析也指出，對蔡英文與賴清德這組候選人的支持，有隨著台灣認同程度升高而增加的趨勢，而他們的選票結構，也有六成七來自高度台灣認同者，而泛藍的二組候選人則較無法得到高度台灣認同者的支持，此一結果除了顯示台灣認同在2020年總統選舉中，仍舊扮演重要的角色之外，也指出泛藍政黨的認同論述，在台灣已漸漸失去市場，台灣民眾在中國的實質性及象徵性威脅之下，反而有更堅持台灣主體意識的趨勢，泛藍政黨若無法體認此種民意的走向，則前途堪慮。

參考書目

王甫昌，1993，〈省籍融合的本質——一個理論與經驗的探討〉，張茂桂等著，《族群關係與國家認同》，台北：業強。

王甫昌，1997，〈台灣民主政治與族群政治的衝突〉，游盈隆主編，《民主的鞏固或崩潰：台灣二十一世紀的挑戰》，頁143-232，台北：月旦。

王甫昌，1998，〈族群意識、民族主義與政黨支持：1990年代台灣的族群政治〉，《台灣社會學研究》，2：1-45。

王甫昌，2003，《當代台灣社會的族群想像》，台北：群學。

王甫昌，2008，《族群政治議題台灣民主化轉型中的角色》，《民主季刊》，5（2）：89-140。

包正豪，2009，〈政黨認同者等於政黨鐵票？2000-2008總統選舉中選民投票抉擇之跨時性分析〉，《淡江人文社會學刊》，40：67-90。

吳乃德，1993，〈省籍意識、政治支持和國家認同：台灣族群政治理論的初探〉，張茂桂等，《族群關係與國家認同》，頁27-51，台北：業強。

吳乃德，2002，〈認同衝突和政治信任：現階段台灣族群政治的核心難

題〉，《台灣社會學》，4：75-118。

洪永泰，2014，《誰會勝選？誰會凍蒜？》，台北：天下文化。

徐火炎，1996，〈台灣選民的國家認同與黨派投票行爲 1991 至 1993 年間的實證研究結果〉，《台灣政治學刊》，1：85-127。

徐火炎，1998，〈李登輝情結的政治心理與選民的投票行〉，《選舉研究》，5（2）：35-71。

張佑宗，2006，〈選舉事件與選民的投票抉擇：以台灣 2004 年總統選舉爲分析對象〉，《東吳政治學報》，22：121-159。

張茂桂，1993，〈省籍問題與民族主義〉，張茂桂等著，《族群關係與國家認同》，台北：業強。

張傳賢、黃紀，2011，〈政黨競爭與台灣族群認同與國家認同間的連結〉，《台灣政治學刊》，15（1）：3-71。

蒙自成，2016，〈越融合或越疏離？解析當前兩岸交流下台灣民眾身分認同的內涵與影響〉，《台灣政治學刊》，20（2）：187-262。

鄭夙芬，2009，〈族群、認同與總統選舉投票抉擇〉，《選舉研究》，16（2）：23-49。

鄭夙芬，2013，〈2012 年總統選舉中的台灣認同〉，《問題與研究》，52（4）：101-132。

鄭夙芬，2016，《台灣認同的世代差異及其政治效應》，科技部補助專題研究計畫，計畫編號：MOST 104-2410-H0004-087-MY2，台北：科技部。

鄭夙芬，2019a，〈解析「台灣人／中國人」認同的持續與變遷〉，「台灣民主參與的理論建構與實踐暨選舉研究中心三十週年」國際學術研討會，政治大學選舉研究中心主辦，台北：政治大學。

鄭夙芬，2019b，《總統滿意度之研究》，科技部補助專題研究計畫，計畫編號：MOST 108-2410-H-004-153-SSS，台北：科技部。

鄭夙芬、王德育、林珮婷，2018，〈台灣認同與選民投票抉擇〉，陳陸輝主編，《2016 台灣大選：新民意與新挑戰》，台北：五南。

鄭夙芬、陳陸輝、劉嘉薇，2005，〈2004 年總統選舉中的候選人因

素〉，《台灣民主季刊》，2（2）：31-70。

Allport, Gordon W. 1954. *The Nature of Prejudice*. Cambridge, MA: Addison-Wesley.

Anderson, Benedict Richard O'G. 1991. *Imagined Communities: Reflections on the Origin and Spread of Nationalism*. Rev. ed. London & New York: Verso.

Stephan, Walter G., Oscar Ybarra, and Kimberly Rios Morrison. 2009. "Intergroup Threat Theory." In *Handbook of Prejudice, Stereotyping, and Discrimination*, ed. Todd D. Nelson. New York: Psychology Press.

Wang, T.Y. 2017. "Changing Boundary: The Development of the Taiwan Voters' Identity." In *The Taiwan Voter*, eds. Christopher H. Achen, and T. Y. Wang. Ann Arbor: University of Michigan Press.

Wang, T. Y., and Su-feng Cheng, 2017. "Taiwan Citizens' Views of China: What Are the Effects of Cross-Strait Contacts?" *Journal of East Asian Studies* 17(2): 1-11.

Wu, Chung-li. 2017. "Do Contacts Matter? Public Impressions of a Rising China in Taiwan." *Journal of Electoral Studies* 24(1): 1-31.

Chapter 4

政黨偏好與經濟評估：
2016 vs. 2020 *

黃紀

壹、前言

經濟投票一向是選舉研究中的顯學，累積之文獻可謂卷秩浩繁。古典經濟投票模型認為選民會回溯及展望經濟之榮枯，以選票對執政者課責。惟選民以經濟表現獎懲現任者的前提，是選民對經濟狀況有正確客觀的認知。但近年經濟投票之修正論者質疑經濟投票有「內因性」（endogeneity），亦即選民對總體經濟的認知其實受其政黨偏好左右，與客觀經濟有差距，產生政黨偏差（partisan bias）。此說已引發許多論辯，至今仍方興未艾。

政黨認同是否會扭曲對經濟的感知（economic perceptions），在學理上及方法論上，都成了經濟投票研究的重大挑戰，亟需優先解決。本文認為，與其各執一詞地爭辯政黨偏差之有無，不如先放下二必擇一的預設立場，持平務實地探討：政黨認同在何種情況下會變成有色眼鏡？因此本文以下的鋪陳，先回顧古典論與修正論，然後提出綜合之「選舉脈絡論」，強調政黨偏好是否扭曲經濟評估，須視選舉之情境脈絡（electoral context）而定，並循著脈絡論之學理推出具經驗意涵（empirical implications）之待驗假設，接著設計定群追蹤調查（panel surveys），針對我國 2016 年及 2020 年兩屆總統大選，檢驗選舉脈絡論。

貳、文獻回顧

經濟投票模型認為選民會回顧過去、展望未來經濟的好壞，以選票肯定或懲罰在位者，此說幾已成為選舉課責研究的典範，文獻極為豐富（De Vries, Hobolt, and Tilley 2018; Kanji and Tannahill 2013; Lewis-Beck 1988; Lewis-Beck and Lobo 2017; Lewis-Beck, Nadeau, and Elias 2008; Lewis-Beck and Stegmaier 2007, 2019; Lewis-Beck and Whitten 2013; Stegmaier, Lewis-Beck, and Park 2017）。由於民眾對經濟莫不喜榮厭枯，無分中外，台灣

＊ 本文原稿發表於 2020 年台灣政治學會年會。作者感謝與談人吳親恩教授之評論與建議。

的選舉研究對經濟投票自然也頗多著墨（參見王柏燿 2004；吳親恩、林奕孜 2012，2013；黃秀端 1994；盛杏湲 2009；蔡佳泓 2018；Hsieh, Lacy, and Niou 1998; Ho et al. 2013; Huang 2015, 2018; Tsai 2017）。

　　期盼經濟繁榮固然是舉國共識，但對客觀經濟表現的評估則未必一致。選民對實際的經濟狀況是否有正確的認知，據以作為課責的基準？近年來經濟投票之修正論者便對此提出質疑，認為經濟投票有「內因性」，亦即選民對經濟成長、失業率、物價膨脹等總體經濟的認知，其實受其政黨認同的左右，與客觀經濟有差距（Anderson, Mendes, and Tverdova 2004; Anson 2017; Bartels 2002; Bisgaard 2015; Carlson 2016; Evens and Andersen 2006; Evens and Pickup 2010; Gerber and Huber 2010; Hansford and Gomez 2015; Kayser and Wlezien 2011; Popescu 2013; Wlezien, Franklin, and Twiggs 1997）。換言之，黨性如同有色眼鏡，會產生「寬以待己、嚴以律人」的偏差，自己支持的政黨執政時，偏向給予正面的肯定，反之則多持負面的評價。

　　倘若經濟感知真的如修正論者所述，只是反射政黨的偏好，則實證研究中屢屢發現選民的「經濟評估」對「投票抉擇」有影響，便成了虛假的相關（spurious relationship），難以採信。更何況政黨領袖及有政黨色彩的媒體都會為了勝選，試圖強化甚或操弄其支持者的經濟感知（Anson 2016; Hart 2016），使得主觀經濟評價與客觀經濟條件之間差距更大。因此修正論在學理上及方法論上，都對經濟投票的研究提出嚴峻的挑戰。

參、經濟投票之情境脈絡論

　　本文認為，政黨偏好是否扭曲經濟評估，不宜一概而論，應視選舉之情境脈絡而定，尤其是該選舉是否造成政黨輪替，以及競選期間經濟議題相對於其他議題的重要性。其他條件不變，執政權的得失心愈重、經濟表現議題愈受矚目，政黨認同愈可能扭曲經濟評估。

　　重視選舉之情境脈絡，並非新意。但在西方文獻中，多是指跨國比較

時，應區分政治制度上經濟課責的責任歸屬是否明確、選民是否有充分的
選項可供選擇（Anderson 2000; Dassonneville and Lewis-Beck 2017），或
在經濟危機期間相對於承平時期，經濟投票在課責效應上的強弱（Lewis-
Beck and Lobo 2017）等。本文則將上述重視選舉脈絡的觀點，延伸至即
使同一個國家在政治制度沒變、經濟情況近似之下，仍可能因政黨是否輪
替、經濟議題受重視的程度，而產生不同的脈絡氛圍，繼而決定了政黨偏
差的有無或大小。至於議題的優先次序，不但取決於競選策略之操弄，也
可能來自國際環境之事件。

我們可就古典派與修正派這兩個針鋒相對的理論，針對上述選舉脈絡
各推導出其預期之經驗意涵（Huang 2018）：若古典派「無政黨偏差說」
爲眞，則選民選前、選後對整體經濟的評估，應不會受政黨輪替選舉結果
影響；反之，若修正派「有政黨偏差說」爲眞，則選民對整體經濟的評
估，應會受政黨輪替選舉結果的影響而前後翻盤。同理，若「情境脈絡
論」之觀點正確，則在無政黨輪替的選舉，以及其他議題比經濟議題更受
矚目時，政黨偏差應作用不大，亦即整體經濟評估在選舉前後應大致維持
平盤不變。

肆、定群追蹤研究設計

由於多數選民的政黨認同在社會化過程中已先形成，不易以隨機分
派方式進行控制實驗。爲了檢測政黨認同是否扭曲經濟評估，本文採自
然實驗之觀察研究設計（Dunning 2012; Rosenbaum 2020; Shadish, Cook,
and Campbell 2002），觀測不同政黨認同者對大選結果的反應。本文參
照 Gerber 與 Huber（2010）設計了兩輪時間點接近之選前、選後追蹤調查
（narrow-window panel survey design），以電訪蒐集受訪者對整體經濟評
估的資料[1]（黃紀 2018，2020a）。

1　由於實證研究顯示，個人型的經濟評估（pocketbook economic evaluations）解釋力甚弱
　　（Lewis-Beck and Lobo 2017, 608），因此本文的討論專注於整體經濟評估（sociotropic
　　economic evaluations）。

　　將大選前、後兩波次電訪的時間點差距限縮在兩個月之內，目的在使該短期內之經濟成長、通膨及失業率等都頗為接近，客觀經濟情勢及其他外在環境的變動減至最低，以凸顯選舉結果本身對主觀經濟評估所可能產生的影響。至於採定群調查，於選後追訪選前的成功樣本，目的在比較相同的個人在選前和選後對整體經濟的感知，控制了不會因時而異（time-invariant）的性別、年齡、教育程度以及其他未觀測到的因素，有利於以固定效應（fixed effects, FE）模型確保因果推論的效度（黃紀 2020c；Huang 2018）。

　　表 4-1 及表 4-2 分別說明 2016 年及 2020 年大選前後，各兩波追蹤電訪的執行方式、執行時段及成功樣本數。儘管因研究倫理之限制，2016 年計畫結束後受訪者個資均銷毀，故 2020 年選前電訪需重新獨立抽樣，但兩次大選的定群電訪在設計與執行上，均極為相似。

表 4-1　2015 年至 2016 年追蹤調查

調查	模式	抽樣設計	調查時間	有效樣本數
第一波次	電訪	RDD	Nov. 23-29, 2015	1,515
第二波次	電訪	定群追蹤	Jan. 24-30, 2016	843

資料來源：Huang（2018）。

說明：RDD = random digit dialing。

表 4-2　2019 年至 2020 年追蹤調查

調查	模式	抽樣設計	調查時間	有效樣本數
第一波次	電訪	RDD	Dec. 3-8, 2019	1,628
第二波次	電訪	定群追蹤	Jan. 14-19, 2020	932

資料來源：黃紀（2020a）。

說明：RDD = random digit dialing。

　　以 2016 年及 2020 年總統大選為比較案例的優點，在於兩屆選舉的三組總統候選人中，有兩組（民進黨的蔡英文、親民黨的宋楚瑜）相同，但選舉脈絡卻不同。2016 年馬英九總統兩任屆滿，國民黨面臨政權保衛

戰，但馬英九第二任施政滿意度低迷，國民黨又臨陣「換柱」由朱立倫參選，陣腳凌亂，圖 4-1 顯示 2016 年選前三組候選人的支持度，蔡英文始終保持穩定領先。至於 2015～2016 年期間之客觀總體經濟相對平穩，成長率由 0.72% 微升至 1.45%，失業率由 3.78% 微升至 3.92%（行政院主計處 2017）。因此 2016 年選前選後，各政黨認同者對經濟感知的顯著變動，應非反映平穩的客觀經濟情勢。

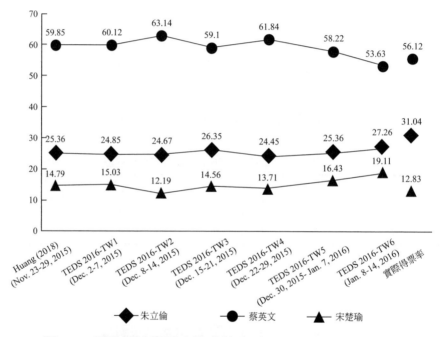

圖 4-1　選前總統候選人的支持度（2015. 11-2016. 01）

資料來源：Huang（2018）、TEDS 2016-T（黃紀 2016）。

　　2020 年總統大選，蔡英文總統競選連任，國民黨則由 2018 年年底甫當選高雄市長的韓國瑜參選。2019 年之客觀總體經濟尚佳，GDP 成長率由 2019 年第一季的 1.92% 漸升至第四季的 3.29%，失業率則由 3.68% 微升至 3.72%（行政院主計處 2020）。至於選情，圖 4-2 顯示 2020 年選前一個半月內，蔡英文在三組候選人的支持度中始終穩定領先，且領先幅度比 2016 年還大，因此一般看好其連任。

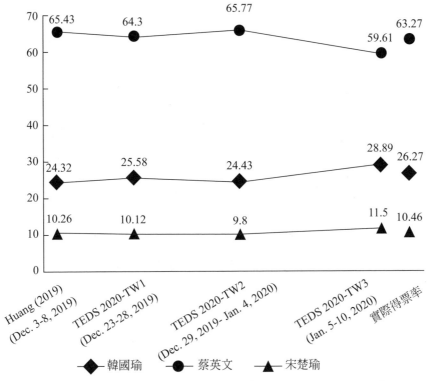

圖 4-2　選前總統候選人的支持度（2019. 12-2020. 01）

資料來源：黃紀（2020a）、TEDS 2016-T（黃紀 2020b）。

不過若回顧 2018 年 11 月 24 日九合一地方暨公投選舉，民進黨大敗，蔡英文總統的施政滿意度（見圖 4-3）跌至 2016 年就任以來的谷底，接著在半年內聲勢扶搖直上，於 2020 年 1 月選前達到高峰，耐人尋味。主因之一，在於議題焦點由內而外的翻轉。2019 年 1 月中國國家主席習近平在《告台灣同胞書》四十週年紀念會上提出「五項對台原則」，以「兩制」為訴求，遭蔡英文總統回應絕不接受「一國兩制」，本屬預期。孰料被視為「一國兩制」樣版的香港，3 月下旬卻因《逃犯條例》修訂草案引發一系列之「反送中」示威遊行，演變至 6 月後之警力鎮壓，衝突節節升高（Dapiran 2020; Lee et al. 2019; Lo 2020; Yuen and Cheng 2020）。香港激烈的反送中運動，以及港府與中國政府的強硬，在台灣均被視為是「今

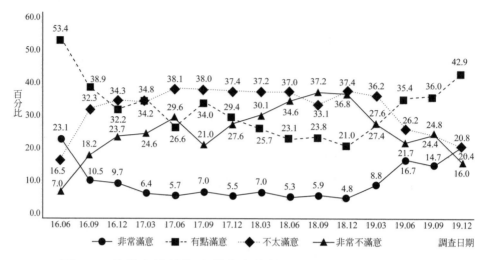

圖 4-3　蔡英文總統施政滿意度趨勢圖（2016. 06-2019. 12）

資料來源：黃紀，2020b，〈TEDS2016-2020 總統施政滿意度每季電訪〉。

日香港，明日台灣」的鮮活教訓，且與民進黨反一國兩制、反九二共識的一貫主張完全契合，成為其總統大選競選期間「反中」的訴求與動員主軸之一。

　　第九章〈2019 年香港反送中運動對台灣網路輿情的影響〉論及，針對 10 個民眾最常觀看的政論節目頻道 YouTube 公開影片下方的留言，以網路爬蟲蒐集 2019 年 3 月底至 2020 年 1 月 10 日之文字資料後，所進行的重要議題分析（TIGCR-PPS 2019；黃紀、張卿卿 2020），顯示在各種議題之中，「國家認同」高居第一位，而以往大選期間備受矚目的「經濟發展」則排名第六位，足見 2019 年選戰炙熱期間，網民關注的議題相當程度受到香港反送中運動的影響，焦點轉移至國家認同及兩岸關係。

　　議題重心的轉移並非僅限於網民，而是有更廣泛的「捍衛台灣」的影響。圖 4-4 顯示台灣民眾 2016～2019 年在統獨六分類上的立場，其中「維持現狀，以後走向獨立」者，由 2018 年年底的 16.5%，於 2019 年以平均每季增高約 3% 的速度一路攀升至 2019 年年底的 27.8%，應非偶然。若進一步以定群（panel）調查資料（黃紀、張卿卿 2019，2020）追蹤同

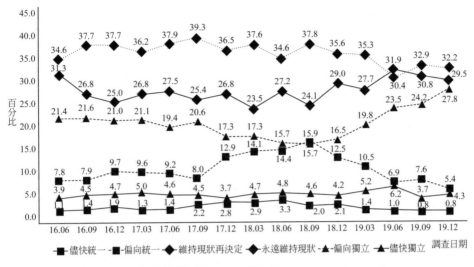

圖 4-4　民眾統獨立場趨勢圖（2016. 06-2019. 12）

資料來源：黃紀，2020b，〈TEDS2016-2020 總統施政滿意度每季電訪〉。

一群受訪民眾 2018～2019 年間統獨立場的穩定與變遷，則表 4-3 顯示有相當比例的人往該表右上方偏獨的方向移動。若檢定 2018 年與 2019 年的「邊緣分布同質性」（marginal homogeneity，參見 Agresti 2013, 426），$X^2 = 143.68$, df = 5, $p < .001$，拒斥兩年無顯著差異的虛無假設，亦即 2019 年的統獨立場分布確實產生了統計上顯著的改變，尤其是 2018 年持主流態度「維持現狀，以後再決定」的人之中，有 22.1% 到了 2019 年轉變為「維持現狀，以後走向獨立」。一年內產生如此大幅的變化，應屬於外在重大事件造成之時期效應（period effect）（黃紀 2020c；Huang 2019）。顯然 2020 年總統大選期間的脈絡，重心落在與兩岸關係息息相關之認同與統獨立場，經濟議題則相對淡化。從「選舉脈絡論」觀之，政黨認同對整體經濟評估產生的偏差，理應十分有限。

表 4-3　2018 年至 2019 年台灣民眾統獨立場之變化

		2019 年統獨立場						
		儘快統一	維持現狀以後統一	維持現狀再決定	永遠維持現狀	維持現狀以後獨立	儘快獨立	2018 Total [%]
2018 年統獨立場	儘快統一 (%)	16 (20.00)	19 (23.75)	22 (27.50)	14 (17.50)	5 (6.25)	4 (5.00)	80 [4.64]
	維持現狀以後統一 (%)	12 (3.95)	98 (32.24)	97 (31.91)	59 (19.41)	32 (10.53)	6 (1.97)	304 [17.64]
	維持現狀再決定 (%)	7 (1.13)	34 (5.48)	310 (49.92)	115 (18.52)	137 (22.06)	18 (2.90)	621 [36.04]
	永遠維持現狀 (%)	1 (0.31)	15 (4.72)	91 (28.62)	158 (49.69)	44 (13.84)	9 (2.83)	318 [18.46]
	維持現狀以後獨立 (%)	3 (1.02)	6 (2.05)	41 (13.99)	24 (8.19)	184 (62.80)	35 (11.95)	293 [17.01]
	儘快獨立 (%)	4 (3.74)	2 (1.87)	12 (11.21)	10 (9.35)	38 (35.51)	41 (38.32)	107 [6.21]
	2019 Total (%)	43 (2.50)	174 (10.10)	573 (33.26)	380 (22.05)	440 (25.54)	113 (6.56)	1,723 [100]

資料來源：黃紀、張卿卿（2019，2020）。

說明：邊緣分布同質性（marginal homogeneity）檢定：$X^2 = 143.68$, df = 5, $p < .001$；對稱分布（symmetry）檢定：$X^2 = 159.18$, df = 15, $p < .001$。

伍、二維固定效應模型

　　為了檢測古典論、修正論及脈絡論對政黨偏差之經驗意涵，本文先建構一廣義的統計模型，設定關鍵之「黨性效應」（partisan effects）參數，然後再以定群追蹤資料檢定該效應參數在不同脈絡下是否統計上顯著，作為判定政黨偏差的標準。

　　若以 Y_{ijt} 代表認同 j 政黨的 i 選民在 t 時間點對整體經濟的認知。下標 $j = 1, 2, ..., j$ 指有推候選人參選總統之政黨，$j = 0$ 則為無政黨認同（參照

組）。時間點 t_1 爲選前電訪，t_2 則爲選後追蹤電訪。可能影響經濟觀感的因素，則包括政黨認同（Pid_{ij}），觀測到的選民個人特徵（X_i）、未觀測到的個人特徵（α_i）、以及外在整體環境從 t_1 到 t_2 因時而異（但不因人而異）的客觀變動（β_t）。本文的焦點是檢測經濟感知是否會受到選舉結果的影響。

依照反事實因果模型（counterfactual model of causality），Y_{ijt} 有下列兩個潛在的結果（potential outcomes）：

Potential control: $Y^0_{ijt} = \alpha + \alpha_i + \beta_t + \gamma X_i + \lambda_j Pid_{ij} + \varepsilon_{it}$, $t = 1, 2$

Potential treatment: $Y^1_{ijt} = Y^0_{ijt} + \delta_j W_t$,

其中之 W_t 代表三次個次群體：

$$W_t = \begin{cases} +1 & \text{認同勝選政黨之選民} \\ 0 & \text{無政黨認同之選民} \\ -1 & \text{認同敗選政黨之選民} \end{cases}$$

接著界定一個虛擬交互項 $D_{ijt} = Pid_{ij} \times Post_{t_2}$ 來篩選在選後 t_2 會受到選舉結果影響的次群體。換言之：

$$D_{ijt} = \begin{cases} 1 & \text{if } j \neq 0 \text{ and } t = t_2 \\ 0 & \text{otherwise} \end{cases}$$

實際觀測到的 Y_{ijt} 則視選民是否受到選舉結果影響而定：

$$\begin{aligned} Y_{ijt} &= (1 - D_{ijt}) \times Y^0_{ijt} + D_{ijt} \times Y^1_{ijt} \\ &= \alpha + \alpha_i + \beta_t + \gamma X_i + \lambda_j Pid_{ij} + \delta_j (Pid_{ij} \times Post_{t_2} \times W_t) + \varepsilon_{it} \end{aligned}$$, $t = 1, 2$

此一因果模型，恰與定群分析之「二維固定效應模型」（two-way fixed effect model）（Baltagi 2013; Biørn 2017; Henningsen and Henningsen 2019;

Hsiao 2014; Wooldridge 2010）不謀而合。固定效應模型針對固定群的相同個人進行兩個時間點的前後比較（within comparison），既控制了個人不變的特徵（Allison 2009），也避免了跨人比較（between comparison）時每人心中各一把尺的測量困擾（Baltagi 2014），故較適合因果推論。換言之，兩個時間點的固定效果分析，與「雙重差分法」（difference-in-differences）一樣，可抵銷（difference out）未觀察到的個人特徵（α_i）及外在整體環境從 t_1 到 t_2 純因時而異的共通趨勢（β_t）的干擾，以確保關鍵之因果參數（δ_j）爲不偏之估計。因此估計二維固定效應模型後，只需檢定 $H_0: \delta_j = 0$ for $j \neq 0$ 即可判定政黨認同對經濟評估是否有統計上顯著之效應。

陸、模型估計

如前所述，二維固定效應模型的係數估計值中，焦點在政黨認同與選後時間點（圖與表中均以 "Post" 標示）的交互項之係數$\hat{\delta}_j$，因其代表各政黨認同者相對於無政黨認同者而言，大選前後對經濟評估是否有顯著改變。若與 0 無統計上顯著差異，則無政黨偏差；反之若有顯著差異，則該交互項係數反映政黨偏差的方向與幅度。

表 4-4 並呈了 2016 年及 2020 年大選之回顧型經濟觀感之估計。表 4-4 第二欄爲 2016 年大選的估計結果，顯示敗選的國民黨認同者選舉前後之經濟回顧，與無政黨認同者沒有顯著差異，親民黨認同者亦同。但擊敗執政黨產生政黨輪替的民進黨支持者，選後之經濟回顧卻比選前還降了 0.35（$p = 0.005$），亦即 2016 年勝選之民進黨認同者，在選後更否定原國民黨執政時之經濟表現。在圖 4-5 左邊的 2016 年選前選後趨勢圖，亦可看出民進黨認同者在勝選後回顧評估的降幅，遠大於其他兩黨。但 2020 年蔡英文總統大勝，連任成功，表 4-4 第三欄的 2020 年的估計中，三個政黨認同者的回溯評估，與參照組之無政黨認同者均無顯著差異。圖 4-5 右邊的 2020 年選前選後趨勢圖，亦顯示微幅但不顯著之改變，與本文的假設相符。

表 4-4　估計回溯型經濟感知：2016 vs. 2020

	2016 係數估計 （Robust S.E.）	2020 係數估計 （Robust S.E.）
時間因素	−0.134 (0.092)	−0.033 (0.054)
政黨認同（參照組＝無政黨認同）		
國民黨	−0.014 (0.128)	−0.163 (0.085)
民進黨	0.241 (0.134)	−0.090 (0.078)
親民黨	0.091 (0.224)	−0.278 (0.171)
交互作用（參照組＝無政黨認同）		
國民黨 ×Post	−0.034 (0.129)	0.117 (0.069)
民進黨 ×Post	−0.350** (0.124)	0.100 (0.067)
親民黨 ×Post	0.093 (0.224)	−0.052 (0.194)
常數項	1.620*** (0.084)	1.926*** (0.048)
樣本數	779	816
Within R^2	0.087	0.019

資料來源：Huang（2018）、黃紀（2020a）。

說明：***: $p < 0.001$; **: $p < 0.01$; *: $p < 0.05$。

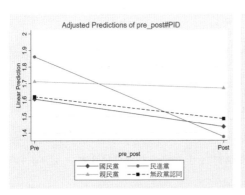
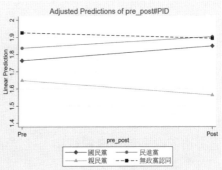

圖 4-5　選舉前後的回溯型經濟評估：2016（左）vs. 2020（右）

表 4-5 估計前瞻型經濟感知：2016 vs. 2020

	2016 係數估計 （Robust S.E.）	2020 係數估計 （Robust S.E.）
時間因素	0.339***	0.002
	(0.071)	(0.069)
政黨認同（參照組＝無政黨認同）		
國民黨	0.329**	−0.012
	(0.098)	(0.102)
民進黨	−0.166	−0.075
	(0.093)	(0.092)
親民黨	0.156	−0.013
	(0.147)	(0.261)
交互作用（參照組＝無政黨認同）		
國民黨 ×Post	−0.539***	−0.192
	(0.106)	(0.100)
民進黨 ×Post	0.548***	0.114
	(0.091)	(0.082)
親民黨 ×Post	0.103	−0.329
	(0.170)	(0.426)
常數項	1.382***	2.094***
	(0.057)	(0.059)
樣本數	806	771
Within R^2	0.368	0.042

資料來源：Huang（2018）、黃紀（2020a）。

說明：***: $p < 0.001$; **: $p < 0.01$; *: $p < 0.05$。

2016 年及 2020 年大選之前瞻型經濟觀感之估計，則並呈於表 4-5。表 4-5 第二欄為 2016 年大選的估計結果，顯示敗選的國民黨認同者，選後之經濟前瞻評估大幅下滑（−0.539, $p < 0.001$），沮喪與不看好民進黨政府未來的經濟表現。但擊敗執政黨產生政黨輪替的民進黨支持者，選後之經濟前瞻則顯現慶祝行情，比選前躍升了 0.548（$p < 0.001$）。在圖 4-6

左邊的 2016 年選前選後趨勢圖，亦可明顯看出輸掉執政權的國民黨與勝選之民進黨認同者，在前瞻經濟評估上的一起一伏成明顯對比。但 2020年蔡英文總統大勝，連任成功，表 4-5 第三欄的 2020 年的估計中，三個政黨認同者的前瞻評估，與參照組之無政黨認同者均無顯著差異。圖 4-6右邊的 2020 年選前選後趨勢圖，亦僅顯示微幅改變但不顯著，亦與本文的假設相符。

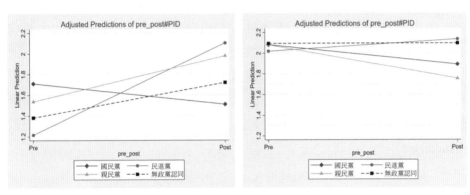

圖 4-6　選舉前後的前瞻型經濟評估：2016（左）vs. 2020（右）

柒、結語

古典經濟投票模型認為選民會回溯及展望經濟之榮枯，對執政者課責，但近年經濟投票之修正論者質疑選民對總體經濟的認知其實受其政黨偏好左右，與客觀經濟有差距，產生政黨偏差。本文則提出「選舉脈絡論」，認為政黨偏好是否扭曲經濟評估，須視選舉之情境脈絡而定，尤其是該選舉是否造成政黨輪替，以及競選期間經濟議題相對於其他議題的重要性。執政權的得失心愈重、經濟表現議題愈受各方矚目，政黨認同愈可能扭曲經濟評估。

本文採用選前、選後時間貼近的兩波定群追蹤電訪，以「二維固定效應模型」進行定群分析，檢定同一群受訪者之整體經濟評估，在大選前

後是否有顯著改變。針對 2016 年及 2020 年兩屆脈絡不同的總統大選，定群分析的結果顯示：選前普遍預期會產生政黨輪替的 2016 年總統大選，不論是回溯或前瞻之整體經濟評估，都受到政黨偏好的顯著影響。但在 2020 年無政黨輪替、統獨議題及「反中」氛圍高漲、經濟議題淡化之下，不論是支持執政黨或反對黨的選民，其選前、選後對整體經濟的評估，均與無政黨認同者無顯著之差異，與 2016 年之選後經濟評估頓時翻盤形成有趣之對比，也印證了選舉脈絡決定了政黨偏好影響經濟評估的程度。

　　本文之研究發現顯示，經濟投票的學理與實證研究宜超越古典論與修正論的針鋒相對，積極正視選舉脈絡因素的重要性。在實證分析方法上的啟示為，若選舉脈絡有引起政黨偏差之顧慮，則即使有定群追蹤資料，以選前觀測的經濟感知解釋投票行為，仍不宜逕將之設定為外因變數（exogenous variable），而應設定為政黨認同與投票行為間之中介變數（mediator）。

參考書目

王柏燿，2004，〈經濟評估投票抉擇：以 2001 年立法委員選舉為例〉，《選舉研究》，11（1）：171-195。

行政院主計處，2017，"National Statistics." DGBAS Database. http://ebas1.ebas.gov.tw/pxweb/Dialog/NI.asp，檢索日期：2017 年 10 月 5 日。

行政院主計處，2020，〈經濟成長率〉，行政院主計處統計資料網站：https://www.stat.gov.tw/ct.asp?xItem = 35375&CtNode = 487&mp = 4，檢索日期：2020 年 11 月 6 日。

吳親恩、林奕孜，2012，〈經濟投票與總統選舉：效度與內生問題的分析〉，《台灣政治學刊》，16（2）：175-232。

吳親恩、林奕孜，2013，〈兩岸經貿開放、認同與投票選擇：2008 年與 2012 年總統選舉的分析〉，《選舉研究》，20（2）：1-36。

盛杏湲，2009，〈經濟與福利議題對選民投票行為的影響：2008 年總

統選舉的探討〉，陳陸輝、游清鑫、黃紀主編，《2008 年總統選舉》，台北：五南。

黃秀端，1994，〈經濟情況與選民投票抉擇〉，《東吳政治學報》，3：97-123。

黃紀，2016，《2012 年至 2016 年「台灣選舉與民主化調查」四年期研究（TEDS2012-2016）》，行政院國科會專題研究計畫結案報告，計畫編號：NSC 101-2420-H-004-034-MY4，台北：行政院國科會。

黃紀，2018，《類別依變數模型中之內因自變數問題：方法論之探討與經濟投票研究之應用》，科技部專題研究計畫結案報告，計畫編號：MOST 104-2410-H-004-089-MY2，台北：科技部。

黃紀，2020a，《「公投綁選舉」之投票效應分析》，科技部專題研究計畫期中報告，計畫編號：MOST 108-2410-H-004-152-SS2，台北：科技部。

黃紀，2020b，《2016 年至 2020 年「台灣選舉與民主化調查」四年期研究（TEDS2016-2020）》，科技部專題研究計畫結案報告，計畫編號：MOST 105-2420-H-004 -015 -SS4，台北：科技部。

黃紀，2020c，〈調查研究設計〉，陳陸輝主編，《民意調查》，台北：五南。

黃紀、張卿卿，2019，「台灣政經傳播研究多年期研究規劃：2018 年民眾定群追蹤面訪調查資料」，國立政治大學台灣政經傳播研究中心，DOI：10.6923/TW-TIGCR-PPS2018，https://tigcr.nccu.edu.tw/tw/survey/1-2019-10-05-06-14-12。

黃紀、張卿卿，2020，「台灣政經傳播研究多年期研究規劃：2019 年民眾定群追蹤面訪調查資料」，國立政治大學台灣政經傳播研究中心，DOI：10.6923/TW-TIGCR-PPS2019，https://tigcr.nccu.edu.tw/tw/survey/5-2019-10-23-11-13-41。

蔡佳泓，2018，〈經濟投票〉，陳陸輝主編，《2016 台灣大選：新民意與新挑戰》，台北：五南。

Agresti, Alan. 2013. *Categorical Data Analysis*, 3rd edition. Hoboken: Wiley.

Allison, Paul D. 2009. *Fixed Effects Regression Models.* Thousand Oaks: Sage.

Anderson, Christopher J. 2000. "Economic Voting and Political Context: A Comparative Perspective." *Electoral Studies* 19(2): 151-70.

Anderson, Christopher J., Silvia M. Mendes, and Yuliya V. Tverdova. 2004. "Endogenous Economic Voting: Evidence from the 1997 British Election." *Electoral Studies* 23(4): 683-708.

Anson, Ian, G. 2016. "Just the Facts? Partisan Media and the Political Conditioning of Economic Perceptions." *Political Research Quarterly* 69(3): 444-456.

Anson, Ian, G. 2017. "'That's Not How It Works': Economic Indicators and the Construction of Partisan Economic Narratives." *Journal of Elections, Public Opinion and Parties* 27(2): 213-234.

Baltagi, Badi H. 2013. *Econometric Analysis of Panel Data*, 5th edition. Chichester: Wiley.

Baltagi, Badi H. 2014. "Panel Data and Difference-in-Differences Estimation." In *Encyclopedia of Health Economics*, Vol. 2, ed. Anthony J. Culyer. Waltham, MA: Elsevier.

Bartels, Larry M. 2002. "Beyond the Running Tally: Partisan Bias in Political Perceptions." *Political Behavior* 24(2): 117-150.

Biørn, Erik. 2017. *Econometrics of Panel Data: Methods and Applications.* Oxford: Oxford University Press.

Bisgaard, Martin. 2015. "Bias Will Find a Way: Economic Perceptions, Attributions of Blame, and Partisan-Motivated Reasoning during Crisis." *Journal of Politics* 77(3): 849-860.

Carlson, Elizabeth. 2016. "Finding Partisanship Where We Least Expect It: Evidence of Partisan Bias in a New African Democracy." *Political Behavior* 38(1): 129-154.

Dapiran, Antony. 2020. "Hong Kong's Reckoning." In *China Dream*, eds. Jane Golley, Linda Jaivin, Ben Hillman, and Sharon Strange. Acton, Australia:

ANU Press.

Dassonneville, Ruth, and Michael S. Lewis-Beck. 2017. "Rules, Institutions and the Economic Vote: Clarifying Clarity of Responsibility." *West European Politics* 40(3): 534-559.

De Vries, Catherine E., Sara B. Hobolt, and James Tilley. 2018. "Facing up to the Facts: What Causes Economic Perceptions?" *Electoral Studies* 51: 115-22.

Duch, Raymond M., and Randolph T. Stevenson. 2008. *The Economic Vote: How Political and Economic Institutions Condition Election Results.* Cambridge: Cambridge University Press.

Dunning, Thad. 2012. *Natural Experiments in the Social Sciences: A Design-Based Approach.* Cambridge: Cambridge University Press.

Evans, Geoffrey, and Robert Andersen. 2006. "The Political Conditioning of Economic Perceptions." *The Journal of Politics* 68(1): 194-207.

Evans, Geoffrey, and Mark Pickup. 2010. "Reversing the Causal Arrow: The Political Conditioning of Economic Perceptions in the 2000-2004 U.S. Presidential Election Cycle." *The Journal of Politics* 72(4): 1236-1251.

Gerber, Alan S., and Gregory A. Huber. 2010. "Partisanship, Political Control, and Economic Assessments." *American Journal of Political Science* 54(1): 153-173.

Hansford, Thomas G., and Brad T. Gomez. 2015. "Reevaluating the Sociotropic Economic Voting Hypothesis." *Electoral Studies* 39: 15-25.

Hart, Austin. 2016. *Economic Voting: A Campaign-Centered Theory*. New York: Cambridge University Press.

Henningsen, Arne, and Geraldine Henningsen. 2019. "Analysis of Panel Data Using R." In *Panel Data Econometrics*, ed. Mike Tsionas. London: Academic Press.

Ho, Karl, Harold D. Clarke, Li-Khan Chen, and Dennis Lu-Chung Weng. 2013. "Valence Politics and Electoral Choice in a New Democracy: The Case of

Taiwan." *Electoral Studies* 32(3): 476-481.

Hsiao, Cheng. 2014. *Analysis of Panel Data*, 3rd edition. Cambridge: Cambridge University Press.

Hsieh, John Fuh-Sheng, Dean Lacy, and Emerson M.S. Niou. 1998. "Retrospective and Prospective Voting in a One-Party-Dominant Democracy: Taiwan's 1996 Presidential Election." *Public Choice* 97(3): 383-399.

Huang, Chi. 2015. "Endogenous Regressors in Nonlinear Probability Models: A Generalized Structural Equations Modeling Approach." *Journal of Electoral Studies* 22(1): 1-33.

Huang, Chi. 2018. "Testing Partisan Effects on Economic Perceptions: A Panel Design Approach." *Journal of Electoral Studies* 25(2): 89-115.

Huang, Chi. 2019. "Generation Effects? Evolution of Independence-Unification Views in Taiwan, 1996-2016." *Electoral Studies* 58: 103-112.

Kanji, Mebs, and Kerry Tannahill. 2013. "What are the Current Preoccupations of Economic Voting Research?" *Electoral Studies* 32(3): 391-392.

Kayser, Mark Andreas, and Christopher Wlezien. 2011. "Performance Pressure: Patterns of Partisanship and the Economic Vote." *European Journal of Political Research* 50(3): 365-394.

Lee, Francis L. F., Samson Yuen, Gary Tang, and Edmund W. Cheng. 2019. "Hong Kong's Summer of Uprising: From Anti-Extradition to Anti-Authoritarian Protests." *China Review* 19(4): 1-32.

Lewis-Beck, Michael S. 1988. *Economics and Elections: The Major Western Democracies*. Ann Arbor: University of Michigan Press.

Lewis-Beck, Michael S., and Marina Costa Lobo. 2017. "The Economic Vote: Ordinary vs. Extraordinary Times." In *The SAGE Handbook of Electoral Behaviour*, Vol. 2, eds. Kai Arzheimer, Jocelyn Evans, and Michael S. Lewis-Beck. London: SAGE.

Lewis-Beck, Michael S., and Mary Stegmaier. 2007. "Economic Models of

Voting." In *The Oxford Handbook of Political Behavior*, eds. Russell J. Dalton, and Hans-Dieter Klingemann. Oxford: Oxford University Press.

Lewis-Beck, Michael S., and Mary Stegmaier. 2019. "Economic Voting." In *The Oxford Handbook of Public Choice*, Vol. 1, eds. Roger D. Congleton, Bernard Grofman, and Stefan Voigt. Oxford: Oxford University Press.

Lewis-Beck, Michael S., and Guy D. Whitten. 2013. "Economics and Elections: Effects Deep and Wide." *Electoral Studies* 32(3): 393-395.

Lewis-Beck, Michael S., Richard Nadeau, and Angelo Elias. 2008. "Economics, Party, and the Vote: Causality Issues and Panel Data." *American Journal of Political Science* 52(1): 84-95.

Lo, Sonny Shiu-Hing. 2020. "Hong Kong in 2019: Turning Point amid Tensions." *Asian Survey* 60(1): 34-40.

Popescu, Gheorghe H. 2013. "Partisan Differences in Evaluations of the Economy." *Economics, Management and Financial Markets* 8(1): 130-135.

Rosenbaum, Paul R. 2020. *Design of Observational Studies*, 2nd edition. New York: Springer.

Shadish, William R., Thomas S. Cook, and Donald T. Campbell. 2002. *Experimental and Quasi-Experimental Designs for Generalized Causal Inference.* Boston: Houghton Mifflin.

Stegmaier, Mary, Michael S. Lewis-Beck, and Beomseob Park. 2017. "VP-Function: A Review." In *The SAGE Handbook of Electoral Behaviour*, Vol. 2, eds. Kai Arzheimer, Jocelyn Evans, and Michael S. Lewis-Beck. London: SAGE.

Tsai, Chia-hung. 2017. "Economic Voting in Taiwan: Micro-and Macro-Level Analysis." In *The Taiwan Voter*, eds. Christopher H Achen, and T.Y. Wang. Ann Arbor: University of Michigan Press.

Wlezien, Christopher, Mark Franklin, and Daniel Twiggs. 1997. "Economic Perceptions and Vote Choice: Disentangling the Endogeneity." *Political*

Behavior 19(1): 7-17.

Wooldridge, Jeffrey M. 2010. *Econometric Analysis of Cross Section and Panel Data*, 2nd edition. Cambridge: The MIT Press.

Yuen, Samson, and Edmund W. Cheng. 2020. "Between High Autonomy and Sovereign Control in a Subnational Island Jurisdiction: The Paradox of Hong Kong under 'One Country, Two Systems'." *Island Studies Journal* 15(1): 131-150.

Chapter 5

候選人特質與2020年總統選舉 *

蔡佳泓

壹、前言

民主政治與政黨息息相關，因為政黨代表社會分歧、意識型態以及各種政策議題，同時政黨也推薦候選人讓選民選擇。尤其在使用總統制的國家，總統候選人必須具備全國知名度才有獲勝機會，不能光靠政黨推薦，甚至有些總統候選人的光環還大過於政黨。例如於 2019 年 11 月 24 日當選高雄市長的韓國瑜，史無前例地在 2020 年 6 月 8 日宣布參選 1 月 11 日舉行的總統選舉，部分原因即為當時他的聲望如日中天，被視為國民黨的救世主。[1] 而新的政黨如台灣民眾黨，政黨的知名度可能比不上創黨主席、也是台北市長柯文哲，因為柯文哲以無黨籍當選並且連任成功，之後才創立台灣民眾黨。

無論是存在已久或者新的政黨，候選人比政黨更容易成為選民目光的焦點。早在 1960 年，Campbell、Converse、Miller 與 Stokes（1960）在《美國選民》一書中指出，「Of the elements of politics that had emerged relatively recently as objects of partisan feeling, none was of greater importance in these years than the presidential candidates」（p. 51）。他們認為共和黨提名具備全國高聲望的艾森豪（Dwight D. Eisenhower），得以在 1952 年翻轉長期被民主黨壟斷的總統大位。候選人受到重視的原因之一是，選民經常會把當時國家面臨的重大問題與候選人連結，例如艾森豪經常被聯想到外交議題，史蒂文生（Adlai Stevenson）則與國內議題連結，但是對於選民更重要的是個人的性格（personal attributes），例如正直、責任感等等。Campbell 等人（1960, 56）分析受訪者的回答發現，艾森豪總統競選連任時，選民對於他的印象除了擔任總統的表現外，就是他的個人特質。Stokes（1966）用迴歸模型分析 1952～1964 年的調查資料也發現，對候選人的喜好對於投票選擇的影響不僅經常變動，而且遠大於政黨認同的影響程度。

---

* 本文於台灣政治學會 2020 年會發表，國立台灣大學，2020 年 12 月 4 日。

1 根據 TVBS 在 2019 年 11 月 30 日的調查，韓國瑜的聲望最高，滿意度為 62%，其次為台北市長柯文哲，滿意度為 61%。資料網址：https://www.storm.mg/article/665960。

　　許多研究指出,個人會有意識地選擇資訊,並且連結資訊到複雜的政治事務,也就是用簡化過的資訊來提示(cue)自己對於政治的判斷(Popkins 1991; Lupia and McCubbins 1998; Lau and Redlawsk 2006)。Popkins(1991)以美國總統初選說明,選民很難在短時間內了解許多參加初選的候選人,因此他們經常信任媒體對於候選人個人特質的描述,加上初選過程中的各州投票結果,決定應該支持哪一位候選人。

　　許多研究已經證實候選人特質對於投票的重要性。本文接下來將探討候選人特質的內涵,然後檢閱相關的文獻,接著以敘述統計描繪 2020 年總統大選的候選人特質,進一步再呈現不同程度的候選人特質與投票選擇的關係,最後提出結論。

貳、候選人特質之定義

　　個人特質的定義究竟為何?心理學家 Carr 與 Kingsbury(1938)定義個人特質為「個人對外在環境的反應,是一些可觀察的特性」,個人可能不斷地做出類似的反應,而且是社會廣泛認為重要的反應,這就構成一般所說的個人特質。

　　Hardy(2017)歸納個人特質為四個特點:

一、個人特質是個人對外在環境的反應,而且構成個人的本質。

二、個人特質的重要性決定於社會以及人際溝通。

三、個人特質的特徵來自於可觀察的行為。

四、個人特質可以用來預測未來的行為。

　　根據以上的定義,候選人特質可以定義為候選人被選民或者社會觀念認定為重要的行為特徵,而且這些特質可以用來預測未來的行為。Kinder(1986, 235)認為,對於民眾來說,透過認識總統這個人,可以幫助民眾大大減輕了解複雜的國際事務以及國內問題。他也引用 Barber(1972)的看法,強調總統是許多民眾情感的寄託,對於總統的看法取決於總統是否符合民眾心目中的標準。因此,我們可以由此推論,總統候選人的特質

的重要性在於總統不僅擁有許多權力，而且一言一行都可能影響公眾的心理，因此選民會想挑選可以達到一定社會期待的候選人，例如善於處理國家大政、善於與各方意見溝通等等。

Miller 與 Shanks（1996, 417） 認為對於候選人人格的評價來自於長期累積的印象（impression），印象有可能是正面也可能是負面。印象的來源可能是現任者的表現，或者選舉過程，這些印象讓選民特別記憶深刻。選民也可能因為對於候選人不太熟悉，而以政黨傾向作為主要的印象，進而決定對於該候選人的評價。

舉例來說，希拉蕊 · 柯林頓在 2008 年參選總統的廣告之一是，在凌晨 3 點，孩童、老年人正在酣睡中，白宮有電話響起，旁白強調觀眾手中的一票決定誰會接這個電話，這個人應該是了解國家大政，而且隨時做好準備。這個廣告強調希拉蕊 · 柯林頓無時無刻都會在最短時間內處理國家大事的能力，並深化她在其先生任內參與政策決定的形象。[2]

由於選舉愈來愈凸顯候選人本身的特色，例如候選人的魄力、清廉等等，以簡單的口號強化選民的印象，而且在選後又強調選區服務、電視曝光、個人問政表現等等，因此不論是選前或者選後，候選人特質都比政黨或者政策議題來得深入人心。但是候選人特質並不容易捕捉，有可能與政黨、政治議題、短期事件有關，因此有必要了解過去研究如何測量候選人特質以及量化它與投票選擇的關係。

參、文獻檢閱

候選人特質的文獻可歸納為候選人特質的面向以及候選人特質對於選民行為的影響兩個部分。除了國外的文獻，我們也將討論國內的相關研究。

---

[2] 這支稱為「凌晨 3 點」的廣告被時代雜誌選為歷年 10 支最佳競選廣告的第五名。資料網址：http://content.time.com/time/specials/packages/article/0,28804,1842516_1842514_1842548,00.html。

　　候選人特質面向的研究可見 Kinder（1986）、Funk（1999）等。
Kinder（1986）分析 1984 年的調查資料，發現候選人特質可分成四
大面向：能力、領袖氣質（leadership）、正直（integrity）、同理心
（empathy）。這四大面向彼此相關。進一步分析，他發現政黨認同、意
識型態、政策立場可以用來解釋這四個面向的候選人特質。Kinder 也發現
雖然受訪者會回答負面的特質，例如不誠實、說謊等等，但是負面特質在
四大面向所占的比重比正面特質來得低。

　　Funk（1999）同樣用因素分析找出四大候選人特質：領袖氣質、正
直、同理心、左右意識型態（left-right orientation）。她用這四種特質來
解釋候選人的總體評價之後發現，不同的特質可以解釋不同的候選人的總
體評價，因此不同候選人有不同吸引選民的特質。

　　而在候選人特質的影響方面，Miller、Watternberg 與 Malanchuk
（1986）歸納 1952～1984 年的選舉資料中開放式問題的答案，認為選民
重視的候選人特質與候選人的表現有關，例如能力、正直、可信賴等等，
因此根據候選人特質投票並非膚淺的行為，反而是訴諸於能力等標準，就
連高教育程度的選民對候選人下的評語多半也是與候選人個人特質有關。
Pierce（1993）也分析美國 1984 年選舉的資料，用許多自變數解釋候選人
的偏好。他發現候選人的特質：能力、領袖氣質、正直、同理心等變數，
不論選民的教育程度高低，都比議題立場的作用來得大。

　　Bartels（2002）研究 1980～2000 年的六次總統選舉，發現民主黨與
共和黨候選人在關心民眾需要、道德、博學、激勵人心、強有力領導等面
向的分數互有高低，但是他發現候選人特質的影響相當有限。Bartels 認
為候選人特質往往受到政黨認同的形塑，而特定特質的差距可能被其他特
質的差距抵銷，加上其他因素合理化候選人特質的回答，也就是受訪者其
實不見得真的認為某些候選人具有某些特質，只是考慮其他更重要的因素
而如此回答。

　　在台灣有關候選人特質研究部分，梁世武（1994）從 1994 年台北市
長選前的調查資料建構候選人的形象指標，比對受訪者回答的投票對象以
及實際的得票率。黃秀端（1996）對於 1996 年總統選舉的研究顯示，政

黨認同以及「李登輝情結」影響選民回答候選人特質[3]。劉義周（1996）
將候選人特質與政黨認同整合爲預測模型，發現有時候以候選人特質爲主
的預測模型所得到的結果最接近實際投票結果。傅明穎（1998）則發現該
次選舉的候選人評價超越政黨認同，成爲最重要的決定因素。鄭夙芬、陳
陸輝、劉嘉薇（2005）發現候選人人格特質、情感溫度計、執政能力都
是 2004 年總統選舉投票的重要影響因素，其中執政能力還以 10 項指標測
量。Wang 與 Chen（2017）採用 Kinder et al.（1980）的能力與個人特質等
兩大分類作爲評價候選人的面向，其中個人特質又可分爲了解民眾需要、
使人對未來樂觀等等，他們發現能力與投票選擇的關聯性比較明顯。陳陸
輝（2018）探討 2012 年、2016 年的總統選舉，發現候選人的能力評估與
投票選擇有高度的相關。

　　比較國外與國內的研究，國外研究比較強調候選人的人格，例如正
直、誠實、有道德等等，而國內比較強調候選人的特色，例如了解人民需
要、維護和平、族群團結等等。雖然人格比較接近特質，但是實務上很難
以分數測量候選人的人格，甚至相互比較，但是特色可能比較容易測量。
不論是人格或者特色，都是對於候選人的評估，與政黨認同、議題立場是
不同的態度，有可能影響投票選擇。

　　根據以上的文獻，我們的研究假設爲：

　　在其他條件（包括政黨認同、重要的議題、過去的投票選擇等等）相
同情況下，選民會根據候選人特質決定其投票對象。

　　Wang 與 Chen（2017）觀察不同政黨認同以及無政黨認同者對候選人
特質的看法以及投票對象的關係。不過，明確回答政黨認同的受訪者人數
有限，交叉列表中的人數也比較少。因此，我們將直接觀察候選人特質與
投票選擇的關係。本文將使用「台灣選舉與民主化調查」TEDS2020 的資
料，驗證研究假設。[4]

3　徐火炎（1995）提出「李登輝情結」的測量，不過黃秀端（1996）的測量方式略有不同。徐
　　火炎的投票選擇模型除了「李登輝情結」之外，還有候選人的能力、操守、了解民眾的需
　　要、值得人民信賴、認同台灣等評估指標，候選人評估的影響似乎比「李登輝情結」顯著。
4　「台灣選舉與民主化調查」（TEDS）多年期計畫總召集人爲國立政治大學黃紀教授，

肆、候選人特質統計

在 TEDS2020 的調查中，有關候選人特質的題目總共有四題：「能力」、「了解一般民眾需要」、「維護台灣利益」、「維護兩岸和平」。TEDS 在 2016 年所做的總統選舉選後調查中，也是用這四題測量候選人特質。由於這是選後調查，我們不能排除選舉結果的影響，也就是勝選者因為媒體曝光多讓選民在選後對其印象比選前更好。我們也不能排除部分受訪者可能在回答完投票選擇之後，為了合理化自己的回答，在回答候選人特質的題目時改變原本對於特定候選人的看法。換句話說，我們可能高估選民在投票前對總統當選人蔡英文的好感，也可能高估投票選擇與候選人特質的關係。

圖 5-1 顯示選民回答三位候選人的能力分數的分布、平均數、標準差等等統計。蔡英文的平均分數最高（平均數 = 7.45，標準差 = 2.5），宋楚瑜其次（平均數 = 6.12，標準差 = 2.36），韓國瑜最後（平均數 = 4.32，標準差 = 2.98）。多數受訪者給蔡英文與宋楚瑜 5 分以上的分數，但是韓國瑜就不到 5 分，顯示韓國瑜在能力這一個面向不受到受訪者肯定。相較於喜歡程度，三位候選人的能力分數離散程度較小，有可能是因為能力這一個項目相較起來更具體，受訪者比較容易有共識。

圖 5-2 顯示「了解人民需要」的 0 到 10 分數分布。與「能力」一樣，蔡英文平均分數最高（平均數 = 7.25，標準差 = 2.49），宋楚瑜其次（平均數 = 5.97，標準差 = 2.41），韓國瑜最低（平均數 = 4.90，標準差 = 3）。多數受訪者給蔡英文高於 5 分的分數，韓國瑜與宋楚瑜則在 5 分上下，顯示這兩位候選人沒有給受訪者了解人民需要的印象。蔡英文與宋楚瑜在了解人民需要這個面向的分數離散程度差不多，韓國瑜的分數離散程度則比較大。有可能是因為蔡英文與宋楚瑜兩人的從政經驗較長，受訪者

TEDS2020 為針對 2020 年總統與立法委員選舉執行之年度計畫，計畫主持人為黃紀教授。詳細資料請參閱 TEDS 網頁：http://www.tedsnet.org。作者感謝上述機構及人員提供資料協助，惟本文之內容概由作者自行負責。歷年計畫名稱請參考：http://teds.nccu.edu.tw/intro2/super_pages.php?ID = intro11。

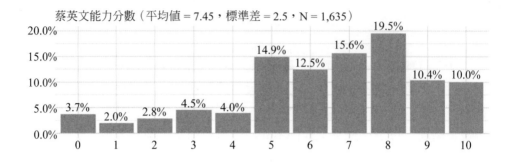

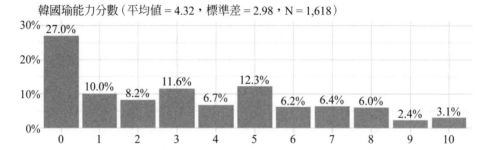

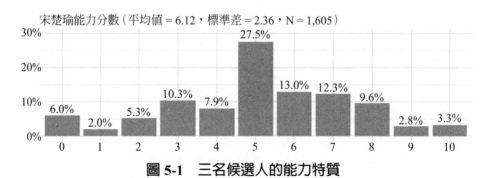

圖 5-1　三名候選人的能力特質

資料來源：TEDS 2020。

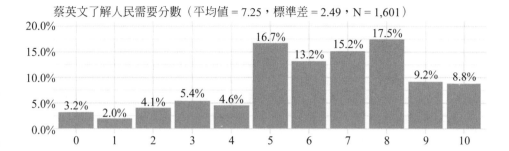

蔡英文了解人民需要分數（平均值 = 7.25，標準差 = 2.49，N = 1,601）

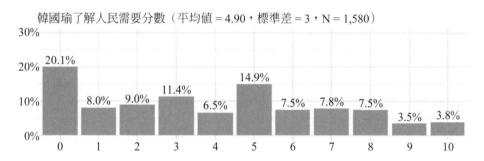

韓國瑜了解人民需要分數（平均值 = 4.90，標準差 = 3，N = 1,580）

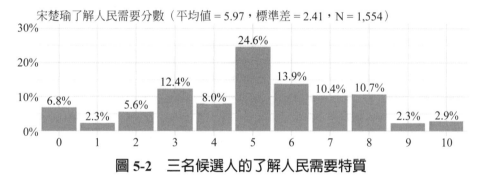

宋楚瑜了解人民需要分數（平均值 = 5.97，標準差 = 2.41，N = 1,554）

圖 5-2　三名候選人的了解人民需要特質

資料來源：TEDS 2020。

比較容易有一致的看法。

　　圖 5-3 顯示「保護台灣利益」的 0 到 10 分數分布。與前面兩項一樣，蔡英文平均分數最高（平均數 = 7.57，標準差 = 2.61），宋楚瑜其次（平均數 = 5.74，標準差 = 2.29），韓國瑜最低（平均數 = 4.46，標準差 = 3.01）。蔡英文在這一項的得分高於前面兩項，韓國瑜在這一項的得分略

蔡英文保護台灣利益分數（平均值 = 7.57，標準差 = 2.61，N = 1,598）

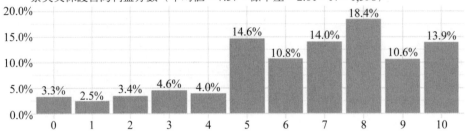

韓國瑜保護台灣利益分數（平均值 = 4.46，標準差 = 3.01，N = 1,585）

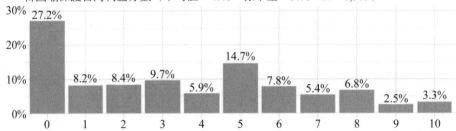

宋楚瑜保護台灣利益分數（平均值 = 5.74，標準差 = 2.29，N = 1,565）

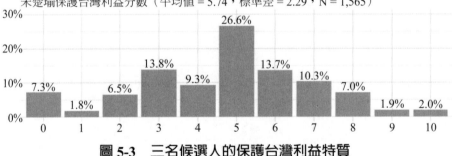

圖5-3　三名候選人的保護台灣利益特質

資料來源：TEDS 2020。

低於「了解人民需要」，宋楚瑜也是如此。因此並非受訪者一律在這項問題回答較高的分數。蔡英文的候選人特質可能與「台灣」的形象相關，因此受訪者特別肯定她這項特質。這一點說明「特質」與「形象」兩者之間可能高度相關。

最後，圖 5-4 顯示「維護兩岸和平」的 0 到 10 分數分布。雖然與前

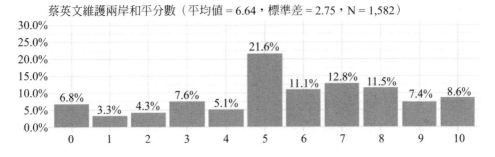

蔡英文維護兩岸和平分數（平均值 = 6.64，標準差 = 2.75，N = 1,582）

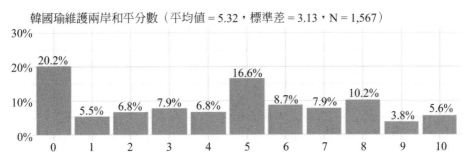

韓國瑜維護兩岸和平分數（平均值 = 5.32，標準差 = 3.13，N = 1,567）

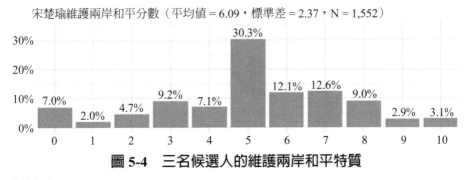

宋楚瑜維護兩岸和平分數（平均值 = 6.09，標準差 = 2.37，N = 1,552）

圖 5-4　三名候選人的維護兩岸和平特質

資料來源：TEDS 2020。

面三項一樣，蔡英文平均分數最高（平均數 = 6.64，標準差 = 2.75），宋楚瑜其次（平均數 = 6.09，標準差 = 2.37），韓國瑜最低（平均數 = 5.32，標準差 = 3.13），但是蔡英文在這一項的特質得到的平均分數為各項目最低，而韓國瑜在這一項的平均分數為各項目最高。或許受訪者因為韓國瑜在當選高雄市長後訪問香港以及澳門，因而肯定韓國瑜有這方面的特質。

而蔡英文在擔任總統以來，中國一直封鎖台灣的國際空間，並且派軍機、軍艦侵擾台灣，可能因此讓部分受訪者覺得蔡英文並沒有維護兩岸和平。

　　圖 5-1 到圖 5-4 一致地顯示受訪者多數肯定蔡英文比其他兩位候選人更具備「能力」、「了解一般民眾需要」、「維護台灣利益」、「維護兩岸和平」等特質，這個結果不令人意外，但是我們必須留意選後訪問的影響以及投票選擇題目順序的影響。而且，由於這些特質都是問卷的研究設計者所構想的面向，而非受訪者所主動提供，因此我們不能排除受訪者心目中有其他重要的候選人特質。所幸政大選研中心的鄭夙芬教授慷慨提供候選人特質的焦點團體資料。該資料與問卷調查題目不同的候選人特質有「遠見」、「抗壓性」、「改革魄力」等等，而且焦點團體的受訪者提到一些政策相關的特質，這些政策包括「長照」、「一例一休」、「年金」等等。從這些回答可以看出，民眾關心的政策議題與候選人特質密不可分，因為民眾從這些議題判斷候選人具備的人格、心態、可能的行為。從這一點也可說民眾可能從政策議題加以判斷，而不是單純從外在或者背景去認知候選人的特質（Hayes 2005）。

　　而在分析候選人特質與投票選擇之前，我們也要介紹對於候選人的喜歡程度這一個變數，測量方式為：「0 表示您非常不喜歡這個候選人，10 表示非常喜歡，請問：0 到 10 您會給宋楚瑜多少？韓國瑜呢？蔡英文呢？」這一系列題目測量的是「情感溫度計」（thermometer score）的概念。在 Jackson（1975）的投票模型中，候選人評價是最關鍵的變項，不過 Jackson 以候選人在數項議題上的得分測量候選人評價。Page 與 Jones（1979）以及 Markus 與 Converse（1979）則是以 0 到 100 的分數測量候選人評價。Markus 與 Converse 用受訪者回答候選人最具有擔任總統特質來測量候選人的人格特質，發現人格特質可以解釋候選人評價。因此，候選人評價與人格特質是不同的概念，但是彼此相關。

　　圖 5-5 呈現三位候選人的從 0 到 10 的喜好分數分布。蔡英文平均分數最高（平均數 = 7.26，標準差 = 2.78），宋楚瑜其次（平均數 = 5.52，標準差 = 2.39），韓國瑜最後（平均數 = 4.19，標準差 = 3.12）。蔡英文的分數多半集中在 5 分以上，宋楚瑜則集中在 5 分左右，而韓國瑜的 0 分

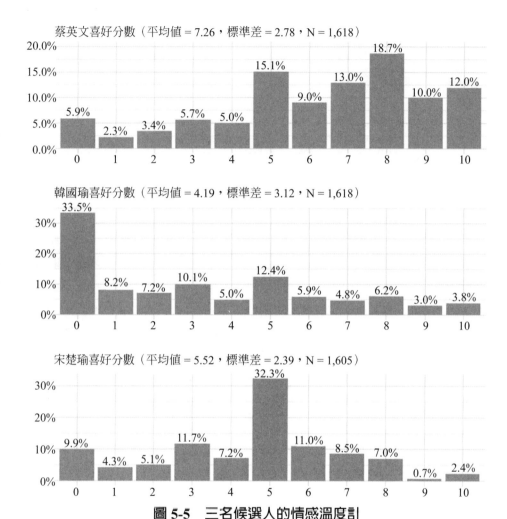

圖 5-5　三名候選人的情感溫度計

資料來源：TEDS 2020。

超過三成，是三名候選人之中最多。這個結果顯示，每一位候選人的分數分布呈現單峰的型態，並沒有出現一部分人非常喜歡特定候選人、另外一部分人非常不喜歡的對立狀況。而從蔡英文以及韓國瑜的分數分布來看，不喜歡其中之一候選人的選民，有可能喜歡另外一位候選人。宋楚瑜則是以既喜歡又不喜歡的人居多。此外，宋楚瑜的喜好分數的集中程度最高，

蔡英文居中，韓國瑜則是最低。爲什麼許多選民一致地給宋楚瑜 5 分？是否宋楚瑜過去表現出既非國民黨也非民進黨政治人物的形象深入人心？這個問題有待未來研究。

伍、候選人特質、情感溫度計與投票選擇

　　由於候選人特質與情感溫度計都是 0 到 10 的變數，我們視爲連續資料。而爲了閱讀方便起見，我們以三位候選人的情感溫度計與能力、了解人民需要、保護台灣利益、維護兩岸和平分別進行相關分析，計算 Pearson 相關係數，並且呈現散布圖加上線性迴歸線，可判讀變數之間的關聯方向。

　　圖 5-6 呈現蔡、韓、宋三人的情感溫度計以及能力特質的相關程度。首先是蔡韓兩人的情感溫度計有 –0.55 的相關程度，蔡宋以及韓宋雙方的情感溫度計相關程度都只有 0.11 以及 –0.06。由此可以看出，對蔡英文感到「溫暖」的選民對韓國瑜可能會感到「寒冷」，反之亦然。但是蔡與宋之間並沒有這種對立的感覺，韓與宋之間更是沒有相關。

　　蔡英文的情感溫度計與能力特質的相關程度高達 0.89，韓國瑜的情感溫度計與能力特質的相關程度高達 0.91，宋楚瑜的情感溫度計與能力特質的相關程度則是 0.73。由此可知，選民對於韓國瑜與蔡英文的情感溫度計認知相當等於能力特質，但是對於宋楚瑜的情感溫度計則參雜其他的因素。

　　圖 5-7 呈現蔡、韓、宋三人的情感溫度計以及了解人民需要特質的相關程度。蔡英文的情感溫度計與了解人民需要特質的相關程度高達 0.78，韓國瑜的情感溫度計與了解人民需要特質的相關程度高達 0.72，宋楚瑜的情感溫度計與了解人民需要特質的相關程度則是 0.55。相對於能力而言，三位候選人的情感溫度計與了解人民需要特質的相關程度較低。

　　圖 5-8 呈現蔡、韓、宋三人的情感溫度計以及保護台灣利益特質的相關程度。蔡英文的情感溫度計與保護台灣利益特質的相關程度高達 0.83，韓國瑜的情感溫度計與保護台灣利益特質的相關程度高達 0.87，宋楚瑜的

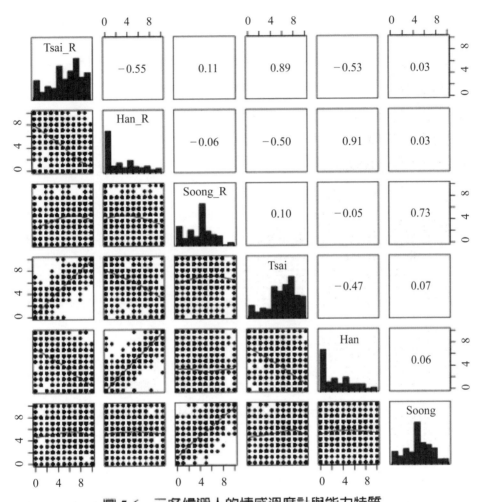

圖 5-6　三名候選人的情感溫度計與能力特質

資料來源：TEDS 2020。

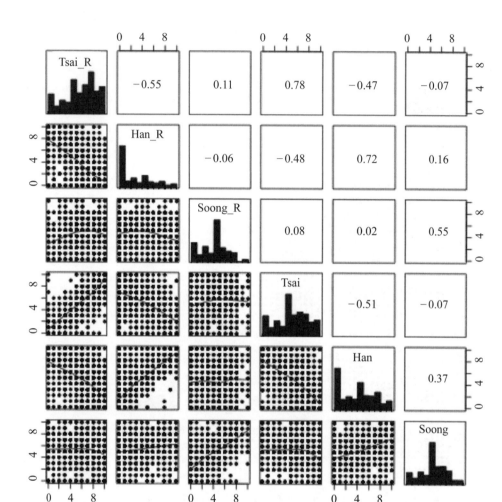

圖 5-7　三名候選人的情感溫度計與了解人民需要特質

資料來源：TEDS 2020。

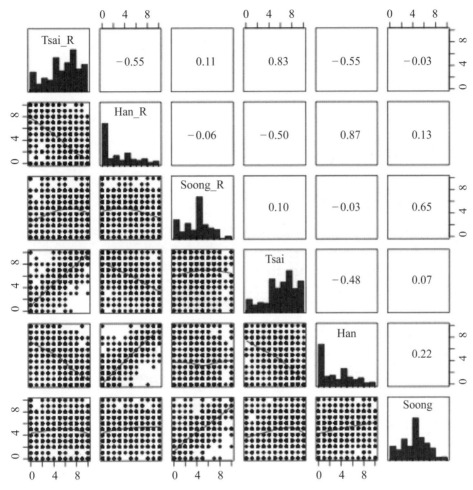

圖 5-8　三名候選人的情感溫度計與維護台灣利益特質

資料來源：TEDS 2020。

情感溫度計與保護台灣利益特質的相關程度則是 0.65。韓國瑜的情感溫度計與保護台灣利益特質的相關程度是三位候選人當中最高的。

最後，圖 5-9 呈現蔡、韓、宋三人的情感溫度計以及維護兩岸和平特質的相關程度。蔡英文的情感溫度計與維護兩岸和平特質的相關程度高達 0.84，韓國瑜的情感溫度計與維護兩岸和平特質的相關程度高達 0.81，宋

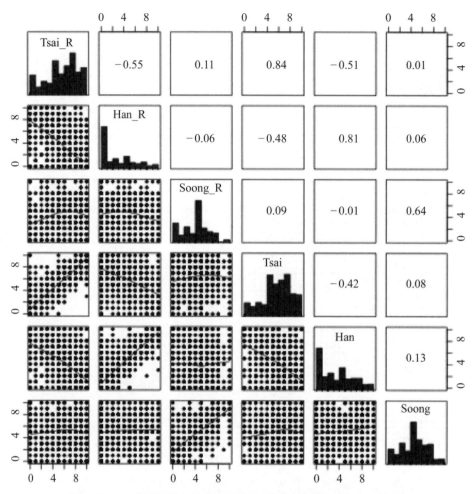

圖 5-9　三名候選人的情感溫度計與維護兩岸和平特質

資料來源：TEDS 2020。

楚瑜的情感溫度計與維護兩岸和平特質的相關程度則是 0.64。相對於能力、維護兩岸和平、保護台灣利益等三項特質而言，三位候選人的情感溫度計與了解人民需要特質的相關程度偏低，能力特質則與情感溫度計的相關程度最高。

　　那麼，選民心目中的候選人特質以及投票選擇的關係為何？由於投

票選擇爲類別變數，我們分別將個別候選人的特質得分分爲三到四組的類別變數，進行交叉分析。表 5-1 呈現候選人能力與投票選擇的交叉分析結果，蔡英文能力分數的前 25 分位（75 到 100 分位）的受訪者之中，有97.05% 投給蔡英文。在 0 到 25 分位的蔡英文分數的受訪者之中，只有

表 5-1　候選人能力與投票選擇

	蔡英文	韓國瑜	宋楚瑜	總計
蔡英文能力				
0-25 分位	25.88	64.46	9.66	100
25-50 分位	68.82	25.12	6.06	100
50-75 分位	90.73	6.94	2.33	100
75-100 分位	97.05	2.32	0.63	100
卡方檢定	卡方值 = 428.51　N = 1,156　P < 0.001			
韓國瑜能力				
0-50 分位	87.01	5.65	7.33	100
50-75 分位	49.54	43.73	6.73	100
75-100 分位	11.78	85.62	2.60	100
卡方檢定	卡方值 = 590.59　N = 1,157　P < 0.001			
宋楚瑜能力				
0-25 分位	68.05	30.86	1.09	100
25-50 分位	71.28	25.07	3.64	100
50-75 分位	69.70	25.01	5.29	100
75-100 分位	54.86	30.00	15.14	100
卡方檢定	卡方值 = 55.992　N = 1,136　P < 0.001			

資料來源：TEDS 2020。

說明：格子內爲橫列百分比。

25.88% 投給蔡英文，但是有 64.46% 投給韓國瑜。

　　由於韓國瑜的能力落在 0 的比例偏高（見圖 5-1），韓國瑜的能力只能分成三組：0 到 50 分位、50 至 75 分位、75 至 100 分位。韓國瑜能力的後 50 分位分數的受訪者之中，只有 5.65% 投給韓國瑜，但是在韓國瑜能力的前 25 分位分數的受訪者之中，有 85.62% 投給韓國瑜。而對於宋楚瑜的能力肯定於否，都是選擇蔡英文居多，其次是韓國瑜，最後才是宋楚瑜。尤其是宋楚瑜能力的前 25 分位分數的受訪者之中，有 54.86% 投給蔡英文，30.00% 投給韓國瑜，只有 15.14% 投給宋楚瑜。可見得基於各種考量，大部分欣賞宋楚瑜能力的選民投給蔡英文或是韓國瑜，而不是宋楚瑜。

　　表 5-2 則是呈現候選人了解人民需要與投票選擇的交叉分析結果。跟表 5-1 相同，愈覺得蔡英文了解人民需要，投給蔡英文的比例愈高。愈覺得蔡英文不了解人民需要，投給韓國瑜或者宋楚瑜的比例也愈高。同樣地，愈覺得韓國瑜了解人民需要，投給韓國瑜的比例也愈高，同時，投給蔡英文的比例愈低。最後，愈覺得宋楚瑜了解人民需要，投給宋楚瑜的比例也愈高。不過，有許多受訪者雖然肯定宋楚瑜了解人民需要，卻選擇韓國瑜或者蔡英文。

　　表 5-3 則是呈現候選人保護台灣利益與投票選擇的交叉分析結果。跟表 5-1 相同，愈覺得蔡英文保護台灣利益，投給蔡英文的比例愈高。愈覺得蔡英文不保護台灣利益，投給韓國瑜或者宋楚瑜的比例也愈高。與表 5-1 相同，由於韓國瑜保護台灣利益落在 0 的比例偏高（見圖 5-3），韓國瑜的保護台灣利益只能分成三組：0 到 50 分位、50 至 75 分位、75 至 100 分位。同樣地，愈覺得韓國瑜保護台灣利益，投給韓國瑜的比例也愈高，同時，投給蔡英文的比例愈低。最後，愈覺得宋楚瑜會保護台灣利益，投給宋楚瑜的比例也愈高。同樣地，在肯定宋楚瑜保護台灣利益的受訪者之中，有許多選擇投給韓國瑜或者蔡英文。

　　最後，表 5-4 則是呈現候選人維護兩岸和平與投票選擇有顯著相關。跟表 5-1 相同，維護兩岸和平與投票選擇有顯著相關。愈覺得蔡英文維護兩岸和平，投給蔡英文的比例愈高。愈覺得蔡英文沒有維護兩岸和平，投

表 5-2　候選人了解人民需要與投票選擇

	蔡英文	韓國瑜	宋楚瑜	總計
蔡英文了解人民需要				
0-25 分位	30.55	60.97	8.47	100
25-50 分位	75.96	18.35	5.68	100
50-75 分位	87.29	9.99	2.72	100
75-100 分位	97.20	2.07	0.73	100
卡方檢定	卡方值 = 386.16 N = 1,164 P < 0.001			
韓國瑜了解人民需要				
0-25 分位	95.64	2.46	1.90	100
25-50 分位	88.34	5.89	5.77	100
50-75 分位	46.34	46.77	6.89	100
75-100 分位	13.52	81.90	4.58	100
卡方檢定	卡方值 = 394.2 N = 946 P < 0.001			
宋楚瑜了解人民需要				
0-25 分位	64.88	34.01	1.11	100
25-50 分位	72.85	24.66	2.48	100
50-75 分位	68.36	23.23	8.42	100
75-100 分位	53.22	34.71	12.08	100
卡方檢定	卡方值 = 53.803 N = 1,129 P < 0.001			

資料來源：TEDS 2020。

說明：格子內爲橫列百分比。

表 5-3　候選人保護台灣利益與投票選擇

	蔡英文	韓國瑜	宋楚瑜	總計
蔡英文保護台灣利益				
0-25 分位	26.20	65.79	8.01	100
25-50 分位	66.98	25.61	7.41	100
50-75 分位	91.74	5.53	2.73	100
75-100 分位	95.70	3.88	0.42	100
卡方檢定	卡方值 = 53.598 N = 1,122 P < 0.001			
韓國瑜保護台灣利益				
0-50 分位	90.77	3.19	6.04	100
50-75 分位	50.29	40.60	9.11	100
75-100 分位	10.10	87.33	2.56	100
卡方檢定	卡方值 = 573.93 N = 1,156 P < 0.001			
宋楚瑜保護台灣利益				
0-25 分位	70.01	28.61	1.38	100
25-50 分位	71.56	25.13	3.31	100
50-75 分位	68.94	25.25	5.81	100
75-100 分位	52.50	34.51	12.99	100
卡方檢定	卡方值 = 53.598 N = 1,122 P < 0.001			

資料來源：TEDS 2020。

說明：格子內為橫列百分比。

表 5-4 候選人維護兩岸和平與投票選擇

	蔡英文	韓國瑜	宋楚瑜	總計
蔡英文維護兩岸和平				
0-25 分位	22.78	68.22	9.00	100
25-50 分位	68.25	26.25	5.48	100
50-75 分位	89.73	6.35	3.92	100
75-100 分位	96.92	2.69	12.77	100
卡方檢定	卡方值 = 398.24 N = 1,120 P < 0.001			
韓國瑜維護兩岸和平				
0-25 分位	95.89	4.11	0.00	100
25-50 分位	80.19	13.65	6.16	100
50-75 分位	44.86	50.77	4.37	100
75-100 分位	20.95	71.55	7.51	100
卡方檢定	卡方值 = 381.06 N = 1,129 P < 0.001			
宋楚瑜維護兩岸和平				
0-25 分位	74.54	22.66	2.80	100
25-50 分位	72.99	24.12	2.89	100
50-75 分位	64.23	30.84	4.93	100
75-100 分位	44.58	40.75	14.67	100
卡方檢定	卡方值 = 71.639 N = 1,127 P < 0.001			

資料來源:TEDS 2020。

說明:格子內為橫列百分比。

給韓國瑜或者宋楚瑜的比例也愈高。同樣地，愈覺得韓國瑜維護兩岸和平，投給韓國瑜的比例也愈高，同時，投給蔡英文的比例愈低。最後，愈覺得宋楚瑜會維護兩岸和平，投給宋楚瑜的比例也愈高。值得注意的是在韓國瑜的維護兩岸和平的前 25 分位這一組中，有 20.95% 的受訪者選擇蔡英文，這個比例高於其他特質的相對應分組。

　　表 5-1 到表 5-4 的結果說明四項候選人特質與投票選擇均有顯著的關聯。從受訪者對於候選人特質的反應，就可以大概知道投票的方向。雖然圖 5-4 顯示蔡英文在維護兩岸和平的平均分數較低，但是與投票選擇的關聯仍然顯著。此外，在各項特質中，無論給予宋楚瑜分數高低，有相當多的比例選擇蔡英文，依次是韓國瑜及宋楚瑜。可見得蔡英文吸引欣賞她本人以及宋楚瑜特質的選民。

陸、結論

　　本文目的在於描述與說明 2020 年總統選舉中，三位候選人特質的分布，以及與整體好感程度（情感溫度計）以及投票選擇的關聯。初步的發現如下：

一、蔡英文的能力、了解人民需要、保護台灣利益、維護兩岸和平等特質都是三位候選人中最高。

二、蔡英文的保護台灣利益特質最受受訪者肯定，平均分數為 7.57。韓國瑜的維護兩岸和平特質最得到受訪者肯定，平均分數為 5.32。受訪者最肯定宋楚瑜的是能力，平均分數為 6.12。

三、三位候選人的情感溫度計與了解人民需要特質的相關程度偏低，能力特質則與情感溫度計的相關程度最高。

四、四項候選人特質與投票選擇均有顯著的關聯。此外，在各項特質中，無論給予宋楚瑜分數高低，有相當多的比例選擇蔡英文，其次才是韓國瑜，最後是宋楚瑜。可見得蔡英文吸引欣賞她本人以及宋楚瑜特質的選民。

　　基於以上的分析，可以預期候選人特質與情感溫度計以及投票選擇都有高度相關。如果要正確估計候選人特質與情感溫度計對於投票選擇的作用，有必要參考 Jackson（1975）以及 Markus 與 Converse（1979）的結構方程式模型，也就是估計自變數對依變數的間接與直接的作用。然而，由於有三名候選人，依變數為類別變數，需要周延地考慮模型的建構與分析詮釋。同時，為了避免四項候選人特質過於分散，有必要透過因素分析或者信度檢定，加以整合為一個指標。此外，三名候選人都獲得部分選民青睞，難以比照兩名候選人計算候選人之間的差距。也就是說，我們必須建構三名候選人各有一項特質指標，透過三項情感溫度計影響投票選擇。同時，該模型也要估計政黨認同、統獨立場、台灣人 / 中國人認同等重要態度的影響。

　　本文並沒有如同黃秀端（1996）探討候選人特質與哪些人口背景或者政治態度相關，不過，可以預期年輕、認同民進黨、認同台灣人以及統獨立場偏獨的受訪者，應該會給蔡英文在各項特質比較高的分數。反之，年長、認同國民黨、認同既是台灣人也是中國人以及統獨立場偏統一的受訪者，應該會給韓國瑜在各項特質比較高的分數。

　　最後，候選人特質是在選後所測量，如果改成選前與選後各測量一次，或許能觀察候選人特質的穩定程度，並且避免因為在選後測量候選人特質與投票選擇造成高估兩者關聯性。所幸 TEDS 2021-2024 已經規劃追蹤定群樣本，從 2021 年定期訪問同一群受訪者的政治態度與參與。如果能在 2024 年總統選舉的若干時間前，就能詢問受訪者對於候選人特質的看法，應該能夠更正確地估計政黨認同、統獨立場、台灣人 / 中國人認同、候選人特質、情感溫度計影響投票選擇的程度。另一方面，我們也需要考慮採用開放式問卷來探討民眾重視的政治人物特質以及候選人特質，或許可以提出新的投票選擇模型。

附錄 5-1

一、候選人特質題目

（一）整體能力

我們想要請您用 0 到 10 來表示您對這次總統選舉各候選人整體能力的看法，0 表示您覺得他「能力非常差」，10 表示您「能力非常好」。

請問：0 到 10 您會給宋楚瑜多少？

那韓國瑜呢？

那蔡英文呢？

（二）了解人民需要

如果用 0 表示您覺得這個候選人「非常不了解」一般民眾需要，10 表示「非常了解」一般民眾需要。

請問：0 到 10 您會給宋楚瑜多少？

那韓國瑜呢？

那蔡英文呢？

（三）維護台灣利益

如果用 0 表示您覺得這個候選人「根本不能」維護台灣利益，10 表示「完全能」維護台灣利益。

請問：0 到 10 您會給宋楚瑜多少？

那韓國瑜呢？

那蔡英文呢？

（四）維護兩岸和平

如果用 0 表示您覺得這個候選人「根本不能」維護兩岸和平，10 表示「完全能」維護兩岸和平。

請問：0 到 10 您會給宋楚瑜多少？

那韓國瑜呢？

那蔡英文呢？

二、情感溫度計題目

　　我們想要請您用 0 到 10 來表示您對這次總統選舉各候選人的看法，0 表示您「非常不喜歡」這個候選人，10 表示您「非常喜歡」這個候選人。

請問：0 到 10 您會給宋楚瑜多少？

　　那韓國瑜呢？

　　那蔡英文呢？

三、投票選擇題目

　　在這一次（1 月 11 日）舉行的總統大選中，您有沒有去投票？

請問：您投票給哪一組候選人？

參考書目

徐火炎，1995，〈「李登輝情結」與省市長選舉的投票行為：一項政治心理學的分析〉，《選舉研究》，2（2）：1-36。

梁世武，1994，〈一九九四年台北市長選舉之預測：「候選人形象指標」預測模式之驗證〉《選舉研究》，1（2）：97-129。

陳陸輝，2018，〈候選人因素與總統選舉〉，陳陸輝主編，《2016 台灣大選：新民意與新挑戰》，台北：五南。

傅明穎，1998，〈北市選民的候選人評價與投票決定〉，《台灣政治學刊》，3：195-243。

黃秀端，1996，〈決定勝負的關鍵：候選人特質與能力在總統選舉中的重要性〉，《選舉研究》，3（1）：103-135。

劉義周，1996，〈選舉預測：一組簡單理論的檢驗〉，《選舉研究》，3（2）：107-130。

鄭夙芬、陳陸輝、劉嘉薇，2005，〈2004 年總統選舉中的候選人因素〉，《選舉研究》，2（2）：31-70。

Barber, James D. 1972. *The Presidential Character*. Prentice-Hall.

Campbell, Angus, Philip E. Converse, Warren E. Miller, and Donald E. Stokes. 1960. *The American Voter*. University of Chicago Press.

Carr, Harvey A., and Forrest A. Kingsbury. 1938. "The Concept of Traits." *Psychological Review* 45(6): 497-524.

Hardy, Bruce W. 2017. "Candidate Traits and Political Choice." In *The Oxford Handbook of Political Communication*, pp. 437-450.

Hayes, Danny. 2005. "Candidate Qualities through a Partisan Lens: A theory of Trait Ownership." *American Journal of Political Science* 49(4): 908-923.

Jackson, John E. 1975. "Issues, Party Choices, and Presidential Votes." *American Journal of Political Science* 19(2): 161-185.

Kinder, Donald. 1986. "Presidential Character Revisited." In *Political Cognition: the 19th Annual Carnegie Symposium on Cognition*, eds. Richard R. Lau, and David O. Sears. Lawrence Erlbaum Associates, Publishers.

Lau, Richard R., and David P. Redlawsk. 2006. *How Voters Decide: Information Processing in Election Campaigns*. Cambridge University Press.

Lupia, Arthur, and Mathew D. McCubbins. 1998. *The Democratic Dilemma: Can Citizens Learn What They Need to Know?* Cambridge University Press.

Markus, Gregory B., and Philip E. Converse. 1979. "A Dynamic Simultaneous Equation Model of Electoral Choice." *The American Political Science Review* 73(4): 1055-1070.

Miller, Warren, and J. Merrill Shanks. 1996. *The New American Voter*. Harvard University Press.

Page, Benjamin I., and Calvin C. Jones. 1979. "Reciprocal Effects of Policy Preferences, Party Loyalties and the Vote." *American Political Science Review* 73(4): 1071-1089.

Pierce, Patrick A. 1993. "Political Sophistication and the Use of Candidate

Traits in Candidate Evaluation." *Political Psychology* 14(1): 21-35.

Popkin, Samuel L. 1991. *The Reasoning Voter: Communication and Persuasion in Presidential Campaigns*. University of Chicago Press.

Stokes, Donald E. 1966. "Some Dynamic Elements of Contests for the Presidency." *The American Political Science Review* 60(1): 19-28.

Wang, Hung-chung, and Lu-huei Chen. 2017. "Evaluation of Presidential Candidates' Personal Traits." In *The Taiwan Voter*, eds. Christopher Achen, and T.Y. Wang. University of Michigan Press.

Chapter 6

政治世代與統獨態度：1996～2020年的實證分析

蕭怡靖、林聰吉、游清鑫

壹、前言

　　與過去歷次總統選舉類似，統獨議題無可避免地又成爲 2020 年台灣總統選舉的焦點。2019 年伊始，習近平關於「一國兩制、台灣方案」的講話，迅速讓陷於 2018 年年底地方選舉大敗陰霾的民進黨，找回主導的話語權。2019 年年中開始延燒的香港「反送中」風暴，不時把香港示威遊行、警民衝突的場景呈現在台灣人眼前，無疑讓統獨議題不斷加柴添火。毫無意外地，2020 年的大選又成爲「賣台」、「愛台」的口水戰，人身攻擊成爲選戰主旋律，其他政策議題的討論皆黯然失色。以上的場景一點都不陌生，若有不同，可能就是近年網路社群媒體的盛行，使得統獨議題在 2020 年競選過程，有著更爲生猛、粗暴與極化的面貌。

　　承續歷史的遺緒，地理位置相近的台灣與中國大陸，在政治、經濟、社會等各層面的發展有著緊密的連動性，因此與兩岸關係密切的統獨議題也屢屢成爲歷次全國性選舉的焦點。回顧歷史，自民進黨在 1991 年提出台獨黨綱以來，在威權統治時期以兩岸統一爲核心的傳統主流論述即受到挑戰，自此藍、綠兩陣營的主要政治人物也對統獨議題提出不同的主張。從李登輝的「兩國論」、陳水扁的「一邊一國」、馬英九的「不統、不獨、不武」，到蔡英文的「抗中保台」，皆是明顯的例證。經過近三十年的演進，統獨議題在政治議程上歷久不衰，且持續左右台灣民眾的投票行爲，影響政黨的選舉勝負；長期來看，統獨議題是最重要的政治分歧，因此也形塑了台灣的政黨體系（盛杏湲 2002；盛杏湲、陳義彥 2003；蕭怡靖、鄭夙芬 2014）。

　　由上可知，觀察統獨議題在台灣選舉政治的角色，不僅要了解兩岸互動下的菁英論述，也必須分析民眾統獨態度長期的演進。有別於其他企圖解釋政治現象的研究，本文的目的主要在於描述民眾統獨態度此一政治現象的面貌。研究對象除了民眾自身的統獨立場之外，也將檢視民眾對於主要政黨統獨主張的認知，如此一來，可以讓我們觀察政黨實力消長與統獨議題之間的可能關聯。此外，除了全體民眾之外，本文主要將聚焦於不同政治世代的態度，這對一個分析長期性資料的研究而言，將更能觀察各種

環境變遷，對於民意趨向的影響。本文以下首先檢閱政治世代與統獨態度的相關文獻，其次說明資料來源以及主要變數的內容。接著是針對跨年資料的分析與說明，根據研究發現，本文最後將提出其對於現實政治的若干啟示。

貳、政治世代與統獨態度：概念與應用

　　所謂世代（generation）係指一群成長、生活在相同的歷史時期，受到相同文化及社會勢力影響，有共同的經驗，且會從其行為中反映出來，使其態度與行為不同於其它的年齡團體（Easton and Dennis 1969; Braungart and Braungart 1989）。至於政治世代（political generation）則是特別著重在不同時空環境下成長的民眾，其在政治態度上的差異，也就是說，出生在差不多同一時期的人，由於有共同的社經環境，傾向於有相近的政治態度。

　　若以政治世代來探討民眾政治態度的差異，年齡（age）與時期（period）這兩項因素的影響，更是需要做進一步的說明。所謂年齡是指一個人在其生命歷程中，隨著成長，由於個人生理時間的改變，在經歷不同階段（包含青少年、成家、就業等）都會產生不同的政治態度；這早在 Campbell 等人（1960）針對美國選民的研究，即提出生命週期效果（life-cycle effect），認為個人政黨認同的依附強度將隨著年齡增長而增強。而時期所指涉的是，民眾的態度發生變化是受到當時發生重大事件的影響所致，這樣的影響相當廣泛且普遍，並非僅針對特定的對象發生作用，重大事件例如中國對日抗戰、台灣二二八事件等。由此可知，政治世代之所以重要，是因為生長在同一時代與環境中的人，傾向於有類似的政治態度。至於究竟是年齡或是時期對政治世代產生效果，除非有深入的實證資料可供分析，否則很難被截然釐清（Glenn 2005）。大抵而言，學界多數認為，儘管效果大小不一，年齡與時期二個因素皆對政治世代所衍生不同的政治態度有所影響（Eyerman and Turner 1998; Grasso 2014; Jennings 1996;

Schuman and Scott 1989）。

　　近年來，以政治世代的理論概念來分析選民的政治態度，已在台灣學界被廣爲使用，其研究對象包括政黨認同（吳乃德 1999；陳陸輝 2000）、政黨形象（劉義周 1994）、政治信任（陳陸輝 2002）、性別意識（楊婉瑩 2011）、台灣人認同（李冠成、楊婉瑩 2016）、民主價值（陳光輝 2010）等。至於政治世代與統獨態度的關係，過去學界亦有若干研究成果。盛杏湲（2002）以出生於 1949 年以前、1949～1965 年之間、1965 年以後，再加上外省籍與本省籍兩分類，將台灣民眾劃分爲外省籍第一、二、三代，以及本省籍第一、二、三代等六個政治世代，研究獲致兩個主要發現：第一，在同一個世代的不同省籍選民，其統獨立場大多是本省籍選民比外省籍選民傾向支持獨立；第二，在所有世代中，外省第一代、本省第一代分別最偏向統一、獨立，年輕的兩個世代，無論外省、本省籍，其統獨立場皆相對緩和。關於第二點，作者認爲，這肇因於外省與本省第二、三世代皆在台灣成長，經歷相似政治社會化，因而統獨立場差距縮小，皆傾向於往中間移動。劉義周（1997）針對不同世代的統獨傾向研究，也有與盛杏湲（2002）類似的發現與解釋。

　　陳義彥、陳陸輝（2003）以 1943 年、1960 年爲出生點，再加上外省與本省之別，亦將台灣民眾劃分爲六個政治世代。除了電訪資料之外，作者們的分析資料主要來自 1995 年、1998 年、2001 年三次的面訪。比較六個世代在三個年度的統獨趨勢，有如下發現。第一，第一世代對於統獨採取較爲鮮明且對立的立場；本省人較傾向支持獨立，而大陸各省人則較傾向支持統一，且不同省籍背景的第一世代各自支持獨立、統一的比例在 1995～2001 年之間，均呈現一路上升的走勢。第二，相對地，年輕的兩個世代（無論本省或外省）則傾向抱持維持現狀此種較模糊的立場。兩位作者認爲，對於第二與第三世代而言，統一與獨立可能不是「使命感」有無的問題，而是對於他們當前生活立即改變的現實考量。也因此，當他們覺得統一或是獨立，對他們的結果是不確定且很可能有負面影響，採取模稜兩可的態度，會是較佳的選擇。

　　游清鑫、蕭怡靖（2007）利用 1992～2004 年的調查資料，以民眾在

1992 年時是否取得投票權，也就是以 1972 年前後出生，來作爲劃分兩個
政治世代的時間點，其研究發現如下。第一，前九二世代對於統獨議題持
「無反應」的比例要遠高於後九二世代一成以上，作者們認爲，這應是受
到年長世代教育程度較低及對政治議題反應較爲冷淡的影響所致。第二，
後九二世代主張維持現狀的比例則要高於前九二世代 5% 至 10% 之間，
顯然新世代選民在兩岸統獨議題上，相對較不具特定立場，而抱持著觀望
的態度，此一發現與過去研究結果類似。第三，後九二世代偏向統一的比
例要略高於前九二世代，不過這樣的差距有逐漸接近的趨勢。第四，就長
期趨勢而言，雖然維持現狀仍是主流意見，但是兩個政治世代民眾的變
化相同，亦即 1998 年以前，支持統一的比例皆要相對高於支持獨立的比
例，但 1998～2002 年間，兩種態度呈現互有高低的現象，2003 年以後，
支持獨立的比例則相對高於支持統一的比例，且差距有拉大的趨勢。

參、研究方法

　　本文除了探究民眾對於自己與國、民兩黨在統獨議題上的立場認知
差異外，也欲了解不同世代的民眾，其統獨立場是否呈現明顯差異，且在
國、民兩黨中，與哪一個政黨較爲接近。更重要地，台灣自 1990 年代政
治民主化以來，已經歷七次總統直選，三次政黨輪替，兩岸局勢也發生相
當變化，對此，民眾的統獨立場與認知是否出現明顯的趨勢變化，亦是本
文要探討的。

一、資料來源

　　爲了回答上述的研究問題，本文將分析 1996～2020 年，總計七次總
統（或立委）選舉年所執行的全國性民意調查。[1] 這七次民意調查皆爲行

1　之所以選擇總統選舉年進行分析，主要是因爲總統選舉期間，透過全國性的政黨動員及競選
　　氣圍的高度刺激下，可使民眾在兩岸統獨議題上的立場認知會更爲明顯。只是，2004 年總統

政院科技部（2014 年之前為行政院國家科學委員會）所補助執行之學術
研究計畫，以全台灣地區（不含金門及馬祖）20 歲以上之成年民眾為母
體，於選舉結束後，採機率抽樣方式抽出受訪者，再由訪員以「面對面訪
問」（face to face interview）的方式蒐集資料。其中，1996 年及 2000 年
由國立政治大學選舉研究中心規劃與執行，2004～2020 年則由「台灣選
舉與民主化調查」（Taiwan's Election and Democratization Study, TEDS）
負責規劃與執行，這七次調查研究計畫的相關資訊，請參閱表6-1內容所示。

表 6-1　本文使用之歷次全國性面訪民意調查計畫概述

計畫主持人	計畫名稱	訪問期間	成功樣本數
謝復生	總統選舉選民投票行為之科際整合研究（ESC1996）	1996 年 3-4 月	1,396
陳義彥	跨世紀總統選舉中選民投票行為科際整合研究（ESC2000）	2000 年 6-9 月	1,181
劉義周	民國九十三年立法委員選舉大型面訪案【B 卷】（TEDS2004LB）	2005 年 1-3 月	1,258
游清鑫	民國九十七年總統大選民調案（TEDS2008P）	2008 年 6-8 月	1,905
朱雲漢	2012 年總統與立法委員選舉面訪案（TEDS2012）	2012 年 1-3 月	1,826
黃紀	2016 年總統與立法委員選舉面訪案（TEDS2016）	2016 年 1-4 月	1,690
黃紀	2020 年總統與立法委員選舉面訪案（TEDS2020）	2020 年 1-5 月	1,680

資料來源：作者自製。

說明：2004 年立委選舉訪問計畫依其訪問主題分為「A、B」兩卷，皆以台灣地區 20 歲以
　　　上民眾為母體進行抽樣訪問，有效成功樣本分別為1,252 份及1,258 份。惟僅「B 卷」
　　　有將統獨議題等相關題目納入，探詢民眾的態度與認知，故本文採用「B 卷」之資
　　　料檔案進行分析。

選舉面訪計畫之問卷內容，並未探詢民眾在統獨議題上的態度立場。然而，在同年年底舉行
的立法委員選舉，其選後的民意調查計畫即包括民眾的統獨立場與認知，雖然訪問執行期間
為 2005 年 1 月至 3 月，但訪問期間相對最為接近 2004 年，故援引 2004 年立法委員選舉的
選後面訪資料進行替代，其餘年度皆是在該年總統選舉結束後所進行的面訪案。

二、主要變數說明

（一）統獨態度

關於本文探討民眾自身的統獨立場，以及對國、民兩黨統獨立場的認知，在七次民意調查問卷中的測量語句僅 1996 年及 2000 年略有不同。在 1996 年的問卷語句為「就中國統一與台灣獨立的問題而言，有人主張台灣應該馬上宣布獨立，不必理會中共的反應；也有人認為台灣應該盡速與中共談判，以促成兩岸早日統一；還有人的看法則介於這兩種看法之間。假定主張台灣應該馬上宣布獨立的看法在一端，用 0 代表；認為台灣應該盡速與中共談判統一的看法在另一端，用 10 代表。請問您的位置在哪裡？您看國民黨的位置在哪裡？您看民進黨的位置在哪裡？」而在 2000 年的問卷語句則意含相同，但文字較為精簡：「我們社會中，有人主張台灣應該儘快宣布獨立；也有人主張兩岸應該儘快統一。如果主張台灣應該儘快宣布獨立的看法在一邊，用 0 表示；主張應該儘快統一的看法在另一邊，用 10 代表。那麼，請問您的位置比較靠哪裡？您看國民黨的比較靠哪裡？您看民進黨比較靠哪裡？」

2000 年以後，TEDS 在歷年面訪計畫中，對於兩岸統獨議題的測量主要延續 2000 年的問卷語句，但加入兩者之間的說法，即「我們社會上的人常討論中國統一與台灣獨立的問題，有人主張台灣應該儘快宣布獨立；也有人認為兩岸應該儘快統一；還有人的看法是在於這兩種看法之間。如果主張台灣應該儘快宣布獨立的看法在一邊，用 0 表示；認為兩岸應該儘快統一的看法在另一邊，用 10 表示。請問您比較靠哪裡？那國民黨呢？那民進黨呢？」雖然 1996 年與 2000 年在問卷語句上略有不同，但整體意涵差異不大，尤其，七次民意調查皆是以 0 至 10 的連續尺度，來測量民眾自身立場與對國、民兩黨統獨位置的認知，有利於後續資料的整併與採取一致的統計分析方法。

（二）政治世代

　　與過去研究類似，本文在政治世代的界定上，主要依據台灣政治環境的變遷來進行劃分。不過，本文與前一節所舉文獻已相距十餘年，因此劃分不同世代的標準也有所不同。回顧歷史，1949 年國民政府遷台後，旋即施行威權統治，兩岸也處於緊張的軍事對峙階段。1969 年，政府推動中央民意代表增（補）選，爲台灣的政治環境注入些許的民主養分，黨外人士也開始逐漸集結，相互支援，形成一股爭取民主自由的黨外勢力，在經濟上，台灣的發展快速起飛，民眾的物質生活有了極大的改善，同時，兩岸之間的軍事對抗雖然逐漸緩和，但仍不容許「反統」或「台獨」異議主張的存在。1986 年民進黨成立，1987 年解除戒嚴，台灣正式進入政治民主化階段，後續國會全面改選、總統直選，台灣擺脫威權統治，民眾得以生活在自由民主體制下的政治環境，台灣獨立更成爲當時民進黨重要的宣傳理念。直至 2000 年，台灣首度政黨輪替，主張台獨的民進黨掌握中央執政權，台灣的政治環境逐漸形成以國民黨爲首，兩岸立場傾向「親中反獨」的「泛藍」，與以民進黨爲首，兩岸立場傾向「反中傾獨」的「泛綠」兩大陣營的競爭，後續更在 2008 年及 2016 年經歷政黨輪替，讓台灣的民主體制更成熟，也更凸顯出兩岸政治體制的歧異。

　　透過上述對台灣政治環境變遷的說明，本文即以 1969 年實施中央民意代表增（補）選、1987 年解除戒嚴、2000 年首度政黨輪替，作爲界定政治世代的重要時間點。同時，以民眾當時是否完成國中教育（15 歲）來進行劃分，因爲青少年時期正是民眾開始接觸外在世界，逐漸形塑政治態度與行爲模式的階段。準此，本文將台灣民眾依據 1954 年、1972 年及 1985 年出生與否，劃分爲四個政治世代，第一世代是 1953 年以前出生，此一世代的生活背景較爲多元，除了部分年紀較長者曾經歷日本殖民統治，或曾有大陸生活經驗外，最主要是這一世代的民眾共同經歷過早期嚴屬管控的威權統治，及兩岸間的軍事衝突，部分對中國懷有民族情感，部分則把自中國內戰敗退的國民政府視爲外來政權。第二世代則在 1954～1971 年之間出生，此一世代在威權統治的環境下成長，對於威權統治感

受甚深，也接受最完整的黨國思想教育，同時也開始體驗民主選舉，並有機會接收新興黨外民主運動的不同聲音。第三世代是 1972～1984 年之間出生，此一世代民眾的成長階段正值台灣政治民主化，對於威權統治相對模糊，黨國思想教育也較為薄弱，且兩岸民間交流逐漸展開，民眾開始有不同管道了解中國大陸的發展。至於第四世代則是 1985 年之後出生，此世代民眾的成長階段，台灣已完成首次政黨輪替，民主政治的各項發展相對穩健，再加上社群媒體蓬勃發展，言論自由已獲得相當保障，對威權統治亦毫無切身經驗；尤其，兩岸互動層次逐漸提升與頻繁，可說是最享受民主自由與感受兩岸體制差異的世代。

肆、研究發現與分析

一、全體民眾的統獨立場與認知

在分析台灣不同世代民眾的統獨立場與認知是否存在差異之前，以下先整體檢視全體台灣民眾自 1996 年以來，在統獨議題上的態度變化，包括民眾自身的統獨立場以及對國、民兩黨的統獨立場認知。在詮釋上，一樣維持問卷中以 0 至 10 來測量民眾的統獨立場與認知，0 表示台灣儘快宣布獨立，10 表示兩岸儘快統一，5 則是不統不獨的中間立場。圖 6-1 顯示若干值得關注的重要趨勢，首先，台灣整體民眾的統獨立場呈現趨向台獨的穩定走勢，這與游清鑫、蕭怡靖（2007）所觀察本世紀初，台灣民意所開始呈現的趨勢一致。在 2000 年以前，民眾的統獨立場平均落在 5.1 至 5.4 左右，屬於中間微偏統一，但之後隨即穩定往獨立一端移動，從 2004 年起即低於中間的 5，在 2020 年甚至已達 4 以下的 3.96，是歷年來最偏台獨的歷史位置。[2] 其次，雖然國民黨長期主張「九二共識、一中各表」，在馬英九擔任總統期間也一再強調「不統、不獨、不武」的立場，

---

[2]　由於篇幅限制，圖 6-1 至圖 6-3 中的各項詳細數據，請參閱附錄 6-1 至附錄 6-3。

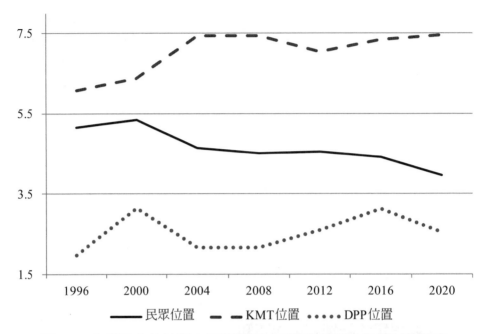

圖 6-1 台灣民眾的統獨立場與對國、民兩黨統獨立場認知趨勢圖

但在民眾眼中，依舊認為國民黨的立場偏向統一，且這種認知愈來愈明顯，從 2000 年以前的 6.0 至 6.4 左右開始往統一方向移動，除了 2012 年在 7.0 之外，其餘歷次調查皆相當接近 7.5。這表示即使國民黨的兩岸政策企圖往中間方向移動，但仍無法改變民眾的既有認知，甚至讓民眾覺得國民黨愈來愈趨向兩岸統一。

相對地，民眾對於民進黨的統獨立場又是如何認知？圖 6-1 下方的點狀線顯示，雖然民眾對民進黨的統獨立場認知一如預期地明顯偏向台灣獨立，但歷年來的調查結果相對穩定，並未出現明顯的變動趨勢，除了 2000 年與 2016 年為 3.1 之外，其餘皆 2.0 至 2.5 之間上下移動，不過 2012 年之後，民眾認知民進黨的統獨立場似乎出現微微往中間移動的跡象。因此，若將民眾自身的統獨立場與對國、民兩黨統獨位置的認知進行比較，可以明顯發現，在 2000 年以前，民眾與國民黨的立場較為接近，差距僅在 1 左右，且立場都在 5 以上的相對偏向統一，而與民進黨的距離

相對遙遠，差距達 2 至 3 左右。但自 2004 年起，民眾的統獨立場逐漸往獨立方向移動，慢慢與民進黨貼近，同屬偏向獨立，同時遠離國民黨。至 2020 年，民眾與民進黨的差距縮小至 1.4，但卻與國民黨的差距拉大至 3.5，呈現與 1996 年完全相反的圖像。這結果似乎意味著，在台灣政治競爭最核心的統獨議題上，國民黨若未能進行路線調整，爭取更多數民眾的認同與支持，未來的選舉競爭恐陷於不利的局面。

二、不同政治世代的統獨立場與認知

　　而上述台灣民眾整體的統獨立場與認知，是否存在本文所預期的世代差異？圖 6-2 即依據台灣不同階段的政治發展環境，將台灣民眾進行政治世代的劃分，檢視不同世代民眾，在統獨議題立場上是否有明顯的差異。結果顯示，雖然整體而言，四個世代民眾的統獨立場皆呈現逐年往獨立方

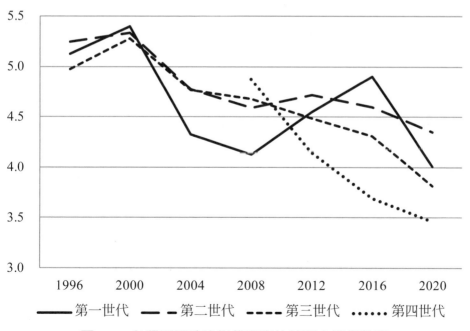

圖 6-2　台灣不同政治世代民眾的統獨立場趨勢圖

向移動的**趨勢**，但世代之間仍存在相當的差異性。其中，第一世代的統獨立場時有起伏，在馬英九執政時期的 2008～2016 年間，明顯反彈偏向統一，這或許是因爲當時兩岸關係和緩且互動相對頻繁，喚回部分第一世代民眾對兩岸統一的想法，尤其是對中國大陸存在民族情感的年長民眾。但在 2016 年民進黨再度執政後，兩岸關係急速冷卻，甚至衝突對立態勢升高，第一世代民眾的態度旋即又向台灣獨立移動，凸顯出此一世代民眾的多變。

至於第二世代及第三世代的態度變化相對最爲平緩，雖然依舊是從微偏統一往台灣獨立方向移動，但期間並未出現明顯的上下震動，尤其第二世代更是所有世代中，移動幅度最小，與中間 5 相對最爲接近，從 1996～2020 年，統獨立場從 5.2 移動至 4.3，僅移動 0.9 的距離，明顯少於其他三個世代往台灣獨立的移動幅度，此一平穩且中庸的態度，與盛杏湲（2002）、陳義彥、陳陸輝（2003）的發現相符。而之所以如此，或許是因爲第二世代在威權時期成長，同時享有當時治理績效與經濟起飛的紅利，因此對於兩岸關係採取較爲務實的想法。另外，此一世代歷經青年時期，已進入中年與初老，具較豐富的政治經驗，且多具一定的經濟基礎，因而對統獨議題持穩定的中間立場。但最值得關注的是最年輕的第四世代，此一世代在 2005 年之後成年，在 2008 年第一次納入民調分析的對象，當時此世代民眾的統獨立場，相對於其他世代與台灣獨立距離最遠，但之後卻大幅往台灣獨立方向移動，並自 2012 年起，成爲最支持台灣獨立的政治世代，甚至在 2020 年時的統獨立場爲 3.46，是所有世代中唯一低於 3.5 的一群。上述結果可能因爲此一世代經歷李登輝執政後期所開始推動的去中國化教育，與中華文化的情感連結最低，再加上近年來中國崛起，對台灣造成更大的壓力，同時在政黨競爭動員下，提升台灣主體意識，自然相對最支持台灣獨立。在另一方面，第四世代相對變化較快的統獨立場也可能與生命週期效果有關；此世代政治經驗最爲不足，因而也最容易受外在環境影響而改變其態度。

不同世代的統獨立場差異趨勢，是否同時反映出與國、民兩黨的相對距離？本文的測量方式是先分別計算出民眾在統獨立場上與國、民兩黨各

自的距離，即將民眾自身的立場數字減去對國民黨的立場認知數字，再取其絕對值，成爲 0 至 10 的尺度，數字愈大，表示與國民黨立場距離愈遠，0 則表示與國民黨的立場完全一致。再以相同方式計算民眾與民進黨的立場距離。最後，將民眾與民進黨的距離（0 至 10）減去民眾與國民黨的距離（0 至 10），形成 –10 至 10 的連續尺度。正值表示民眾與國民黨的距離相對較接近，且愈接近 10 表示與國民黨的立場愈一致，同時距離民進黨愈遠；負值則表示民眾與民進黨的距離相對較近，且愈接近 –10 表示與民進黨的立場愈一致，同時與國民黨的立場差距愈遠；至於 0 則表示民眾與國、民兩黨在統獨立場上等距，也就是沒有與其中一個政黨較接近。

圖 6-3 的結果顯示，自 1996 年起，整體而言，各個政治世代的民眾皆呈現與民進黨立場愈來愈接近的趨勢。尤其，在 2000 年以前，各世代皆爲正值，表示與國民黨立場較一致，較支持兩岸統一，但自 2004 年開始，各世代即從正值轉成負值，明顯朝台灣獨立方向移動，雖曾在 2012

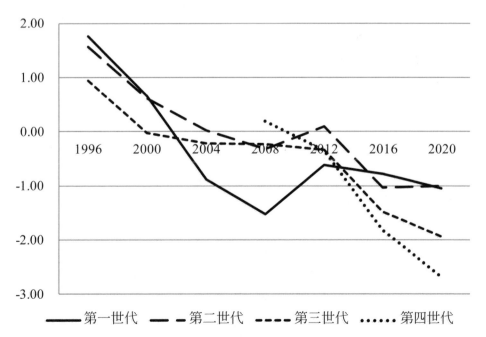

圖 6-3　台灣不同政治世代民眾統獨立場與國、民兩黨立場差距趨勢圖

年短暫回彈，但 2016 年後又旋即朝向民進黨的立場靠近。其中，第四世代依舊是最顯著變化的一群，在 2008 年時是唯一立場相對接近國民黨的世代，但之後即往民進黨立場靠近，甚至在 2016 年後成為與民進黨立場最接近的世代，其立場移動的幅度，也就是統計上的斜率，在所有世代中最為明顯。這意味著民進黨在兩岸統獨議題上成功吸引年輕新世代的支持與認同，若在後續政治大環境不變的前提下，隨著世代交替，將有利於民進黨的政治前景。

三、政治世代與統獨立場的統計模型分析

雖然從上述幾張趨勢圖可以發現，台灣民眾的統獨立場整體而言是朝台灣獨立的方向移動，且最年輕的新世代不但相對偏向台灣獨立，也是移動速率相對最高的一個世代。但問題是，以上的發現是否經得起統計檢定？畢竟抽樣訪問的民意調查存在抽樣誤差，且變數間的關連性也必須將可能干擾的外在變數納入控制，以避免虛假相關的可能性。因此，後續將透過統計模型的建構，來檢證在不同世代中，最年輕的新世代是否相對最偏向台獨，且往台獨移動的速度也相對最快。

在統計模型的建構，將以民眾自身的統獨立場作為第一模型的依變數（如圖 6-2 中 Y 軸的 0 至 10），而以民眾自身統獨與國、民兩黨相對距離的遠近作為第二模型的依變數（如圖 6-3 中 Y 軸的 –10 至 10）。由於兩個依變數皆屬連續變數，故將採線性迴歸分析方法進行模型建構。此外，在模型中所納入的變數，除了核心的政治世代與訪問時間點外，亦將民眾的性別、教育程度與省籍背景等人口變項納入，同時包括形塑政治態度與政治行為最重要的政黨認同。其中，在訪問時間點上，由於本文是從 1996 年開始，將每四年一次的總統選舉民調納入，至 2020 年，總計七個調查時間點，故重新以 0 至 6 的連續變數納入模型，每變動一個時間點，即是間隔四年的總統選舉週期。而在政治世代部分，將四個世代轉換成虛擬變數後置入模型，並以距離台灣獨立相對較遠的第二世代作為參考組。另外，為了檢證第四世代不僅相對偏向台灣獨立及接近民進黨立場，且其

朝向台灣獨立及接近民進黨立場的速率相對最快，故本文將進一步建構政治世代與時間點的交互作用項（interaction term），並納入統計模型。

　　而在控制變數方面，性別、教育程度、省籍與政黨認同皆爲類別變數，都先轉換成虛擬變數後納入模型。其中，性別以女性作爲參考組；教育程度則重新合併歸類爲「國中及以下」、「高中職」以及「專科及以上」三類，並以「國中及以下」作爲參考組；省籍部分將納入「本省客家人」、「本省閩南人」以及「大陸各省市人」三類，並以「大陸各省市人」爲參考組，至於原住民、新住民等，則因爲樣本數相當有限，不利統計分析，故將其排除在模型分析之外；最後，在政黨認同部分，由於統獨議題將台灣主要政黨劃分爲「泛藍」及「泛綠」兩大陣營，因此，將民眾的政黨認同重新歸類爲「泛藍」、「泛綠」以及「中立及其他」三類，並以「中立及其他」作爲參考組。[3]

　　表 6-2 呈現線性迴歸模型的分析結果，在解釋民眾自身統獨立場的第一模型中，控制其他條件不變的情況下，除了從 1996～2020 年民眾的統獨立場顯著朝台灣獨立的方向移動外，第四世代的民眾也比第二世代民眾顯著偏向台灣獨立，尤其從政治世代與時間點的交互作用項結果來看，第四世代確實往台灣獨立方向移動的速率顯著最快，符合本文的預期，以及檢證了前面初步分析的結果。另外，在民眾自身統獨立場與國、民兩黨統獨立場認知的相對距離上，第二模型的結果顯示，在控制其他條件不變的情況下，從 1996～2020 年民眾的統獨立場與民進黨的距離愈來愈接近，而且第四世代也比第二世代顯著更接近民進黨的位置，尤其，從第四世代與時間點的交互作用項來看，第四世代接近民進黨立場的速度也顯著最快。這些發現再次證實了台灣年輕新世代的統獨立場，不但最偏向獨立、與民進黨立場最接近，且其往台獨立場移動的速度也相對最快。

3　其中，「泛藍」包括國民黨、新黨、親民黨；「泛綠」則包括民進黨、台聯及時代力量。另外，台灣民眾黨則因爲在統獨立場上相對模糊，故暫將其歸爲「中立及其他」。

表 6-2　民眾統獨立場與認知之迴歸模型分析表

	第一模型		第二模型	
	$\hat{\beta}$	$\hat{\beta}$	$\hat{\beta}$	$\hat{\beta}$
	(s.e.)	(s.e.)	(s.e.)	(s.e.)
常數	5.568[***]	5.563[***]	1.296[***]	1.336[***]
	(0.104)	(0.112)	(0.178)	(0.191)
時間點（0-6）	**−0.112[***]**	−0.109[***]	**−0.287[***]**	−0.299[***]
	(0.012)	(0.018)	**(0.021)**	(0.030)
政治世代（第二世代 = 0）				
第一世代	−0.073	−0.197[$]	−0.064	−0.326[$]
	(0.061)	(0.104)	(0.105)	(0.186)
第三世代	−0.090	0.092	−0.292[**]	−0.281
	(0.061)	(0.120)	(0.099)	(0.200)
第四世代	**−0.499[***]**	0.138	**−0.572[***]**	0.948
	(0.087)	(0.356)	**(0.141)**	(0.577)
第一世代 × 時間點	-	0.045	-	0.088[$]
		(0.029)		(0.051)
第三世代 × 時間點	-	−0.053[$]	-	−0.002
		(0.031)		(0.051)
第四世代 × 時間點	-	**−0.132[$]**	-	**−0.307[**]**
		(0.072)		**(0.117)**
男性（女性 = 0）	0.106[*]	0.111[*]	0.027	0.034
	(0.045)	(0.045)	(0.076)	(0.076)
教育程度（國中及以下 = 0）				
高中、職	0.085	0.080	0.379[**]	0.379[**]
	(0.065)	(0.065)	(0.110)	(0.110)
專科及以上	0.175[**]	0.174[**]	0.676[***]	0.679[***]
	(0.065)	(0.065)	(0.110)	(0.110)
省籍（大陸各省市人 = 0）				
本省客家人	−0.465[***]	−0.463[***]	−0.646[***]	−0.638[***]
	(0.091)	(0.091)	(0.152)	(0.152)

表 6-2　民眾統獨立場與認知之迴歸模型分析表（續）

	第一模型		第二模型	
	$\hat{\beta}$	$\hat{\beta}$	$\hat{\beta}$	$\hat{\beta}$
	(s.e.)	(s.e.)	(s.e.)	(s.e.)
本省閩南人	−0.669***	−0.672***	−1.034***	−1.037***
	(0.074)	(0.074)	(0.123)	(0.123)
政黨認同（中立及其他 = 0）				
泛藍政黨	0.811***	0.806***	2.120***	2.109***
	(0.057)	(0.057)	(0.097)	(0.097)
泛綠政黨	−1.234***	−1.236***	−2.808***	−2.810***
	(0.056)	(0.056)	(0.095)	(0.095)
模型資訊：				
N	9,379	9,379	8,355	8,355
Adjusted-R^2	0.180	0.181	0.327	0.328
F-value（df）	188.168(11)	148.837(14)	370.552(11)	292.287(14)
p-value	< 0.001	< 0.001	< 0.001	< 0.001

資料來源：如表 6-1。

說明：$^\$$: $p < 0.1$；*: $p < 0.05$；**: $p < 0.01$；***: $p < 0.001$。

伍、結論

　　本文主要目的在於了解台灣社會大眾的統獨立場，以及對國、民兩個主要政黨統獨主張的認知，研究包括全體民眾與不同政治世代兩個層次的分析，尤其側重於後者。此外，本文屬於長期性的縱斷面分析，實證資料涵蓋 1996～2020 年七次總統大選的面訪調查。相較於類似主題的過去文獻，本文所納入資料的涵蓋時期最長（二十四年），因此政治世代的劃分也更多元，以便對研究主題做更細緻的分析，本文研究發現簡述如下：

一、全體民眾的統獨立場與認知

在民眾自身的統獨立場方面，呈現逐漸趨向台獨的穩定走勢。在 2000 年以前，民眾的統獨立場平均落在 5.1 至 5.4 左右，屬於中間微偏統一。但是之後隨即穩定往獨立一端移動，從 2004 年起即低於中間的 5，在 2020 年已達 4 以下的 3.96，是歷年來最偏台獨的立場。其次，在民眾對兩黨統獨主張的認知方面，民眾認知國民黨的立場愈來愈傾向統一，由 2000 年 6.0 到後來持續為 7.5。至於全體民眾心目中的民進黨則一直皆是穩定的台獨立場，其區間在 2.0 至 2.5 左右。綜觀全體民眾與國、民兩黨被認知的統獨立場之差距，在 2000 年以前，民眾與國民黨偏統一的立場較為接近，差距僅在 1 左右，而與民進黨的距離相對遙遠，差距達 2 至 3 左右。但是自 2004 年起，民眾的統獨立場逐漸往獨立方向移動，逐漸與民進黨貼近。至 2020 年，民眾與民進黨的差距縮小至 1.4，但卻與國民黨的差距拉大到 3.5，呈現與 1996 年完全相反的圖像。

二、政治世代的統獨立場與認知

檢視政治世代的統獨立場，大抵而言，四個世代皆呈現逐年往獨立方向移動的趨勢，但世代之間仍存在若干差異。第一世代的統獨立場時有起伏，在馬英九執政時期的 2008～2016 年間，偏向統一；但在 2016 年民進黨再度執政後，兩岸關係急速冷卻，第一世代民眾的態度又向台灣獨立移動。至於第二世代及第三世代的態度變化相對最為平緩，雖然依舊是從微偏統一往中間偏獨立方向移動，但期間並未出現明顯的上下變動，尤其第二世代更是所有世代中，移動幅度最小者。相對地，第四世代則是變動幅度最大的族群，在 2008 年第一次納入民調時，第四世代的統獨立場，相對於其他世代與台灣獨立距離最遠。但是之後卻大幅往台灣獨立方向移動，並自 2012 年起，成為最支持台灣獨立的政治世代，甚至在 2020 年時的統獨立場為 3.46，是所有世代中唯一低於 3.5 的一群。綜觀四個世代與國、民兩黨被認知的統獨立場可知，自 1996 年起，整體而言，各個政治

世代的民眾皆呈現與民進黨立場愈來愈接近的趨勢。在 2000 年以前，各世代立場皆較接近偏統一的國民黨；但自 2004 年起，各世代即明顯朝台灣獨立方向移動，其中第四世代依舊是最顯著變化的族群。

　　從本文的發現，可衍生出對現實政治的幾點思考。第一，在過去二十四年間，台灣民眾的立場由偏向統一轉而偏向獨立，其中變動最快且最偏向獨立為最年輕的第四世代。如果上述趨勢維持不變，則民進黨若能讓統獨議題成為未來每次選戰的焦點，顯然統獨議題將能為民進黨在選舉競爭中加分。第二，從 1990 年代初期預設統一立場的「國統綱領」，到馬英九提出的「不統、不獨、不武」，國民黨的立場顯然也是往中間調整。然而，在台灣民眾的心目中，國民黨的立場卻是愈來愈傾向統一。為什麼國民黨的主張與民眾認知呈現相反的走向？這或許與菁英論述競爭中的操作技巧、網路媒體的攻防策略等有關。不過，囿於現有資源的限制，對於此一菁英主張與民意認知出現反差的現象，恐怕仍缺乏適合的實證資料可予以解答。第三，由長期的演進來看，台灣民意由趨統走向趨獨，主要轉折點是在民進黨的執政期間。換言之，執政黨愈將兩岸關係帶往分離，甚至敵對的方向，中共也相對有更多軍事威脅、外交打壓等措施，台灣民意也因而對中共更為反感，也就更趨向台獨立場，此一反應模式在年輕世代尤為明顯。如果「反中」、「仇中」的情緒在未來的世代繼續發酵，這對政經關係緊密，且地理位置僅有一水之隔的兩岸人民而言，究竟是正面或是負面的發展？恐怕值得主政者深思。

附錄 6-1

台灣民眾的統獨立場與對國、民兩黨的立場認知（1996-2020）

年度		民眾位置	KMT 位置	DPP 位置
1996	平均數	5.159	6.073	1.969
	標準差	2.396	1.987	1.903
	樣本數	1,125	955	975
2000	平均數	5.342	6.375	3.143
	標準差	2.259	1.909	2.074
	樣本數	1,012	874	924
2004	平均數	4.637	7.446	2.156
	標準差	2.433	1.976	1.941
	樣本數	1,090	987	1,016
2008	平均數	4.507	7.438	2.160
	標準差	2.566	2.106	2.021
	樣本數	1,693	1,597	1,608
2012	平均數	4.539	7.039	2.590
	標準差	2.294	2.138	2.154
	樣本數	1,626	1,602	1,599
2016	平均數	4.406	7.352	3.123
	標準差	2.336	2.183	2.074
	樣本數	1,510	1,456	1,454
2020	平均數	3.957	7.465	2.535
	標準差	2.302	2.188	2.046
	樣本數	1,583	1,534	1,555
總計	平均數	4.585	7.111	2.531
	標準差	2.411	2.148	2.083
	樣本數	9,639	9,005	9,131

資料來源：如表 6-1。

附錄 6-2

台灣不同政治世代民眾的統獨立場（**1996-2020**）

政治世代	年度	平均數	標準差	樣本數
第一世代	1996	5.127	2.721	449
	2000	5.392	2.554	339
	2004	4.327	2.651	321
	2008	4.126	2.817	454
	2012	4.552	2.777	384
	2016	4.901	2.761	292
	2020	4.004	2.370	269
第二世代	1996	5.243	2.193	518
	2000	5.335	2.149	462
	2004	4.769	2.367	429
	2008	4.585	2.569	650
	2012	4.715	2.207	599
	2016	4.597	2.145	554
	2020	4.347	2.445	544
第三世代	1996	4.975	2.019	158
	2000	5.275	1.981	211
	2004	4.762	2.276	340
	2008	4.677	2.347	474
	2012	4.488	1.991	418
	2016	4.308	2.182	364
	2020	3.813	2.146	428

台灣不同政治世代民眾的統獨立場（1996-2020）（續）

政治世代	年度	平均數	標準差	樣本數
第四世代	1996	-	-	-
	2000	-	-	-
	2004	-	-	-
	2008	4.870	2.214	115
	2012	4.147	2.094	225
	2016	3.690	2.238	300
	2020	3.458	2.060	334
總計	1996	5.159	2.396	1,125
	2000	5.342	2.259	1,012
	2004	4.637	2.433	1,090
	2008	4.507	2.566	1,693
	2012	4.539	2.294	1,626
	2016	4.406	2.336	1,510
	2020	3.955	2.297	1,575

資料來源：如表 6-1。

附錄 6-3

台灣不同政治世代民眾的統獨立場與國、民兩黨立場差距（1996-2020）

政治世代	年度	平均數	標準差	樣本數
第一世代	1996	1.757	3.885	288
	2000	0.662	3.378	234
	2004	−0.885	4.786	252
	2008	−1.521	5.410	374
	2012	−0.616	4.942	336
	2016	−0.789	4.559	251
	2020	−1.047	4.278	232

台灣不同政治世代民眾的統獨立場與國、民兩黨立場差距（1996-2020）（續）

政治世代	年度	平均數	標準差	樣本數
第二世代	1996	1.571	3.555	436
	2000	0.612	2.826	402
	2004	0.021	4.178	385
	2008	−0.322	4.624	606
	2012	0.096	4.079	570
	2016	−1.032	3.948	507
	2020	−1.010	4.361	513
第三世代	1996	0.950	2.972	141
	2000	−0.027	2.678	188
	2004	−0.225	3.973	311
	2008	−0.233	4.152	450
	2012	−0.342	3.770	404
	2016	−1.482	3.731	342
	2020	−1.949	3.712	414
第四世代	1996	-	-	-
	2000	-	-	-
	2004	-	-	-
	2008	0.189	3.698	106
	2012	−0.349	3.992	215
	2016	−1.826	3.611	288
	2020	−2.698	3.683	328
總計	1996	1.532	3.589	865
	2000	0.481	2.971	824
	2004	−0.301	4.295	948
	2008	−0.553	4.673	1,536
	2012	−0.239	4.202	1,525
	2016	−1.264	3.961	1,388
	2020	−1.650	4.084	1,487

資料來源：如表 6-1。

參考書目

吳乃德，1999，〈家庭社會化和意識型態：台灣選民政黨認同的世代差異〉，《台灣社會學研究》，3：53-85。

李冠成、楊婉瑩，2016，〈老台灣人 vs 新台灣人：台灣人認同世代差異之初探〉，《台灣政治學刊》，20（2）：125-186。

盛杏湲，2002，〈統獨議題與台灣選民的投票行為：1990 年代的分析〉，《選舉研究》，9（1）：41-80。

陳光輝，2010，〈民主經驗與民主價值 —— 兩個世代台灣大學生之比較〉，《台灣民主季刊》，7（4）：1-45。

陳陸輝，2000，〈台灣選民政黨認同的持續與變遷〉，《選舉研究》，7（2）：109-141。

陳陸輝，2002，〈政治信任感與台灣地區選民投票行為〉，《選舉研究》，9（2）：65-84。

陳義彥、盛杏湲，2003，〈政治分歧與政黨競爭：二○○一年立法委員選舉的分析〉，《選舉研究》，10（1）：7-40。

陳義彥、陳陸輝，2003，〈模稜兩可的態度還是不確定的未來：台灣民眾統獨觀的解析〉，《中國大陸研究》，46（5）：1-20。

游清鑫、蕭怡靖，2007，〈以新選民的政治態度論台灣民主政治的未來〉，《台灣民主季刊》，4（3）：109-151。

楊婉瑩，2011，〈台灣婦運與世代價值差異〉，《政治科學論叢》，49：161-195。

劉義周，1994，〈台灣政黨形象的世代差異〉，《選舉研究》，1（1）：53-73。

劉義周，1997，〈統獨立場的世代差異〉，「兩岸關係問題民意調查學術研討會」論文，台北：國立政治大學，5 月 17 日～18 日。

蕭怡靖、鄭夙芬，2014，〈台灣民眾對左右意識型態的認知：以統獨議題取代左右意識型態檢測台灣的政黨極化〉，《台灣政治學刊》，18（2）：79-138。

Braungart, Richard G., and Margaret M. Braungart. 1989. "Political Generation." *Research in Political Sociology* 4: 281-319.

Campbell, Angus, Philip E. Converse, Warren E. Miller, and Donald E. Stokes. 1960. *The American Voter.* Chicago: The University of Chicago Press.

Easton, David, and Jack Dennis. 1969. *Children in the Political System: Origins of Political Legitimacy.* New York: McGraw-Hill Book Company.

Eyerman, Ron, and Bryan S. Turner. 1998. "Outline of a Theory of Generations." *European Journal of Social Theory* 1(1): 91-106.

Glenn, Norval D. 2005. *Cohort Analysis.* Thousand Oaks, CA: Sage Publications.

Grasso, Maria Teresa. 2014. "Age, Period and Cohort Analysis in a Comparative Context: Political Generations and Political Participation Repertoires in Western Europe." *Electoral Studies* 33: 63-76.

Jennings, M. Kent. 1996. "Political Knowledge Over Time and Across Generations." *Public Opinion Quarterly* 60: 228-252.

Schuman, Howard, and Jacqueline Scott. 1989. "Generations and Collective Memories." *American Sociological Review* 54(3): 359-381.

Chapter 7

兩岸關係對2016年和2020年總統選舉的影響 *

方淇、吳重禮

壹、前言

我國 2020 年總統大選，受到諸多國內外事件影響，其中，日趨緊張的兩岸關係在蔡英文第一任任期中，發揮了相當的效應。本文的主要關切在於，兩岸關係對於我國 2016 年和 2020 年總統大選的效應為何？選民的決策在多大程度上受到候選人的兩岸政策影響？兩岸政策的路線又如何影響總統候選人的勝算？

兩岸關係是我國歷屆總統大選的首要議題，且受到廣泛的討論。兩岸政治在「利益」與「認同」之間擺盪，輔以台灣獨特的歷史背景與政治環境，兩岸關係在我國政壇中持續扮演重要的角色。無疑地，兩岸政策往往是各個總統候選人的主要關切，無論是藉由改善兩岸關係以增進兩岸經濟交流，或是減緩來自中國的軍事外交脅迫，皆會影響民眾對候選人的偏好。其次，民眾的身分認同也影響其投票選擇，台灣的政黨往往訴諸身分認同以吸引選民。再者，兩岸的社會經濟交流也影響台灣民眾對中國的印象，間接影響民眾在相關議題上的選擇。透過不同層面的效應，兩岸關係皆能對我國總統大選產生可觀的影響。

本文旨在探討兩岸關係對台灣民意與總統大選的影響，檢視兩岸關係如何影響個人的利益評估、身分認同與兩岸互動經驗，並左右民眾的投票選擇。首先，我們將簡介兩岸關係發展，探討民意在其中扮演的角色；其次，我們試圖以三種理論途徑，討論民眾對兩岸關係的態度，以及其對投票行為的影響；再者，我們使用 2016 年和 2020 年「台灣選舉與民主化調查」（Taiwan's Election and Democratization Study, TEDS2016 和 TEDS2020）的面訪資料，以交叉分析檢證民眾的兩岸關係立場對總統大選的效應。

* 本文使用的資料全部採自 2016 年和 2020 年「台灣選舉與民主化調查」（Taiwan's Election and Democratization Study, TEDS2016 和 TEDS2020）（MOST 101-2420-H-004-034-MY4；MOST 105-2420-H-004-015-SS4）。「台灣選舉與民主化調查」（TEDS）多年期計畫總召集人為國立政治大學黃紀教授，TEDS2016 和 TEDS2020 為針對 2016 年與 2020 年總統與立法委員選舉執行之年度計畫，計畫主持人為黃紀教授；詳細資料請參閱 TEDS 網頁：http://www.tedsnet.org。作者感謝上述機構及人員提供資料協助，惟本文之內容概由作者自行負責。

貳、台灣民意與兩岸關係

海峽兩岸自 1949 年分治以降，歷經長期的軍事與外交對峙，1979 年美中正式建交、並停止承認中華民國政府，從根本上轉變兩岸關係情勢，中國也向台灣提出數個和平統一的方案。相對地，1980 年代後期開始，兩岸展開謹慎的民間交流，台灣也開始進行民主化，1993 年「辜汪會談」更開啓了兩岸之間的密切談判。然而，在 1995～1996 年期間，台海飛彈危機與不斷擴展的中國軍事威脅，使得台灣的反中情緒逐漸升高，促使台灣第一次的政黨輪替與趨於激烈的朝野競爭（羅德明 2009）。儘管如此，兩岸政府仍在往後的十餘年擴大政經交流，其中經濟合作更在 2010 年簽訂《兩岸經濟合作架構協議》（*Economic Cooperation Framework Agreement*, ECFA）達到高峰。馬英九政府之後推動的《海峽兩岸服務貿易協議》（*Cross-Strait Agreement on Trade in Services*，以下簡稱「服貿協議」）卻引發台灣民意的強烈反彈，對台灣政治的發展有深刻的影響。

服貿協議所引發的社會疑慮與不滿，促成「三一八學運」的爆發。2014 年 3 月 18 日起，學生與公民團體接連占領立法院與行政院周邊，進行數次大規模街頭抗議。學生們要求政府退回服貿協議，並制訂兩岸協議監督機制。三一八學運所反映的不只是當前台灣的社會經濟問題，更彰顯中國因素在台灣民意中所扮演的核心角色。蔡佳泓、陳陸輝（2015）認為，儘管公民不服從的態度對三一八學運有所影響，但中國因素與統獨立場更能左右民眾對三一八學運的支持；亦有研究指出，即便兩岸經貿交流將爲個人或台灣帶來利益，民眾的身分認同與其對中國的政治情緒和觀感，往往左右其對兩岸經貿交流的態度（陳陸輝、陳映男 2016；陳映男、耿曙、陳陸輝 2016）。雖然兩岸領導人於學運次年在舉世矚目之下會面，但是兩岸交流並沒有化解台灣民意先前的疑慮與不滿，更促成政黨輪替，使蔡英文贏得 2016 年總統大選，民主進步黨在該次大選中，亦獲得可觀的立法院席次。

蔡英文當選後未明確承認「九二共識」，中國將其就職演說視爲「一份沒有完成的答卷」（中共中央台灣工作辦公室、國務院台灣事務辦公室

2016）。自此兩岸關係進入「冷和」，兩岸政府的溝通管道中斷，中國觀光客來台數量遽減，兩岸的外交競爭亦重啟，中國對台軍事恫嚇的頻率則大幅增加。同時，蔡英文政府推動多項頗具爭議的國內改革，使民進黨政府在 2018 年的九合一大選與多數公投議題上受挫。此時，中國的威逼利誘亦未間斷，中國先後提出《對台 31 條措施》與《惠台 26 條措施》，並在 2019 年《告台灣同胞書》發表四十週年紀念會中宣示「和平統一、一國兩制」的政策目標。然而，中國在國際社會上的表現卻使民眾對中國產生高度的不信任，舉例而言，中國與港府選擇高壓打擊 2014 年起便不斷升級的香港自治運動，否定《中英聯合聲明》、通過港版國安法，使台灣民眾懷疑「一國兩制」方案的前景。此外，中國未能有效管控新冠肺炎的擴散，其與世界衛生組織之間的關係，更使得民眾難以對中國產生信任。與此同時，蔡英文順應 2016 年後逐漸高漲的台灣認同，以「民主／威權」強調台灣與中國的差異，聲援香港自治運動，強化與美國的雙邊關係。在 2020 年總統大選中，即使蔡英文一度受到國民黨候選人韓國瑜的強勢挑戰，仍以前所未有的票數勝出。

2020 年總統選舉過後，蔡英文提出「和平、對等、民主、對話」的兩岸交流原則，再次拒絕對岸「一國兩制」的統一方案。此際，來自中國的壓力逐步上升，中國軍機與軍艦繞台頻率大幅提升，飛越海峽中線並首度否認此一分界的存在。儘管中國的文攻武嚇不曾中斷，台灣民意對兩岸關係卻有相當多元的看法，對兩岸關係造成相當的影響。無疑地，中美關係惡化與愈趨強勢的中國外交政策，皆是剖析兩岸關係不可忽視的結構因素，然而，台灣民意的變動也是政策制訂者必須考量的要件。

從前述回顧中可以見到，台灣民意不僅形塑兩岸政策，更是制約兩岸關係的重要條件。一方面，民意往往透過選舉支持特定候選人，影響台灣兩岸政策的路線；另一方面，政府兩岸政策的制訂必須考量民眾對兩岸關係的態度，否則可能遭致民意反撲的政治效應，可見民意在兩岸關係中扮演舉足輕重的角色。為了檢驗兩岸關係在對台灣選舉政治的效應，本文接續將討論「理性選擇」、「感性認同」、「社會接觸」等三個分析途徑，三者個別解釋了民眾如何將兩岸關係納入選票考量。之後，我們將使用 TEDS2016 與 TEDS2020，進行交叉分析，探討兩岸關係的不同層面。

參、兩岸關係與總統大選：三個分析途徑

　　兩岸關係作為台灣的主要政治議題之一，受到政界與學界的密切關注，相關研究頗為豐碩，其中以民意切入者，尤其關注民眾的利益評估與身分認同如何影響其統獨立場，以及此一立場對政府兩岸政策的影響（林繼文 2015；俞振華、林啓耀 2013；盛杏湲 2002；陳陸輝、耿曙、王德育 2009；Chang and Wang 2005; Chu 2004; Niou 2004, 2005; Wang and Liu 2004; Wu 2005）。舉例來說，吳乃德（2005）以「麵包」與「愛情」兩者作為比喻，探討理性利益與情感連繫如何影響台灣民眾的民族認同。若干學者檢視在兩岸關係中，經濟交流的利益和軍事威脅的評估，是否影響民眾的統獨立場與民眾的投票選擇；其中，兩岸經貿交流對民眾的投票選擇有顯著影響，此不僅關乎民眾如何評估個體與全體的利益前景，更與台灣縣市的產業結構息息相關，兩岸經貿所產生的利益分配，因而對民眾的投票選擇造成影響（耿曙、陳陸輝 2003；陳映男、耿曙、陳陸輝 2016）。其次，國家安全與兩岸和平等議題也對選民的立場有所影響，舉例而言，1996 年台海危機在相當程度上促成了李登輝的勝選，2008 年後民眾也轉而支持採取「九二共識」的國民黨（Hsieh, Lacy, and Niou 1998; Wang 2013）。儘管如此，民眾的投票選擇並不總是由理性利益主導，反之，實質利益的效應往往受到感性認同的調節（吳親恩、林奕孜 2013；Weng 2017）。

　　相較於理性利益，身分認同對統獨立場的影響較為穩定，這是因為個人身分認同往往仰賴長期的政治社會化，個人從而在生命歷程中取得獨特的認同，舉例而言，受到國民黨威權統治的民眾與經歷台灣民主化的民眾，在統獨立場上便反映身分認同的世代差異，解釋了民眾的投票選擇（林瓊珠 2012；陳陸輝、周應龍 2004；鄭夙芬 2009；Huang 2019）。儘管如此，即便身分認同較不易改變，其對統獨立場與中國印象的影響，不僅受制於理性利益的考量，也受到趨於密切的兩岸交流影響，陳陸輝、陳映男、王信賢（2012）以「理性選擇」（rational choice）與「符號政治」（symbolic politics）剖析台灣民眾認同的形成，檢視兩岸關係趨緩下，個

人的「理性自利」與「感性認同」如何互動，從而左右兩岸關係的政治基礎。由上可見，理性利益的考量與感性認同的競合是影響兩岸關係的重要因素，然而，除上述二者之外，兩岸密切交流代表雙方具有更多的接觸，此種互動對兩岸關係亦有不可忽視的影響。

　　近年若干學者探討社會接觸如何影響民眾的兩岸政策偏好與其對中國的印象，其中，「接觸理論」（Contact Theory）與「團體威脅論」（Group Threat Theory）是主要的分析途徑。換言之，頻繁的交流與接觸是否會改善兩岸之間的互動？實證研究指出，交流與接觸將帶來正面的回饋，並改善台灣民眾對中國的印象（Wu 2017）。蒙志成（2016）以「群際關係」（intergroup relations）的觀點，檢視兩岸交流經驗如何對台灣民眾的國族認同造成影響，並發現相較於具有中國接觸經驗的民眾，不具接觸經驗的民眾具備較強烈的台灣國族認同，並在國族認同與身分認同之間扮演重要的中介角色。部分研究探討中共邀訪台灣青年的政治影響，他們發現，即便兩岸交流能夠改善青年學子對中國大陸的印象，緩和統獨立場而使民眾偏向維持現狀，卻無法撼動較深層的身分認同（王嘉州 2015；耿曙、曾于蓁 2010）。由上可見，儘管交流能夠化解刻板印象，卻不見得能夠消解兩岸之間的文化與政治差異。

　　前述研究回顧顯現兩岸關係的不同面向，無論是理性選擇主導的利益考量，或是伴隨身分認同的情感聯繫，甚至是兩岸交流下的中國接觸經驗，皆凸顯民意與兩岸關係息息相關，爲了更深入探討 2016 年與 2020 年總統大選中，兩岸關係所觸發的效應，以下我們爬梳不同分析途徑的理論基礎。首先，兩岸關係對選民的政策評估具有直接的影響，如何在眾多候選人之中，選擇最符合自身利益的兩岸政策，顯現理性選擇在政治行爲的首要地位，Downs（1957）借鑑經濟學探討政府如何制訂政策，而選民又如何投下選票，其認爲無論是政黨或選民，皆是理性行爲者，並在眾多選項中，追求效益極大化。舉例而言，政黨形塑政策的目標，便是盡可能取得多數選票以贏取執政權，即便是意識型態的訴求，也根植於選票極大化的訴求；民眾選擇政黨的目標，則是最大化自身的效益，只要政黨提出有利的政策，民眾便會趨之若鶩，就算是在資訊不充分的情況下，民眾也會

選擇最接近自身意識型態的政黨，以減少獲取資訊的成本。

除了政黨在選舉期間所提出的政見外，執政黨的施政表現也會影響民眾的利益評估，即使民眾缺乏經貿外交相關資訊或關注，民眾仍會回顧政治菁英在上述兩個領域的表現，並以此作為投票選擇的標準（Aldrich et al. 2006）。選票壓力因而對政策制訂產生影響，對於執政黨而言尤其如是，有別於在野黨，執政黨面臨政黨輪替的壓力，由此角度觀之，民眾可說是透過選票展現其利益得失，並促使執政黨對其負責，並確保下一屆政府會依照民意執政。倘若政府表現不如民眾預期，或是領導者言行不一，政府便須承受到國內「聽眾成本」（audience costs）的懲罰，惟政府也能運用此種民意壓力制訂更具可信度的政策（Fearon 1999; Tomz 2007）。由上可見，政府與選民雖然嘗試將利益極大化，但行為者仍然受到其他因素的制約，此時感性的身分認同便是理解選舉政治的重要指標。

身分認同是選舉政治中的關鍵因素，台灣選民的國族認同問題更與兩岸關係環環相扣。現實世界中的資訊龐雜，威脅與不確定性交錯，個人往往受制於心理與生理上的限制，無法展現全然的政治理性，更遑論其變動的意識型態與偏好，此時政治符號所附帶的象徵意義能緩和民眾的不安與焦慮，政治菁英因此得以動員民眾，達成其政治目標（Edelman 1985）。Sears（1993）認為，政治符號透過刺激民眾的既有「政治傾向」（political predisposition），促使民眾採取特定的政治行為。換言之，民眾在長期的政治社會化後，對特定政治符號產生情感上的認同及政治傾向，民眾自此取得穩定且長期的政治偏好，政治傾向更凌駕其他政治態度，受到政治符號刺激的民眾往往展現習慣性反應而形成民意。

然而，民意並不全然是政治傾向的產物，反之，政治傾向經常受到政治菁英的影響，政治人物能藉由「暗示訊息」（cueing message）使民眾將他們的觀點與政治傾向連結，故民眾經常隨著政治人物而支持或反對特定議題（Zaller 1992）。必須說明的是，政治菁英不見得會迎合民意，民意反而會跟隨政治菁英所代表的政治符號，這是因為政治菁英通常能夠篩選不符特定選民認知的訊息，減少選民進行判斷時的心理負擔，訴求精準的政治菁英故能夠吸引廣大選民（Lenz 2012）。由上可見，民眾的感

性認同對其政治選擇有不可忽視的影響，就政治菁英與政治傾向的作用而言，兩者甚有可能相互強化。除了政治菁英以外，民眾的政治傾向亦與其交流經驗息息相關，換言之，台灣民眾與對岸的社會接觸將影響民眾對兩岸關係的看法。

　　社會接觸隨著兩岸交流愈加密切而扮演不可抹滅的角色，社會心理學在社會接觸的相關研究有豐富的發展，其中，群際關係是頗為重要的概念。群際關係取決於個人如何取得「群體認同」（group identification）、群體之間的態度與互動，所謂群體認同意指個人如何確認自己身為特定群體的一員，並對其賦予特別的意義與情感。群體認同的差異大小往往決定個人是否會對「外團體」（outgroup）有所偏見與差別待遇，影響群際關係的走向，而偏見與差別待遇的作用，正是社會接觸所關注的核心議題（Tajfel 1982）。接觸理論關注團體之間的互動會否消弭偏見，並改善對外團體的印象。Allport（[1954] 1988）認為，當不同群體享有「共同目標」、「團體合作」、「平等地位」以及「權威支持」，群體接觸便會促進不同族群的互動，了解外團體的成員，減少負面刻板印象與偏見。

　　更有學者認為，除了上述四個條件以外，長期互動也是必要的條件，這是因為長期互動能夠啟發更複雜的友誼機制，為群體接觸帶來更正面效果（Pettigrew 1998）。有別於接觸理論，團體威脅論則認為接觸愈密切、少數族群的數量愈多、差異愈大時，出於失去社會資源的恐懼或優勢地位的喪失，甚至是資源與經濟的競爭，主流團體將備感威脅而對外團體發展出負面的印象。反之，受到社會壓迫與疏離的劣勢團體，也可能對主流團體產生偏見（Blumer 1958; Bobo and Hutchings 1996）。進一步地，團體威脅不僅僅是群體層次的認知，更與個人的特徵息息相關。換言之，團體威脅將擴及個人對外團體的評估，個人在經濟狀況不佳時尤其容易對外團體產生偏見（Quillian 1995）。伴隨兩岸密切交流的社會與經濟結果，更如實反映了團體威脅的理論觀點。

　　綜上所述，「理性選擇」的觀點強調選擇所帶來的實質報酬，如何在政治行為中以理性評估達成利益最大化，是個人應採取的最佳策略，然而，一如外在環境的更迭，理性選擇也可能變動。相對而言，「感性認

同」較為長期穩定，透過社會化取得的政治傾向，受到政治菁英所代表的政治符號所刺激，通常表現出較為一致且直覺的回饋。但無論理性選擇或感性認同，觸及外來族群或團體時，個人的政治傾向也會受到調節，「社會接觸」代表的是群際交流的中介力量。

　　透過上述三個途徑帶入兩岸關係的脈絡，我們不難發現台灣的選舉政治如何與兩岸關係產生緊密的互動。首先，在兩岸關係的變動下，民眾究竟是獲利或是受害，將成為民眾做出理性選擇的根據，而民眾的投票選擇更會左右政治菁英的去留，影響政策制訂的方向。其次，與兩岸關係所牽動的認同問題，也會對民眾的政治判斷產生效應，民眾的既有政治傾向如統獨立場或族群認同，便可歸類為政治社會化所獲致的情感因素。再者，兩岸民間互動漸趨頻繁，民眾與中國的交流經驗，或是其對中國所抱持的整體印象，如何影響其對中國的態度與兩岸政策的偏好，乃是社會接觸所關切的現象。此三種要素交互作用是否會影響民眾的投票抉擇？該如何以上述論點理解兩岸關係在近年選舉所扮演的角色？我們將在以下分析進行討論。

肆、研究資料與概念測量

　　為了檢驗兩岸關係與總統選舉的關聯，本文採用「台灣選舉與民主化調查」作為調查資料，該份調查是在 2016 年與 2020 年總統與立法委員選舉之後，於全國所蒐集的面訪調查資料。在 2016 年的選舉中，完成的資料有 1,690 份，執行期間為 2016 年 1 月 17 日至 4 月 28 日；在 2020 年的選舉中，完成的資料有 1,680 份，執行期間為 2020 年 1 月 13 日至 5 月 31 日。

　　本文延續兩岸關係與理論途徑的討論，以選民的總統投票對象作為其投票行為的指標，納入經貿交流對台灣經濟影響、經貿交流對個人經濟影響、統獨立場、獨立偏好、統一偏好、族群認同、九二共識、社會接觸以及兩岸關係展望等變數，檢驗兩岸關係在總統大選中所扮演的角色。以下

將簡述變數的具體操作，關於問卷措辭與選項，和變數重新編碼，請參見附錄 7-1。

　　首先，我們檢證民眾對兩岸關係的理性利益考量，在此視野下，民眾應選擇將個人利益最大化，TEDS 詢問選民台灣經濟或個人利益是否因兩岸交流起伏而變動，藉此探詢民眾如何評估兩岸經貿交流對台灣整體與選民個人的影響。既有研究以「社會投票」（sociotropic voting）與「荷包投票」（pocketbook voting）探究選民依照社會整體或個人利益作爲投票的標準，前者更能在後者的基礎上，考量整體社會脈絡對民眾理性計算的效應（Kinder and Kiewiet 1981; Kramer 1983）。此二變數將有助於我們檢視民眾的理性考量，以及其對總統大選的影響。

　　其次，統獨議題也是本文關切的重點，統獨立場與族群認同向來是台灣選舉政治的核心議題，諸多總統候選人莫不訴諸此二者以吸引選民，將相關變數納入分析，有助於我們探討符號政治的影響。鑑此，透過統獨六分類，分析民眾對兩岸關係的看法，進而將「儘快統一」與「維持現狀以後走向統一」歸類爲「傾向統一」；「維持現狀看情形再決定獨立或統一」與「維持現狀」歸類爲「維持現狀」；「儘快獨立」與「維持現狀以後走向獨立」歸類爲「傾向獨立」。

　　進一步地，我們利用條件式問句，檢測民眾在不同條件下，對於兩岸統一或台灣獨立的偏好。就獨立偏好而言，TEDS 問及民眾在和平與戰爭的不同情境下，是否會支持台灣獨立，倘若民眾面對戰爭爆發的可能性，仍支持台灣獨立。便被歸類爲「鐵桿台獨」；反之，若民眾僅在與對岸和平共處的前提下才支持獨立，則是爲「條件台獨」，選擇其他選項者，我們歸類爲「其他意見」。就統一偏好而言，問及民眾是否會在社會、經濟、政治各方面的大幅差異下，支持兩岸統一。若民眾考量社會成本後，仍支持兩岸統一，該群民眾便會被歸類爲「鐵桿統一」；反之，若民眾僅在此等差異甚小的情況下才支持統一，本文將其視爲「條件統一」。由上可見，條件式測量有助於我們辨別民眾統獨立場背後的務實考量，亦即民眾是否願意捨棄現有的生活模式，以變更其國家認同。檢視此二種測量模式，有助於我們理解民眾統獨偏好的形成，一方面可以看到民眾的統獨偏

好，另一方面可以分析民眾的務實考量與價值目標，獲致較爲完整的視野（吳乃德 1993；耿曙、劉嘉薇、陳陸輝 2009）。

在統獨偏好以外，族群認同的重要性顯然不亞於兩岸的政治情勢。因此，問及民眾將自身視爲「台灣人」、「中國人」、或「兩者都是」。此一變數的重要性主要對民眾統獨立場與投票選擇的影響，由於台灣與中國在血緣與歷史上的糾葛，實務經驗顯示，「台灣意識」較強烈的台灣認同者，往往較支持台灣獨立與民進黨籍候選人；相反地，「中國意識」較強烈的中國認同者，則偏向兩岸統一與國民黨籍候選人。

再者，我們也納入民眾對九二共識的觀感，即民眾是否支持「一個中國，各自表述」的論述。此一論述源自 1992 年末兩岸協商的政治默契，並在 2000 年由前行政院大陸委員會主任委員蘇起所提出，使雙方「求同存異」以謀求持續的交流與談判。然而，正如前文所提及，蔡英文並未承認九二共識，而中國也逐漸強調「一國兩制」的統一方案。因此，我們將受訪者的回答歸類爲「續用九二共識」、「不用九二共識」、「沒有九二共識」以及「其他意見」，探討九二共識的政治基礎與其對總統大選的效用。另外，詢問民眾訪問中國的次數，將民眾的經驗區分爲「有」和「沒有」，了解台灣民眾與中國的接觸經驗，觀察兩岸交流與投票選擇之間的影響，此一變數有助於我們探討社會接觸是否會改善民眾對中國的印象，而左右民眾對兩岸政策與總統候選人的偏好。

另外，本文納入民眾對未來兩岸關係的整體評估，探測兩岸關係的走向如何在總統大選中扮演重要的議題，在此將民眾的意見歸類爲「緩和」、「沒變」與「緊張」，檢證民眾預測與投票選擇的連結。接續，我們透過各個面向探討兩岸關係，評估兩岸關係如何影響民眾的投票選擇。

伍、實證結果與討論

爲了檢視兩岸關係對於總統選舉的影響，我們依續討論經貿交流對台灣經濟影響、經貿交流對個人經濟影響、統獨立場、獨立偏好、統一偏

好、族群認同、九二共識、社會接觸，以及兩岸關係展望等影響。交叉分析對象是兩次大選的候選人，2016 年的大選中，正副總統候選人分別是：「朱立倫、王如玄」（國民黨）、「蔡英文、陳建仁」（民進黨）與「宋楚瑜、徐欣瑩」（親民黨）；2020 年的正副總統候選人則有：「韓國瑜、張善政」（國民黨）、「蔡英文、賴清德」（民進黨）與「宋楚瑜、余湘」（親民黨）。在各表中，我們僅呈現總統候選人以利閱讀。

　　首先，兩岸交流的利害評估是否會影響民眾的投票選擇，從表 7-1 可以見到，在 2016 年有 26% 民眾認為兩岸經貿交流有助於台灣經濟，但在 2020 年持相同意見者跌落至約 10%；反之，2016 年約莫 30% 民眾認為兩岸經貿交流不利於台灣經濟，但四年後，持相同意見者卻提升至近 44%。

表 7-1　兩岸經貿交流利益與總統投票對象交叉列表（2016 vs. 2020）

	2016 年				2020 年			
	朱立倫	蔡英文	宋楚瑜	總和	韓國瑜	蔡英文	宋楚瑜	總和
全體平均	27.3%	62.5%	10.3%	100%	27.8%	67.2%	5.0%	100%
經貿交流對台灣經濟影響								
變好	55.1%	32.8%	12.1%	26.0%	3.8%	91.0%	5.3%	10.4%
一樣	23.2%	66.1%	10.7%	43.8%	13.7%	81.9%	4.4%	46.0%
變差	11.0%	80.2%	8.8%	30.2%	48.9%	45.7%	5.4%	43.6%
卡方檢定資訊	樣本數：1,172 卡方值：185.81 自由度：4；$p < 0.001$				樣本數：1,284 卡方值：227.80 自由度：4；$p < 0.001$			
經貿交流對個人經濟影響								
變好	54.5%	37.7%	7.8%	6.3%	12.5%	81.2%	6.2%	6.2%
一樣	28.5%	60.2%	11.3%	76.3%	22.8%	72.3%	4.9%	75.9%
變差	14.1%	78.4%	7.5%	17.4%	55.4%	39.1%	5.6%	17.9%
卡方檢定資訊	樣本數：1,224 卡方值：54.72 自由度：4；$p < 0.001$				樣本數：1,300 卡方值：112.96 自由度：4；$p < 0.001$			

資料來源：黃紀（2016，2020）。

說明：表中數字為橫列百分比，總和為直行百分比。

進一步地從表 7-1 上半部可見，2016 年當民眾認為經貿交流變好時，有過半民眾支持朱立倫；相對地，當民眾認知到負面影響時，有八成的民眾轉而支持蔡英文。同樣地，2020 年當民眾感受到兩岸經貿交流的正面影響，或者影響不變時，分別有高達 91% 與約 82% 民眾選擇支持蔡英文，認為兩岸經貿有負面影響的民眾則有約半選擇支持韓國瑜；宋楚瑜的支持者則無論影響正面與否，都呈現下滑的趨勢。上述趨勢並不限於總體層面，儘管態度的分布有所不同，民眾的個人經濟評估也出現與總體層次相似的趨勢。

就兩岸經貿交流對個人經濟影響而言，2016 年與 2020 年皆有約 76% 的民眾未感受到差異，約 18% 民眾認為兩岸經貿交流有負面影響，另有約 6% 民眾認為個人經濟狀況有所改善。儘管此一分布與總體層次有相當差異，但各個態度內的人數分布卻相差無幾。2016 年認為兩岸經貿交流有正面影響者，有 55% 選民將投票給予朱立倫，相對之下僅有約 38% 民眾支持蔡英文，宋楚瑜僅得到 7.8% 民眾支持。認為經貿交流沒有影響的民眾則有泰半支持蔡英文，約三成的民眾支持朱立倫，一成民眾支持宋楚瑜。認為個人經濟狀況受到負面影響的民眾則有近八成民眾支持蔡英文，而朱立倫得到的選票僅有平均選票的一半，宋楚瑜亦然。2020 年，認為個人經濟改善的民眾，約有 81% 選擇支持蔡英文，遠高於全體平均，即便是認為經濟狀況沒有改變的民眾也多數支持蔡英文；相同的兩組民眾對韓國瑜的支持度則低於平均，然而，韓國瑜卻獲得多數對個人經濟狀況不滿民眾的選票；宋楚瑜在各個組別所獲得的選票比例則低於 2016 年，且未有明顯的分布變動。

依照理性選擇理論的邏輯，民眾應該支持能有效增加整體社會利益的政策，倘若執政者為社會帶來正面影響，則民眾可能持續支持。此一現象誠然反映在上述的總體與個人趨勢中，在 2016 年，感受到正面影響的民眾選擇繼續支持國民黨執政，認知到負面效應的民眾則選擇支持民進黨；政黨輪替後，認為兩岸經貿交流有正面影響的民眾，大部分支持民進黨繼續執政，而不意外地，感受到負面效果的民眾將選票投給國民黨，儘管在同一群民眾之中，也有近半民眾繼續支持蔡英文。由上可見，即便兩岸關

係不斷緊繃、惡化，理性選擇的考量仍在相當程度上驅動民眾的投票選擇，經貿交流的評估與起伏，或能預測民眾的選票轉移。

　　其次，我們從統獨立場檢視民眾投票選擇的變化，從表 7-2 可見，2016～2020 年的趨勢，傾向獨立的選民從約 33% 上升至 43%，希望維持現狀的民眾由約 54% 下跌至約 48%，傾向統一的民眾也由 12.9% 下跌至9.3%。在這樣的趨勢中，值得注意的是，台灣民眾似乎逐漸向台灣獨立靠攏，即便是維持現狀的民眾，其比例也逐漸下滑，台灣獨立是否將成為主流民意，是值得探討的現象。接續，我們觀察統獨立場與選民的投票選擇，由表 7-2 左半部我們可以觀察到，傾向獨立的民眾有近九成選擇支持蔡英文，同一群民眾支持朱立倫與宋楚瑜者僅有將近一成，蔡英文在此立場獲得的選票遠高於全體平均的 62.5%；選擇維持現狀的民眾也有約莫五成投給蔡英文，投給朱立倫的選民僅有約 35%，宋楚瑜則獲得約 13% 的選票；傾向統一的民眾則有約 56% 支持朱立倫，幾乎是其全體平均的 2倍，但相同立場的民眾卻也有近三成選擇支持蔡英文，宋楚瑜在該群民眾也獲得約一成的選票。

表 7-2　選民統獨立場與總統投票對象交叉列表（2016 vs. 2020）

	2016 年				2020 年			
	朱立倫	蔡英文	宋楚瑜	總和	韓國瑜	蔡英文	宋楚瑜	總和
全體平均	27.3%	62.5%	10.3%	100%	27.8%	67.2%	5.0%	100%
統獨立場								
傾向獨立	4.5%	88.5%	7.0%	33.2%	7.8%	90.0%	2.1%	43.2%
維持現狀	34.8%	52.5%	12.8%	53.9%	38.2%	55.0%	6.8%	47.5%
傾向統一	56.4%	32.7%	10.9%	12.9%	67.8%	23.1%	9.1%	9.3%
卡方檢定資訊	樣本數：1,206 卡方值：222.11 自由度：4；$p < 0.001$				樣本數：1,301 卡方值：283.51 自由度：4；$p < 0.001$			

資料來源：黃紀（2016，2020）。
說明：表中數字為橫列百分比，總和為直行百分比。

　　尤有甚者，到了 2020 年，民眾的統獨立場與其投票選擇愈加壁壘分明。首先，蔡英文支持者傾向獨立的民眾上升至 90%，高於全體平均，且幾乎囊括了所有具有獨立偏好的選票，相較之下韓國瑜與宋楚瑜加總僅獲得約一成的選票。其次，選擇維持現狀的民眾也多數支持蔡英文，且較 2016 年有所成長，韓國瑜在此一群選民中所獲得的選票也有所上升，宋楚瑜的選票則受到其他兩個候選人的瓜分而下降。最後，傾向統一的民眾對國民黨籍候選人的支持，則上升至近七成，值得注意的是，在同一群民眾中，仍有約兩成的民眾支持蔡英文，一成的民眾支持宋楚瑜；然而，該群民眾的比例不達全體的一成，其影響力或許值得討論。由 2016～2020 年的趨勢中可見，民眾的整體統獨偏好逐漸走向台灣獨立，而不同立場的選民所選擇的總統候選人也集中在兩大黨候選人，誠然反映各個政黨候選人所觸及的政治符號與情感。

　　表 7-2 所使用的測量為傳統的統獨六分類，探測民眾在綜合各個現實與理念條件後，所表達的統獨偏好，然而，此一測量標準並無法辨別民眾究竟是「現實主義者」，或是具有強烈國家認同的「民族主義者」；換言之，民眾偏好在多大程度上受到現實條件的干擾，獲致「糾結偏好」（non-separable preferences）便成為統獨分類的主要問題（吳乃德 1996；Lacy 2001）。此一問題在民眾的統獨立場上尤其顯著，一如先前所探討，在兩岸關係中，民眾的統獨偏好不全然由情感認同所主導，來自中國的威逼利誘往往使民眾在形塑偏好的過程中，選擇有所保留。以 TEDS 所採用的問卷為例，民眾或許傾向支持台灣獨立，但來自中國的飛彈威脅或日復一日的軍機、軍艦繞台，可能使民眾在支持台灣獨立時有所顧忌，然若這樣的威脅不存在，民眾可能毫無保留地表達自己的態度，另一種可能性則是全然忽視此種威脅的民眾。因此，我們必須考量不同情境才能了解民眾的統獨偏好。

　　表 7-3 以條件式問句展現民眾的糾結偏好，在此一表格中，分析民眾的獨立偏好與統一偏好。在表 7-3 上半部可見，2016～2020 年，鐵桿台獨的民眾比例有所增加，達到近五成，條件台獨的民眾則未有太大改變，維持在近三成，反之，抱持其他立場的民眾則從約 30% 下滑至約 23%。

表 7-3　選民獨立和統一偏好與總統投票對象交叉列表（2016 vs. 2020）

	2016 年				2020 年			
	朱立倫	蔡英文	宋楚瑜	總和	韓國瑜	蔡英文	宋楚瑜	總和
全體平均	27.3%	62.5%	10.3%	100%	27.8%	67.2%	5.0%	100%
獨立偏好								
鐵桿台獨	10.9%	80.2%	8.8%	40.3%	15.1%	81.2%	3.8%	48.6%
條件台獨	26.9%	61.3%	11.7%	29.6%	30.8%	65.0%	4.2%	28.1%
其他立場	50.3%	38.4%	11.3%	30.1%	56.3%	35.4%	8.2%	23.3%
卡方檢定資訊	樣本數：1,178 卡方值：173.28 自由度：4；$p < 0.001$				樣本數：1,281 卡方值：182.45 自由度：4；$p < 0.001$			
統一偏好								
鐵桿統一	53.4%	38.1%	8.5%	10.3%	60.6%	33.8%	5.6%	11.3%
條件統一	41.2%	48.9%	9.9%	23.9%	41.3%	52.6%	6.1%	18.3%
其他立場	17.9%	70.7%	11.4%	65.8%	19.0%	76.5%	4.5%	70.5%
卡方檢定資訊	樣本數：1,147 卡方值：102.63 自由度：4；$p < 0.001$				樣本數：1,260 卡方值：137.78 自由度：4；$p < 0.001$			

資料來源：黃紀（2016，2020）。

說明：表中數字為橫列百分比，總和為直行百分比。

細部而言，在 2016 年，約 80% 鐵桿台獨的民眾選擇支持蔡英文，條件台獨的民眾也有約六成將選票投給蔡英文，抱持其他立場的民眾仍有約 40% 支持蔡英文。相較之下，朱立倫的選票則隨著現實條件的增加而成長，鐵桿台獨者僅約 11% 給予朱立倫支持，但考量到戰爭成本的條件台獨者則有約 27% 支持朱立倫，反對任何形式台獨的民眾，則有近半支持朱立倫。相較於前述兩者，宋楚瑜在各個立場皆僅獲得約 10% 的選票。

　　四年後，民眾的獨立偏好與投票選擇之間的關聯並未有太大的變動。鐵桿台獨者仍有約 80% 的民眾支持蔡英文，條件台獨者則稍微增加，有 65% 的民眾投給蔡英文，即便是抱有其他立場的民眾也有約 35%

支持蔡英文。代表國民黨參選的韓國瑜也獲得如同朱立倫的選票支持，但值得觀察的是，韓國瑜在各個群體的支持率皆有所增加，鐵桿台獨的支持者從約 11% 上升至約 15%，條件台獨者的支持率也從約 27% 上升至31%，其他立場的民眾增加至約 56%。相較之下，宋楚瑜在各個群體的支持率都較 2016 年下滑。

　　表 7-3 下半部則呈現民眾的統一偏好，由該部分的表格可見與獨立偏好相反的趨勢，2016～2020 年，鐵桿統一者皆保持在約 11%，條件統一者的比例由約 24% 下滑至 18%，包含反對意見的其他立場民眾由約 66% 上升至約 71%。再以民眾的投票選擇觀察，在 2016 年，鐵桿統一者有近半支持朱立倫，考量社經整合的條件統一者則有約四成給予支持，此二者明顯地高過朱立倫的全國支持率，然而其他意見者則僅有約 18% 民眾支持朱立倫。支持蔡英文的群眾則有不同的偏好，不甚意外地，抱持其他意見的民眾有近七成願意支持蔡英文，但有趣的是，條件統一者與鐵桿統一者的支持率分別有約 49% 與 38%，換言之，即便是對兩岸統一有所憧憬的民眾也可能支持蔡英文。另外，鐵桿統一者與條件統一者分別僅有約 8% 與 10% 民眾支持宋楚瑜。

　　民眾在 2020 年的統一偏好則與 2016 年相差無幾。鐵桿統一者之中，約 61% 民眾支持韓國瑜，條件統一者也約四成的民眾給予支持，其他意見者則僅有 19%，統一偏好者的支持成長，或可歸因帶有強烈個人色彩的韓國瑜。然而有趣的是，蔡英文在統一偏好者之中也獲得相當的支持，鐵桿統一者約 34% 將選票投給蔡英文，蔡英文更獲得約 53% 的條件統一者支持，抱有其他立場者亦有 76.5% 給予支持。至於宋楚瑜在各個群體內的票數未有太大差異，並較 2016 年有顯著下滑，鐵桿統一者與條件統一者各別僅有約 6% 支持率，投給宋楚瑜的其他立場者更不及 5%。總而言之，由上述獨立偏好與統一偏好觀之，加入情境條件的統獨偏好，給予我們更細緻的觀察，值得探究的是，蔡英文在兩次大選中所獲得的支持，何以具有統一偏好者在選票上圈選民進黨籍候選人？不同政策走向的成本如何影響民眾的投票選擇？這些都是值得持續探討的主題。

　　接著，我們在表 7-4 觀察民眾的族群認同與投票選擇之間的關聯，整

表 7-4　選民族群認同與總統投票對象交叉列表（2016 vs. 2020）

	2016年				2020年			
	朱立倫	蔡英文	宋楚瑜	總和	韓國瑜	蔡英文	宋楚瑜	總和
全體平均	27.3%	62.5%	10.3%	100%	27.8%	67.2%	5.0%	100%
族群認同								
台灣人	13.6%	78.0%	8.4%	66.8%	12.3%	83.9%	3.8%	67.3%
都是	52.0%	33.7%	14.3%	29.1%	57.8%	34.3%	7.9%	28.7%
中國人	72.0%	16.0%	12.0%	4.1%	76.9%	17.3%	5.8%	3.9%
卡方檢定資訊	樣本數：1,223 卡方值：277.36 自由度：4；$p < 0.001$				樣本數：1,320 卡方值：370.56 自由度：4；$p < 0.001$			

資料來源：黃紀（2016，2020）。

說明：表中數字為橫列百分比，總和為直行百分比。

體而言，2016年與2020年的分布未有顯著差別，台灣人認同的民眾皆有約67%，認為自己是台灣人也是中國人的民眾也保持約30%，至於認為自己是中國人的民眾則不及5%。在2016年總統選舉中，認為自己是台灣人的選民有78%投給蔡英文，13.6%投給朱立倫，8.4%投給宋楚瑜。認為自己兩者都是的選民有過半支持朱立倫，而蔡英文僅獲得約33%的支持，宋楚瑜則獲得了約14%的選票，高於其平均支持。此外，朱立倫在中國人認同的民眾中獲得了72%選票，蔡英文僅獲得16%選票，與宋楚瑜獲得的12%相差無幾。由此可知，族群認同在該次總統大選仍有強烈影響，此一作用也延續至2020年大選。

在2020年大選中，族群認同與投票選擇之間的關聯更加強烈，並往兩個主要政黨集中。具有台灣人認同的民眾有約84%支持蔡英文，支持韓國瑜的台灣人認同者僅有約12%，宋楚瑜則僅有約4%的支持。再者，認為自己兩者都是的民眾，在2020年大選中對國民黨的支持有所增加，韓國瑜在此一群體的民眾之中，獲得約58%支持，遠高於其平均支持度，蔡英文的支持度則維持在34%左右，宋楚瑜的支持度則下滑至7.9%。另外，認為自己是中國人的選民則多數支持韓國瑜，約77%的民

眾將選票投給韓國瑜，蔡英文支持率也稍有上升，來到約 17%，宋楚瑜獲得的支持雖有些許成長，但僅有 5.8%。由上可見，符號政治之中的情感認同在總統大選中扮演重要角色，當兩岸關係愈加緊張，對岸威逼利誘不斷，愈來愈多選民的族群認同轉向台灣。但不應忽略的是，不同族群認同者的投票選擇朝向兩大黨集中，其效應需要理論與實務經驗的解讀。

　　過去數十年間，九二共識曾是兩岸政府交流互動的政治互信基礎，但蔡英文就任總統以後，九二共識似乎不再受到選民青睞，習近平立場的變動，也使九二共識備受質疑。表 7-5 探索民眾對九二共識的態度，數據顯示，民眾的態度愈趨清晰，對九二共識的支持大幅下滑，在這四年間，支持沿用九二共識的民眾從 34.5% 減少至 24%，認為不應該使用九二共識的民眾則從 32.3% 上升至 35.8%，認為沒有九二共識的民眾更大幅地從約 10% 上升至約 27%，持有其他立場的民眾則從約 24% 下滑至約 13%。換言之，不支持九二共識的民眾從原先約 65.5%，爬升至 76%，其吸引力已大打折扣。儘管如此，標榜「一個中國，各自表述」的九二共識作為一種政治符號，仍能為各個政黨帶來不同的效果。

表 7-5　九二共識與總統投票對象交叉列表（2016 vs. 2020）

	2016 年				2020 年			
	朱立倫	蔡英文	宋楚瑜	總和	韓國瑜	蔡英文	宋楚瑜	總和
全體平均	27.3%	62.5%	10.3%	100%	27.8%	67.2%	5.0%	100%
九二共識為兩岸交流基礎								
續用九二共識	53.7%	33.0%	13.3%	34.5%	61.4%	31.8%	6.8%	24.0%
不用九二共識	10.3%	79.6%	10.1%	32.3%	18.1%	76.2%	5.6%	35.8%
沒有九二共識	5.4%	88.4%	6.2%	9.3%	7.8%	89.9%	2.3%	26.9%
其他立場	22.2%	69.4%	8.3%	23.9%	30.8%	65.7%	3.5%	13.3%
卡方檢定資訊	樣本數：1,203 卡方值：264.65 自由度：6；p < 0.001				樣本數：1,294 卡方值：293.10 自由度：6；p < 0.001			

資料來源：黃紀（2016，2020）。

說明：表中數字為橫列百分比，總和為直行百分比。

　　我們接著觀察民眾對九二共識的態度與其投票選擇。在 2016 年，贊成九二共識的民眾約 54% 支持朱立倫，同樣持贊成意見的民眾也有 33% 投給蔡英文，宋楚瑜獲得約 13% 的支持，可見九二共識對國民黨候選人仍有相當的助益。反之，認爲不應該使用九二共識的民眾僅約 10% 支持朱立倫、10% 投給宋楚瑜，剩餘高達約 80% 的民眾支持蔡英文。此外，認爲九二共識不存在的民眾，給予朱立倫與宋楚瑜各約 5% 支持，蔡英文在此一群體中獲得高達約 89% 選票，清楚地顯示不支持九二共識的兩種立場或許反映當時主流台灣意識，淡化一個中國色彩的民進黨如何動員其群眾基礎。另外，抱持其他立場的民眾，則約 22% 投給朱立倫，約 70% 投給蔡英文，約 8% 支持宋楚瑜。

　　在 2020 年，更多民眾對九二共識抱持不甚正面的看法，並將選票投給蔡英文。支持續用九二共識的民眾之中，近六成民眾支持韓國瑜，多出全體平均約 40 個百分點，約 7% 民眾投給宋楚瑜，但值得注意的是，同一群民眾卻仍有約 32% 投給蔡英文。其次，認爲不應該使用九二共識的民眾約 76% 投給蔡英文，約 18% 投給韓國瑜，宋楚瑜僅獲得約 6% 選票。再次，認爲沒有九二共識的民眾，則約 90% 支持蔡英文，韓國瑜與宋楚瑜的共同得票率則僅有約 10%。持其他意見的民眾約三成支持韓國瑜，蔡英文獲得約 66% 選票，宋楚瑜的得票率則不及 5%，此一分布與全體平均接近。由上述交叉分析，我們推論，不少民眾或已不再認同九二共識的內涵，抑或民眾對於九二共識的架構有所不滿，與前述的族群認同共同觀之，民眾對於「一個中國」的疑慮和台灣人認同的上揚，應能彰顯兩岸關係在 2020 年大選之中，如何轉化爲符號政治與感情認同，促使民眾做出投票選擇。

　　前述交叉分析涵蓋本文所提及的理性選擇與感性認同，惟兩岸關係尚有第三個層面，即兩岸人民的社會接觸，由表 7-6 可見選民訪問中國次數與其投票選擇之間的關聯。首先，在 2016 年的選舉中，過去五年有訪問過中國的民眾之中，約 35% 支持朱立倫，高於其全體平均；約 53% 民眾支持蔡英文，低於其全體平均；宋楚瑜得票率約 12%，與其全體平均相近。其次，沒有去過中國的民眾之中，僅約 25% 民眾支持朱立倫，66%

表 7-6　選民訪問中國次數與總統投票對象交叉列表（2016 vs. 2020）

	2016 年				2020 年			
	朱立倫	蔡英文	宋楚瑜	總和	韓國瑜	蔡英文	宋楚瑜	總和
全體平均	27.3%	62.5%	10.3%	100%	27.8%	67.2%	5.0%	100%
社會接觸								
有	35.5%	52.2%	12.3%	25.5%	42.2%	52.6%	5.2%	24.8%
沒有	24.5%	65.9%	9.6%	74.5%	23.1%	72.1%	4.8%	75.2%
卡方檢定資訊	樣本數：1,247 卡方值：19.23 自由度：2；p < 0.001				樣本數：1,324 卡方值：47.17 自由度：2；p < 0.001			

資料來源：黃紀（2016，2020）。

說明：表中數字為橫列百分比，總和為直行百分比。

民眾投給蔡英文，宋楚瑜則獲得約 10% 支持，在缺乏社會接觸的民眾之中，各候選人支持率皆近似其全體平均。

在四年以後，社會接觸的效果則未有太大變動。過去五年訪問過中國的民眾，有更多人投給韓國瑜，使支持率上升至約 42%，蔡英文得票率則與 2016 年差不多，宋楚瑜僅獲得約 5% 支持。沒有訪問過中國的民眾，則有更多民眾選擇支持蔡英文，韓國瑜在此群體中獲得約 23% 支持，蔡英文取得約 72% 選票，支持宋楚瑜的民眾則不及 5%。2016～2020 年之間，蔡英文與韓國瑜的支持變化與對比可見，有無訪問中國的經驗，或許決定民眾投票選擇的轉移。然而，其背後的成因卻較難以斷定，訪問中國是否會改變民眾對兩岸政策的態度，又是否影響其投票選擇，在此一表格之中尚難以斷定。

從前述的分析可見，兩岸關係在台灣政治中是不可忽視的分析要素，且影響民眾的總統投票選擇。表 7-7 中，我們觀察民眾對兩岸關係的展望，是否與其總統投票選擇有所關連。首先，2016～2020 年這段期間，認為未來兩岸關係將愈加緊張的民眾上升 20 個百分點，換言之，持此一意見的民眾已過半數，可見兩岸關係惡化相當明顯。相對地，認為兩岸關係將趨於緩和或不變的民眾則雙雙下滑，其中持較樂觀態度的民眾

表 7-7　對兩岸關係展望與總統投票對象交叉列表（2016 vs. 2020）

	2016 年				2020 年			
	朱立倫	蔡英文	宋楚瑜	總和	韓國瑜	蔡英文	宋楚瑜	總和
全體平均	27.3%	62.5%	10.3%	100%	27.8%	67.2%	5.0%	100%
選後兩岸關係								
緩和	21.0%	71.0%	8.0%	24.3%	16.1%	80.0%	3.9%	12.2%
沒變	17.4%	74.2%	8.4%	34.5%	21.0%	73.2%	5.8%	26.9%
緊張	39.8%	46.0%	14.1%	41.2%	36.5%	58.3%	5.2%	60.9%
卡方檢定資訊	樣本數：1,134 卡方值：85.73 自由度：4；p < 0.001				樣本數：1,270 卡方值：38.95 自由度：4；p < 0.001			

資料來源：黃紀（2016，2020）。

說明：表中數字爲橫列百分比，總和爲直行百分比。

更減少約二分之一。相較於 2016 年大選，認爲兩岸關係將趨於緩和的民眾，仍多數支持蔡英文，但在 2020 年大選中，持此一意見的民眾從原先 71% 上升至 80%，顯現該群民眾對現任政府的信心。其次，認爲未來兩岸關係將不會出現變化的民眾，多數支持蔡英文，約四分之三民眾做出此一選擇，相較於 2016 年，僅有韓國瑜多獲得約 4% 支持。最後，認爲兩岸關係將愈加緊張的民眾，在兩次大選中皆有約四成民眾投給國民黨籍候選人，但在 2020 年大選中，該群民眾投給蔡英文的人數，由 46% 上升至約 58%，宋楚瑜支持率則由約 14% 下降至約 5%。此一現象與過去經驗較不一致，過去兩岸關係緊張時，選民較傾向選擇國民黨候選人，但 2020 年大選中，選民卻反其道而行，這或許彰顯民眾對民進黨政府兩岸政策的信任。

綜前所述，兩岸關係對選民投票選擇具有相當影響，儘管各個層面的效應不一，然其有一致且明顯的規律。無論從理性選擇或感性認同，乃至於社會接觸，皆符合本文預期。我們認爲，2020 年大選或許可視爲民眾對執政黨兩岸政策的信任投票，由前述分析可以看到，執政黨當前的兩岸政策獲取多數民眾支持，僅有理性選擇層面顯著地展現民眾如何轉移其支

持，但不可忽略的是，民眾的支持仍受到既有政治傾向，如族群認同與統獨立場的影響，社會接觸經驗也影響民眾的投票選擇。兩岸關係確實對總統選舉產生效應，即使維持現狀仍是當前統獨偏好的多數，但我們也應該注意，在其他層面上，台灣選民已持有愈來愈清晰的認同與偏好。

陸、結論

自從 1996 年台灣總統直選以來，兩岸關係經常是朝野政黨選舉競爭的關鍵議題，而選民對於兩岸關係的看法，對其投票抉擇有著不可忽視的影響。過去數十年間，兩岸關係歷經軍事對抗、外交競爭與開放交流，乃至於今日的冷和，隨著台灣民主化，民意在兩岸關係中所扮演的角色也愈趨重要。選民對兩岸關係看法的變換，不僅影響台灣的總統選舉，更經常左右兩岸政府的政策走向，2014 年三一八學運以及其後的政黨輪替，皆足以凸顯民意在兩岸關係中的重要性。本文的核心關切即是兩岸關係如何影響 2016 年和 2020 年總統選舉。

為了探討兩岸關係如何影響選民的投票選擇，本文討論三個分析途徑：「理性選擇」、「感性認同」與「社會接觸」。首先，理性選擇對於民眾的投票選擇具有短期影響，選民往往追求效益極大化，政治人物亦然，政策對經貿交流與個人經濟情況的效應，經常反映於選票的走向。其次，感性認同則揭櫫民眾的長期偏好，認同議題的影響長期且穩定，經由政治社會化與政治菁英的暗示，感性認同能夠凸顯大眾的投票規律。再者，社會接觸則考量民眾的接觸經驗，與外團體的接觸經驗時常改善或惡化民眾對該團體的印象，偏見的形成進而影響民眾的對外態度，調節理性選擇或感性認同的影響力。然而，無論採納何種分析途徑，我們認為，總統候選人在兩岸議題的施政表現與競選政見，皆對於民眾的投票選擇有顯著效應。

根據以上分析途徑，我們透過交叉分析，檢驗兩岸關係在台灣選舉政治所發揮的可能影響。首先，經貿交流利害評估經常左右選民的投票行

為，認知到正面效益的民眾會選擇支持執政黨候選人，而感受到負面影響的民眾傾向轉而支持在野黨。統獨立場更在總統大選中產生作用，過去四年以來，傾向統一的民眾大幅減少，當我們進而採用條件式問句探測民眾的統獨立場時，發現民眾的統獨偏好在不同情境下大相逕庭。其次，民眾的族群認同提供一個清楚的連結，台灣人認同的選民已超過六成，具有該認同的民眾也多數支持民進黨，相較之下，人數較少的中國人認同選民，則表達對國民黨的堅定支持。分析結果指出，九二共識似乎失去大部分民眾的支持，多數民眾選擇支持淡化九二共識的民進黨。再者，社會接觸對於民眾的投票選擇有所影響，民眾前往中國經驗的有無，使得民眾在2020 年大選中，做出更清楚的選擇。另外，民眾對兩岸關係的展望也影響民眾的投票選擇，數據顯示，在過去四年，不少民眾意識到兩岸關係的惡化，但多數民眾仍將選票投給蔡英文。

　　本文呈現蔡英文第一任期內，台灣選民所經歷兩岸關係的轉變。在2016～2020 年期間，儘管兩岸官方交流幾近停擺，但兩岸經貿交流並未受到太多挫折，訪問中國的台灣旅客也未出現巨幅的萎縮。反之，台灣經濟持續成長，外資進入與股市成長皆使台灣總體經濟保持穩定成長。儘管中國對於台灣的文攻武嚇不曾停歇，2019 年迄今中國軍機與軍艦繞台次數遽增，突破海峽中線與入侵防空識別區，乃至於挖角我國邦交國等作為，皆損傷兩岸和平。對於台灣民眾而言，中國的對港政策轉變更使得他們對於中國產生疑慮。如今兩岸「維持現狀」的可能性似有所動搖，海峽兩岸與宏觀的美中競逐戰略格局，勢必將對兩岸關係產生影響，未來執政的民進黨能否回應民意，並處理外在壓力，值得繼續觀察。

附錄 7-1　問卷題目與重新編碼

一、投票對象

J1a（2016）、請問您投票給哪一組候選人？（忘了、未領票、投廢票、不知道、拒答、跳題設定為遺漏值）

    (1) 朱立倫、王如玄；(2) 蔡英文、陳建仁；(3) 宋楚瑜、徐欣瑩。

J1a（2020）、請問您投票給哪一組候選人？（忘了、未領票、投廢票、不知道、拒答、跳題設定為遺漏值）

    (1) 韓國瑜、張善政；(2) 蔡英文、賴清德；(3) 宋楚瑜、余湘。

二、經貿交流對台灣經濟影響

N3（2016）、自 2008 年之後，兩岸經貿交流變得更為密切。請問您認為台灣整體的經濟狀況，有沒有因此變好、變壞，還是沒有改變？（很難說、無意見、不知道、拒答）

    (1) 變好；(2) 一樣（沒有改變）；(3) 變壞。

N3（2020）、自 2016 年以來，兩岸交流變得比較緊繃。請問您認為台灣整體的經濟狀況，有沒有因此變好、變壞，還是沒有改變？（很難說、無意見、不知道、拒答）

    (1) 變好；(2) 一樣（沒有改變）；(3) 變壞。

三、經貿交流對個人經濟影響

N3a/N3a（2016 年 / 2020 年）、您認為您個人的經濟狀況，有沒有因此變好、變壞，還是沒有改變？（很難說、無意見、不知道、拒答）

    (1) 變好；(2) 一樣（沒有改變）；(3) 變壞。

四、統獨立場

P5/P5（2016 年 / 2020 年）、關於台灣和大陸的關係，這張卡片上有幾種不同的看法：1. 儘快統一；2. 儘快獨立；3. 維持現狀，以後走向統一；4. 維持現狀，以後走向獨立；5. 維持現狀，看情形再決定獨立

或統一；6. 永遠維持現狀。請問您比較偏向哪一種？（看情形、無意
見、不知道、拒答設定爲遺漏值）
(1) 傾向獨立（「儘快獨立」、「維持現狀以後走向獨立」）；(2)
維持現狀（「維持現狀，看情形再決定獨立或統一」、「永遠維持
現狀」）；(3) 傾向統一（「儘快統一」、「維持現狀以後走向統
一」）。

五、獨立偏好

P6/P5（2016 年 / 2020 年）、有人主張「如果台灣宣布獨立後，仍然可
　　以和中國大陸維持和平的關係，則台灣應該成爲一個新國家」。請
　　問，您同不同意這種主張？

P6a/P5a（2016 年 / 2020 年）、有人主張「就算台灣宣布獨立後，會引起
　　中國大陸攻打台灣，台灣還是應該成爲一個新國家」。請問，您同不
　　同意這種主張？（看情形、無意見、不知道、拒答設定爲遺漏值）
　　(1) 鐵桿台獨（P6a/P5a 回答同意或非常同意）；(2) 條件台獨（只在
　　P6/P5 回答同意或非常同意）；(3)其他意見（不同意、非常不同意）。

六、統一偏好

P7/P6（2016 年 / 2020 年）、有人主張「如果中國大陸和台灣在經濟、社
　　會、政治各方面的條件相當，則兩岸應該統一」。請問，您同不同意
　　這種主張？

P7a/P6a（2016 年 / 2020 年）、有人主張「就算中國大陸和台灣在經濟、
　　社會、政治各方面的條件差別相當大，兩岸還是應該統一」。請
　　問，您同不同意這種主張？（看情形、無意見、不知道、拒答設定爲
　　遺漏值）
　　(1) 鐵桿統一（P7a/P6a 回答同意或非常同意）；(2) 條件統一（只在
　　P7/P6 回答同意或非常同意）；(3)其他意見（不同意、非常不同意）。

七、族群認同

P1/P1（2016 年／2020 年）、在我們社會上，有人說自己是「台灣人」，
　　也有人說自己是「中國人」，也有人說都是。請問您認為自己是「台
　　灣人」、「中國人」，或者都是？（不知道、拒答設定為遺漏值）

　　(1) 台灣人；(2) 都是；(3) 中國人。

八、九二共識為兩岸交流基礎

P4/P3（2016 年／2020 年）、在兩岸協商的議題上，有些人主張我們應該
　　繼續用九二共識（一個中國、各自表述）與中國大陸協商，也有些人
　　主張我們不應該再用九二共識，請問您比較支持哪一種？（看情形、
　　無意見、不知道、拒答）

　　(1) 續用九二共識（繼續用九二共識）；(2) 不用九二共識（不應該再
　　用九二共識）；(3) 沒有九二共識；(4) 其他立場。

九、社會接觸

S13/S12（2016 年／2020 年）、請問最近五年來，您去過中國大陸幾次，
　　不含港、澳地區？（拒答設定為遺漏值）

　　(0) 沒有（次數為 0）；(1) 有（次數為大於 0）。

十、兩岸關係展望

P2/P2（2016 年／2020 年）、您認為未來兩岸關係會變更緩和、更緊張，
　　還是沒有改變？（看情形、無意見、不知道、拒答設定為遺漏值）

　　(1)緩和（非常緩和、有點緩和）；(2)沒變（沒有改變）；(3)緊張（非
　　常緊張、有點緊張）。

附錄 7-2

主要變數的次數分布

	2016 年		2020 年	
	樣本數	百分比（%）	樣本數	百分比（%）
經貿交流對台灣經濟影響				
變好	305	25.7%	133	10.4%
一樣	513	43.4%	591	45.0%
變差	354	30.9%	560	44.6%
經貿交流對個人經濟影響				
變好	77	6.1%	80	6.0%
一樣	934	76.3%	987	75.6%
變差	213	17.6%	233	18.4%
統獨立場				
傾向獨立	400	33.2%	562	43.2%
維持現狀	650	53.9%	618	47.5%
傾向統一	156	12.9%	121	9.3%
獨立偏好				
鐵桿台獨	475	40.3%	623	48.6%
條件台獨	349	29.6%	360	28.1%
其他立場	354	30.1%	298	23.3%
統一偏好				
鐵桿統一	118	10.3%	142	11.3%
條件統一	274	23.9%	230	18.3%
其他立場	755	65.8%	888	70.5%
族群認同				
台灣人	817	66.8%	889	67.3%
都是	356	29.1%	379	28.7%
中國人	50	4.1%	52	3.9%

主要變數的次數分布（續）

	2016 年		2020 年	
	樣本數	百分比（%）	樣本數	百分比（%）
九二共識爲兩岸交流基礎				
續用九二共識	415	34.5%	311	24.0%
不用九二共識	388	32.3%	463	35.8%
沒有九二共識	112	9.3%	348	26.9%
其他立場	288	23.9%	172	13.3%
社會接觸				
有	318	25.5%	328	24.8%
沒有	929	74.5%	996	75.2%
選後兩岸關係				
緩和	276	24.3%	155	12.2%
沒變	391	34.5%	342	26.9%
緊張	467	41.2%	773	60.9%

資料來源：黃紀（2016，2020）。
說明：編碼方式請參閱附錄 7-1。

參考書目

中共中央台灣工作辦公室、國務院台灣事務辦公室，2016，〈中共中央台辦、國務院台辦負責人就當前兩岸關係發表談話〉，5 月 20 日，http://www.gwytb.gov.cn/wyly/201605/t20160520_11463128.htm，檢索日期：2021 年 2 月 7 日。

王嘉州，2015，〈交流生共識？赴陸台生統獨立場之變遷〉，《東亞研究》，46（1）：1-33。

吳乃德，1993，〈省籍意識、政治支持和國家認同：台灣族群政治理論的初探〉，張茂桂等著，《族群關係和國家認同》，台北：業強。

吳乃德，1996，〈自由主義和族群認同：搜尋台灣民族主義的意識形態基礎〉，《台灣政治學刊》，1：5-39。

吳乃德，2005，〈麵包與愛情：初探台灣民眾民族認同的變動〉，《台灣政治學刊》，9（2）：5-39。

吳親恩、林奕孜，2013，〈兩岸經貿開放、認同與投票選擇：2008 年與2012 年總統選舉的分析〉，《選舉研究》，20（2）：1-35。

林瓊珠，2012，〈穩定與變動：台灣民眾的「台灣人／中國人」認同與統獨立場之分析〉，《選舉研究》，19（1）：97-127。

林繼文，2015，〈論述如何框限選擇？條件式統獨偏好對 2012 年台灣總統選舉的影響〉，《政治科學論叢》，63：55-90。

俞振華、林啓耀，2013，〈解析台灣民眾統獨偏好：一個兩難又不確定的選擇〉，《台灣政治學刊》，17（2）：165-230。

耿曙、陳陸輝，2003，〈兩岸經貿互動與台灣政治版圖：南北區塊差異推手？〉，《問題與研究》，42（6）：1-27。

耿曙、曾于蓁，2010，〈中共邀訪台灣青年政策的政治影響〉，《問題與研究》，49（3）：29-70。

耿曙、劉嘉薇、陳陸輝，2009，〈打破維持現狀的迷思：台灣民眾統獨抉擇中理念與務實的兩難〉，《台灣政治學刊》，13（2）：3-56。

盛杏湲，2002，〈統獨議題與台灣選民的投票行爲：一九九〇年代的分析〉，《選舉研究》，9（1）：41-80。

陳映男、耿曙、陳陸輝，2016，〈依違於大我、小我之間：解讀台灣民眾對兩岸經貿交流的心理糾結〉，《台灣政治學刊》，20（1）：1-59。

陳陸輝、周應龍，2004，〈台灣民眾統獨立場的持續與變遷〉，《東亞研究》，35（2）：143-186。

陳陸輝、耿曙、王德育，2009，〈兩岸關係與 2008 年台灣總統大選：認同、利益、威脅與選民投票取向〉，《選舉研究》，16（2）：1-22。

陳陸輝、陳映男，2016，〈政治情緒對兩岸經貿交流的影響：以台灣的大學生爲例〉，《選舉研究》，23（2）：55-86。

陳陸輝、陳映男、王信賢，2012，〈經濟利益與符號態度：解析台灣認同

的動力〉，《東吳政治學報》，30（3）：1-51。

黃紀，2016，《2012 年至 2016 年「選舉與民主化調查」四年期研究規劃（4/4）：2016 年總統與立法委員選舉面訪案》，科技部補助專題研究計畫（成果報告），計畫編號：MOST101-2420-H-004-034-MY4，台北：科技部。

黃紀，2020，《2016 年至 2020 年「選舉與民主化調查」四年期研究規劃（4/4）：2020 年總統與立法委員選舉面訪案》，科技部補助專題研究計畫（成果報告），計畫編號：MOST 105-2420-H-004-015-SS4，台北：科技部。

蒙志成，2016，〈越融合或越疏離？解析當前兩岸交流下台灣民眾身分認同的內涵與影響〉，《台灣政治學刊》，20（2）：187-262。

蔡佳泓、陳陸輝，2015，〈「中國因素」或是「公民不服從」？從定群追蹤樣本探討太陽花學運之民意〉，《人文及社會科學集刊》，27（4）：573-603。

鄭夙芬，2009，〈族群、認同與總統選舉投票抉擇〉，《選舉研究》，16（2）：23-49。

羅德明，2009，李佳蓉、吳昀展、蘇軍瑋譯，〈解析兩岸關係的糾結〉，包宗和、吳玉山主編，《重新檢視爭辯中的兩岸關係理論》，台北：五南。

Aldrich, John H., Christopher Gelpi, Peter Feaver, Jason Reifler, and Kristin Thompson Sharp. 2006. "Foreign Policy and the Electoral Connection." *Annual Review of Political Science* 9(1): 477-502.

Allport, Gordon W. [1954] 1988. *The Nature of Prejudice.* Reading, MA: Addison-Wesley.

Blumer, Herbert. 1958. "Race Prejudice as a Sense of Group Position." *Pacific Sociological Review* 1(1): 3-7.

Bobo, Lawrence, and Vincent L. Hutchings. 1996. "Perceptions of Racial Group Competition: Extending Blumer's Theory of Group Position to a Multiracial Social Context." *American Sociological Review* 61(6): 951-972.

Chang, G Andy, and T. Y. Wang. 2005. "Taiwanese or Chinese? Independence or Unification? An Analysis of Generational Differences in Taiwan." *Journal of Asian and African Studies* 40(1-2): 29-49.

Chu, Yun-han. 2004. "Taiwan's National Identity Politics and the Prospect of Cross-Strait Relations." *Asian Survey* 44(4): 484-512.

Downs, Anthony. 1957. *An Economic Theory of Democracy*, 2nd edition. New York: HarperCollins.

Edelman, Murray Jacob. 1985. *The Symbolic Uses of Politics*. Champaign, IL: University of Illinois Press.

Fearon, James D. 1999. "Electoral Accountability and the Control of Politicians: Selecting Good Types versus Sanctioning Poor Performance." In *Democracy, Accountability, and Representation*, eds. Adam Przeworski, Susan C. Stokes, and Bernard Manin. New York: Oxford University Press, pp. 55-97.

Hsieh, John Fuh-sheng, Dean Lacy, and Emerson Niou. 1998. "Retrospective and Prospective Voting in a One-Party-Dominant Democracy: Taiwan's 1996 Presidential Election." *Public Choice* 97(3): 383-99.

Huang, Chi. 2019. "Generation Effects? Evolution of Independence–Unification Views in Taiwan, 1996-2016." *Electoral Studies* 58: 103-112.

Kinder, Donald R., and D. Roderick Kiewiet. 1981. "Sociotropic Politics: The American Case." *British Journal of Political Science* 11(2): 129-161.

Kramer, Gerald H. 1983. "The Ecological Fallacy Revisited: Aggregate-versus Individual-Level Findings on Economics and Elections, and Sociotropic Voting." *American Political Science Review* 77(1): 92-111.

Lacy, Dean. 2001. "A Theory of Nonseparable Preferences in Survey Responses." *American Journal of Political Science* 45(2): 239-258.

Lenz, Gabriel S. 2012. *Follow the Leader? How Voters Respond to Politicians' Policies and Performance*. Chicago: University of Chicago Press.

Niou, Emerson. 2004. "Understanding Taiwan Independence and Its Policy Implications." *Asian Survey* 44(4): 555-567.

Niou, Emerson. 2005. "A New Measure of Preferences on the Independence-Unification Issue in Taiwan." *Journal of Asian and African Studies* 40(1-2): 91-104.

Pettigrew, Thomas F. 1998. "Intergroup Contact Theory." *Annual Review of Psychology* 49(1): 65-85.

Quillian, Lincoln. 1995. "Prejudice as a Response to Perceived Group Threat: Population Composition and Anti-Immigrant and Racial Prejudice in Europe." *American Sociological Review* 60(4): 586-611.

Sears, David O. 1993. "Symbolic Politics: A Socio-Psychological Theory." In *Explorations in Political Psychology*, eds. Shanto Iyengar, and William J. McGuire. Durham, NC: Duke University Press, pp. 113-149.

Tajfel, Henri. 1982. "Social Psychology of Intergroup Relations." *Annual Review of Psychology* 33(1): 1-39.

Tomz, Michael. 2007. "Domestic Audience Costs in International Relations: An Experimental Approach." *International Organization* 61(4): 821-840.

Wang, Te-Yu, and I-Chou Liu. 2004. "Contending Identities in Taiwan: Implications for Cross-Strait Relations." *Asian Survey* 44(4): 568-590.

Wang, Yuan-kang. 2013. "Taiwan Public Opinion on Cross-Strait Security Issues: Implications for US Foreign Policy." *Strategic Studies Quarterly* 7(2): 93-113.

Weng, Lu Chung Dennis. 2017. "Can Economic Profit Influence Public Opinion? Observing Generational Change on Cross-Strait Relations in Taiwan." *Asian Journal of Comparative Politics* 2(4): 362-384.

Wu, Chung-li. 2017. "Do Contacts Matter? Public Impressions of a Rising China in Taiwan." *Journal of Electoral Studies* 24(1): 1-31.

Wu, Yu Shan. 2005. "Taiwan's Domestic Politics and Cross-Strait Relations." *The China Journal* 53: 35-60.

Zaller, John R. 1992. *The Nature and Origins of Mass Opinion*. Cambridge: Cambridge University Press.

Chapter 8

台美關係與2020年總統選舉：初探大選中的美國因素

翁履中

壹、前言

　　2020 年台灣總統大選，蔡英文總統以 817 萬破紀錄的高票連任成功，不論是媒體的評論[1]，還是學界的分析[2]，都認為 2020 年大選的勝負關鍵，在於整體的政治環境和氣氛，受到了香港反送中事件以及中國大陸文攻武嚇的影響，導致選民在眾多關鍵議題當中，將捍衛台灣主權視為最重要的議題，也因此不論在候選人的形象、政黨立場，還是議題論述上，能夠緊扣守護台灣主體性的政黨和候選人，就能得到較多的支持。從過去學界的研究當中顯示，在選舉中候選人能夠塑造出良好形象，並且能夠說服選民自己的陣營具有處理關鍵議題的能力，往往可以贏得大選（黃秀端 2005；Ho et al. 2013）。然而，每一次選舉的時空環境都不盡相同，選戰當中所謂的關鍵議題，也多是根據當下國內及國際上發生的重大事件所交織而成，政黨和候選人因此被動地回應外在政治氛圍，並根據局勢發展來進行選戰策略的調整。以 2020 年的台灣總統大選為例，國家主權問題之所以會躍升成為全台關注甚至是選舉中唯一的的議題，關鍵的轉折就在 2019 年 1 月，中國國家主席習近平發表《告台灣同胞書》[3]，以及同年 6 月份爆發的香港反送中事件。在此之前，蔡英文總統執政前兩年的民調支持率，在 2018 年的地方選舉前後，一度跌破兩成以下。受到年金改革、勞基法修正條例，以及司法改革成效不夠理想等因素影響，內政上的挫折，讓民進黨政府一度失去了多數人民的支持，甚至連執政黨內都出現了反對的聲音，讓現任總統罕見地必須面對黨內初選的挑戰。可是，2019 年年初的變化，讓外在政治情勢丕變，選民關注的焦點，瞬間從內政轉移到外

1　中央廣播電台，2020，〈展望新局／反送中亡國感狂吸青年票　助蔡英文空前高票連任〉，1 月 15 日，https://www.rti.org.tw/news/view/id/2048031，檢索日期：2021 年 1 月 20 日。

2　林宗弘、陳志柔，2020，〈蔡英文的 817 萬票，亡國感、年輕人、菁英藍幫了多少〉，端傳媒，1 月 15 日，https://theinitium.com/article/20200115-opinion-hk-china-age-taiwanelection/，檢索日期：2021 年 1 月 20 日。

3　2019 年 1 月 2 日，中國共產黨中央委員會總書記習近平發表《告台灣同胞書》，取代過去的對台灣政治方針，強調要為了實現民族大復興，推進中國和平統一共同奮鬥。因為內容提及一國兩制、台灣方案，被外界解讀為習近平已經不再接受各表的九二共識，準備進一步限縮台灣的空間。

交和國安相關議題之上。不同於民眾可以廣泛獲得資訊的內政議題，在外交和國防議題上的訊息管道，多半受政府和政治人物所主導，也給了政黨和媒體有了更大的操作空間，可以來主導議題，並且塑造出不同的形象。

　　根據過去的研究顯示，對當前經濟情況的感受以及對於候選人在兩岸關係掌控能力的評價（陳陸輝、耿曙、王德育 2009；Ho et al. 2014），幾乎沒有例外的，是台灣選舉中，讓選民做出決定的關鍵，而兩岸議題及其背後代表的統獨立場和國家認同問題，更是台灣政治人物無法逃避的立場選擇（Niou 2004；盛杏湲 2002；劉嘉薇、耿曙、陳陸輝 2009；俞振華、林啟耀 2013；蔡宗漢、林長志 2015）。雖然兩岸議題總是被二分法地區隔為藍綠之爭，但是這個問題會成為選舉焦點，主要是因為台灣人民不分黨派對執政者的一致要求，都是希望能維持兩岸和平現狀。進一步解釋維持現狀的內涵，則大致可以解讀為台灣人民希望政府能捍衛國家的主權獨立，確保台灣現有的民主自由生活方式不被強制改變（耿曙、劉嘉薇、陳陸輝 2009）。過去數十年間，面對中國的威脅，台灣除了靠國軍的防衛能力之外，其實，人民心中很清楚，美國政府對台灣的支持程度，才是台灣有沒有信心可以抵擋中國的重要考量。不過，對於台美關係的客觀事實，以及選民心中的主觀評價如何對選舉產生影響，卻很少被學界重視。現有的選舉研究對美國因素在大選中是否左右投票意向的討論並不多，但是在西方選舉研究文獻中，對於小國的對外關係如何左右國內選情，以及大國怎樣透過對政黨或政治人物表示支持，進而引導選舉結果有不少的著墨。不論是外國政府主動傳達善意來扶持民主政權（B. Bucno de Mesquita and Downs 2006），或者幫助新興民主國家透過選舉可以完成民主鞏固（Lo, Hashimoto, and Reiter 2008; Downes and Monten 2013），實證研究顯示選舉中的外國因素，確實能夠影響選舉結果。

　　再者，從蔡英文總統 2016 年就任以來，明確傳達台灣要從馬英九總統時代的「親美和陸」策略，轉變為「聯美抗中」[4]。對外關係也從過去打

4　張亞中，2020，〈在江啟臣與馬英九之外〉，《中國時報》，1 月 30 日，https://www.chinatimes.com/newspapers/20200630000646-260109?chdtv，檢索日期：2021 年 1 月 20 日。

算經過中國大陸來連接世界，變成了背向中國，要帶領台灣靠美日支持來擁抱世界。雖然聯美抗中的外交政策在蔡總統一上任之後，就被認定是兩岸關係的基調，但是讓台灣民眾感受到台美關係似乎比以前更進步，而美國也會更支持台灣，關鍵是在 2016 年 12 月 3 日，蔡英文總統與美國總統當選人川普的那通破冰電話 [5]。雙方的電話交談內容雖然沒有辦法立刻改變美中台關係，但是，美國與中華民國斷交後，這一通史無前例的雙方元首通話，的確給台灣民眾留下了川普政府將與蔡英文總統帶領的台灣，增加互動的印象。在雙方電話交流之後的兩年，即便台美關係的友好，蔡英文總統的滿意度卻沒有直接得到加分，可是，台美關係升溫卻是台灣社會普遍的感受。從 2018 年下半年之後開始，美國川普政府正式向中國掀起貿易大戰，加上進入 2019 年之後，兩岸關係緊張以及香港反送中事件引起的抗中氛圍，來自美國川普政府對台灣的支持力道就不斷增強。而蔡英文總統從那一通與川普的電話之後，就奠定了民眾心中能夠促進台美關係的外交能力，藉由外在情勢的轉變，美國對台灣的友好以及台美官方交流次數的提升，即使外交能力對選民的投票行為是否有顯著影響仍有待評估，但在爭取連任過程中，美國對台灣的支持為執政黨帶來正面的效果，也很可能是蔡英文總統支持度能夠翻轉的關鍵。

　　為何美國因素對選舉的影響力愈來愈值得重視呢？觀察台灣選舉的學者專家大概都不會否認，來自中國的外部因素對台灣選舉有相當顯著的影響，最明顯的例子就是 1996 年台灣第一次總統大選，引發台海的飛彈危機。面對來自中國的軍事威脅，激發了台灣人民的同仇敵愾，用選票支持當時競選連任的李登輝總統。因為選舉造成兩岸的軍事緊張是台灣選舉史上，首次出現讓選民真正有感的外部壓力。此後二十多年間，中國因素雖然一直存在，但始終都僅止於選舉過程中，藍綠言語交鋒的政治議題，而不是有強烈感受的實際威脅。然而，2020 年的總統大選，卻讓台灣民眾再次感受到民主自由生活可能會被迫改變的危機感。看到中國政府對於

5　天下雜誌，2020，〈川蔡電話 10 分鐘，能改變 37 年的美中台關係？〉，12 月 5 日，https://www.cw.com.tw/article/5079740。

香港反送中事件的處置方式，台灣民眾不只認識到中國政府所宣稱的一國兩制隨時可能變卦，連過去在兩岸之間被當成是維持和平基石的「九二共識」，也在對中國政府完全沒有信心的情況下，一併失去了說服力。對台灣的前途出現了危機感，也讓選民更加依賴美國對台灣提供支持。因為中國的影響力巨大，所以過去在討論選舉過程中的外部因素時，幾乎都把焦點放在中國這個單一的外部威脅，忽略了台灣民意對美國的依賴，其實也可能對選舉產生一定的影響。因此，本文透過回顧對於外國勢力影響他國選舉的文獻來產生推論，彙整來自台灣和美國的多項民調資料，從一、美國影響台灣選舉的動機；二、美國支持台灣的強度變化；以及三、選民對台美關係的期待此三個方向，來對美國這個外在因素在台灣選舉中，究竟扮演何種角色，進行初步的探究。在章節安排上，第貳節將針對外國因素對他國選舉的影響進行文獻爬梳，歸納出美國因素如何對台灣選民的政治行為和判斷產生影響，進而為後續的推論提供論述基礎；第參節以美國國內對台灣支持的態度變化為主軸，回顧近年美國國會議員提出對台灣友好的法案數量和連署情況，以及美國民眾對台灣支持意向的民調數據，為台美關係的友好程度提供從美國觀點出發的客觀背景資料，並作為美國是否有動機主動介入台灣選舉的討論依據。第肆節則將針對在台灣所蒐集到的民調資料進行分析與詮釋，接著，本文根據蒐集到的數據資料來檢視從文獻中所衍生的推論，是否符合現實；最後則是針對研究發現提出對未來研究建議與結論。

貳、文獻回顧

一、外國勢力介入選舉：動機與效果

　　儘管台美關係對於台灣跟中國大陸之間的交流，有直接的影響，可是現有的選舉研究文獻中，卻很少把重點放在美國因素如何影響兩岸之間的關係，也少見針對美國因素是否能左右台灣大選進行討論。事實上，如

果從新聞媒體所看到的訊息，跟學術文章中對美國相關議題的討論進行比較，就會發現不論任何政黨執政，台灣應該如何與美國接觸來維持美中台三邊關係的平衡（胡聲平 2008；黎寶文 2019），一直是台灣政治學界研究美國的主要切入點，然而，在個體層次的政治行為上，現有的研究文獻，卻鮮少討論美國因素對台灣選民在政治行為上的影響。雖然國際關係研究的文獻中沒有討論到選民行為，但對外國因素如何影響其他國家的選舉有不少討論，這些研究都對於理解為何美國因素會對台灣選舉產生影響有很大的幫助。

　　理論上來說，有實力的國家，試圖支持他國對自己友好的政黨或政治人物，並且協助他們取得政權，代表著有機會在未來影響該國的政策，尤其是當這個國家掌握特定資源，或是可以提供自己所需的有利條件，都會讓想發揮影響力的強國，有介入的動機。外國勢力介入別國選舉的經驗屢見不鮮，除了動機之外，對他國選舉發揮影響力的難度並不高也是關鍵（Daugherty 2004）。根據自由之家的報告顯示（Freedom House 2012），全球超過半數以上的民主國家，選舉都不是一面倒地由單一政治勢力掌握，而是有至少兩個陣營以上進行激烈的選舉競爭。這些勝負差距不大的選舉，代表著外力介入確實可以發揮效果，讓決定選邊站的外國政府或是外部勢力，有不小的機會可以得到未來對該國政府決策的影響力（Dobbs 2011）。根據歷史資料的記載，學者統計從二戰結束後的 1946年，到冷戰結束掀起第三波民主化的 2000 年年初，五十多年之間，美國和蘇聯（含俄羅斯）總計介入他國選舉 117 次，這個數字約略等於在全球競爭激烈的國家級選舉當中，高達九分之一的比例，都有被外國勢力左右大選的痕跡，而這還不包括沒有被記錄在案的影響力。進一步分析這一百多次的介入紀錄，就會發現美俄兩大強權介入選舉的方式，主要是透過經費的援助、外交威脅，或是支持特定政策論述，來幫助個別政黨或候選人取得優勢。除了這些檯面上的手段之外，外國勢力在檯面下也不乏用其它隱晦甚至非法的途徑來達到介入的目的（Levin 2016）。

　　過去在西方國家的文獻中，觸及外國勢力介入選舉的研究，主要是從國際關係中現實主義的論述出發，研究的問題意識多半圍繞在國家如何追

求利益的最大化，所以才衍生出對介入他國選舉是否有效果的討論，而這些從歷史脈絡或是制度層面的分析，核心的論述目標都是想證明，國家的利益是可以透過伸手影響外國盟友的內政來加以強化。在過去眾多的討論中，這個議題在兩個學術領域被討論的次數最多。一是在外交歷史學界，學者們透過歷史資料來分析大國對介入小國選舉的背景因素，進而討論雙邊或多邊關係變化與過去各國政府決定介入他國選舉的決策之間是否具有因果關係（DeConde 1958, ch. 13-14; Miller 1983, 52-53; Gustafson 2007, 49, 73-74）。另一個領域則是針對國家安全及情報研究的討論，學者們聚焦在如何運用介入他國選舉來有效地取得有利資訊和國家利益，並且試圖找出最適合介入他國選舉的時機以及手段（Daugherty 2004, 4-7; Prados 2006, 627; Haslam 2005, 13-15）。兩種研究方向的共通點，在於他們都是採取質性的研究方法，用歷史脈絡或者史料分析來回答外國因素在選舉中出現的動機和效果。然而，國際關係學者基於現實主義的理論來回答外部力量對選舉的影響，雖然有一定的解釋力，但畢竟是從國家層級來分析，介入的一方對他國選民的投票決定會不會眞的有直接影響力，只能從結果來看大國支持的對象是否勝出，但卻無法理解選民究竟是被外國因素所影響，還是另有原因。簡單來說，外國因素對選舉的影響在過去文獻中，很長一段時間的核心問題意識，都是從國際關係的宏觀視角出發，對個人政治行爲的理解相當有限。

二、外國勢力介入選舉：歡迎還是反對？

　　爲了彌補現有文獻對外國如何影響個人選舉行爲的了解不足，近年來開始有部分學者試著從個體層次來討論外國因素對選舉的影響力。透過民意調查或是利用實驗設計方法，嘗試回答這個長期以來缺少實證支持的問題。舉例來說，2012 年，哥倫比亞大學的 Corstange 和當時在耶魯大學任教的 Marinov 針對這個問題，進行了首次的實證性民意調查，他們在 2009 年黎巴嫩所舉行的國會大選之後，對該國進行全國性的民調實驗（Corstange and Marinov 2012）。研究結果發現當選民認爲外國勢力介入

選舉，對自己喜歡的政黨有所幫助的時候，支持者是歡迎外國勢力介入的，但相反地，如果外國勢力幫助的是自己反對的一方，則選民的態度就變成是極度的抗拒。由此可知，選民看待外國影響力的方式，有可能考慮的是來自外部的力量有沒有站在跟自己同一邊，如果對自己的支持對象有幫助，外國勢力該不該介入選舉這種道德問題就變得沒那麼重要。雖然位於中東地區的黎巴嫩在國情和對外關係上跟台灣有許多不同，但是仔細比較兩者之間的處境，就會發現外國勢力對黎巴嫩選舉的影響，有不少值得台灣思考之處。特別是黎巴嫩的對外關係跟台灣一樣，面臨著要選擇依賴美國的支持，還是要跟宗教和文化上接近的鄰國伊朗為友。黎巴嫩國內對於兩大外國勢力的看法，與內部的政黨分際高度相關，對兩方陣營的支持，也等於是在兩股外國介入的勢力之間選邊站。只不過並不是所有國家都對外國勢力有分歧的看法。所以，在黎巴嫩觀察到選民會從政黨角度來看待外國勢力的研究發現，並非是放諸四海皆準的結論。

兩位南伊利諾大學（Southern Illinois University）的政治學者 Shulman 與 Bloom，針對烏克蘭 2004 年的總統大選，進行選後全國民調，他們的實證研究發現，烏克蘭民眾對於外國勢力介入，普遍表達反對的立場，選民認為不論是誰，都不應該干擾烏克蘭人民自由選擇的意志（Shulman and Bloom 2012）。另外，他們的研究也發現，在烏克蘭境內反對美國或西方民主國家介入的比例，高於反對俄羅斯介入的比例。換句話說，對於前蘇聯成員的烏克蘭人民而言，被美國和西方民主勢力介入，比讓文化相近的俄羅斯介入更令人無法接受。上述這兩個例子，都是個別國家的案例，兩種情況事實上都有可能發生在世界上的其他國家，但也同時反映了，面對外國勢力介入選舉，各國選民的看法其實會受到其他因素的影響，尤其是在時空環境都不同的情況之下，外國勢力介入本國選舉會給選民帶來什麼樣的感受，必須要針對個案來討論，才可能看出蹊蹺。從以上的文獻分析來看，要了解外國勢力介入他國選舉，除了從宏觀的動機和效果來討論，也應該從微觀的角度，來了解選民如何受到外國因素影響。

以 2020 年台灣的總統選舉來說，如果從傳統的國際關係論述來討論美國介入台灣選舉為何符合美國利益，就會認為位在第一島鏈的台灣，符

合了美國在地緣戰略上需要箝制中國崛起的關鍵位置。因此，若能夠影響台灣的大選，確保台灣未來會持續與美國合作，也等於增加了在亞洲地區可掌握的資源和阻擋崛起中國的力量。再從動機的角度分析，不只在傳統的戰略安全上台灣可以提供美國協助，能夠有台灣的科技實力助陣，對美中之間的貿易及科技交鋒也有幫助。而對外國介入選舉的效果而言，台灣內部兩黨的激烈競爭，尤其針對兩岸的問題藍綠難有交集，這給美國有了選邊站就很可能扮演決定選舉結果推手的關鍵力量。如果以個人層次的選舉行為來思考，就必須了解個人是如何看待外國勢力。如同過去文獻以個案來討論外力介入選舉的影響，本文認為 2020 年台灣總統大選非常適合作為個案分析，因為本次選舉的外力威脅很明顯地影響了台灣選民看待美中台關係的態度。接下來本文將對美國因素在台灣大選中的角色提出論述和數據資料，進一步針對台美關係與台灣選舉之間的相關性加以討論，試圖說明除了中國議題可能影響台灣大選，美國對台灣選舉的影響其實也不容忽視！

參、美國因素：美國如何看待台灣

　　由於中國大陸始終沒有放棄武力侵犯台灣，使得台灣需要依賴美國來維持兩岸的和平現狀，因此，一直以來台灣與美國必須維持良好關係是不分黨派的共識。在台灣，每一位有意角逐總統寶座的政治人物，總會在選舉之前到美國華府與政治人物會面，而會面之後也一定會強調與美方溝通順暢。政治人物拜會美國的目的，一方面是要了解美國如何看待台灣，另一方面其實也是希望自己可以透過訪問美國，讓選民留下自己可以掌握好與美國之間關係的形象。過去的選舉研究文獻中，證實政治人物如果讓選民認為具有處理關鍵核心議題的能力，就有機會得到更多選民支持（Ho et al. 2014）。不過，在台灣選民心中所謂的核心關鍵議題，往往是指政治人物在維持兩岸和平現狀的能力，而不是處理外交相關的議題。然而，以台灣的情況來說，特殊的美中台三邊關係，讓台灣選民在考慮兩岸問題

的同時，恐怕很難不把美國對台灣的支持一併納入思考。換句話說，選民想到自己要如何因應中國的文攻武嚇，往往也考慮到是不是有其他國家會支持台灣，而選民想的第一個幫手，就是美國。在進一步了解台灣民意如何看待美國之前，本文先透過整理美國國會的立法提案紀錄，以及蒐集美國民眾是否支持出兵協防台灣的全國性長期民調資料，以客觀的資訊作爲基礎，來檢視美國政界和民間究竟是如何看待台灣，並藉此推論美國是否眞的有主動介入台灣選舉的強烈動機。

　　爲了看出完整的台美關係變化趨勢，本文彙整了從 2008～2020 年，總共十三年間美國國會議員提出所有對台灣友好的提案[6]，從提案的時間和連署支持的國會議員人數，可以幫助我們了解美國國會對台灣的支持變化。圖 8-1 中可見，美國國會從 2008 年起，對台灣提出相關友好法案的數量有逐年上升的趨勢，而在 2018 年下半年之後，隨著川普政府宣布對中國展開貿易戰，國會對台灣的支持力道也確實開始增強。這樣的趨勢讓台灣民眾對川普政府的抗中政策有感，也帶動了台美關係升溫。以數字來

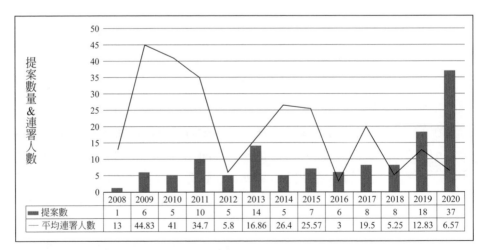

圖 8-1　美國國會友台法案提案數量與連署人數比較（2008-2020）

資料來源：美國國會法案資料庫。

6　友台提案的定義爲提案內容與台灣爲主體，或是有法案內容可以實際讓台灣受惠的。

看，在美中展開貿易戰和香港反送中事件之後，美國國會對台灣提出友好法案的數量，從 2018 年的 8 項友台提案，上升到 2019 年的 18 件，成長幅度超過 100%，到了 2020 年，美國國會提案支持台灣的力道繼續加碼，總計提案數高達 37 項，是 2018 年的 4 倍之多，等於每個月至少有 3 項與台灣相關的議題在國會中得到討論。平均來說，在 2017 年川普上任之前，美國國會議員每年提出約 6 項到 7 項與台灣相關的法案，但是在川普政府執政期間，每年的提案數則超過 17 案以上。姑且不論法案的內容是否眞的具有實際的意義，也不管提案後是否通過以及如何落實，台美關係在國會議員的支持之下出現了快速成長。

　　然而，如果從連署支持各項法案的國會議員人數來比較，以川普上任的時間點爲分界，台灣相關提案得到的支持強度在 2017 年之後，其實是不升反降。在歐巴馬時期，美國國會對台灣提出的友好法案數量雖然不及川普執政的四年，但是每一項友台法案所獲得的連署人數，卻遠遠多於接下來川普任內的各項提案。從圖 8-1 的提案數和連署人數平均值比較趨勢可以看出，2008～2016 年，國會所提出的每一項友台法案，平均可以得到超過 23 位議員背書，但在 2017～2020 年這四年之間，友台法案的數量雖然增加，但是連署提案的國會議員人數卻下降到平均每案只有 11.04 位議員相挺。的確，台灣議題在川普任內得到了更多的討論機會，獲得媒體關注的次數也變多，但是國會議員的支持卻從過去不分黨派的協助，慢慢變成了主要由共和黨政治人物號召力挺的議題。

　　美國民選政治人物對台灣表示支持程度，跟美國整體面對中國的態度高度相關，例如在歐巴馬總統執政初期，美國的中國政策仍然是以尋求與中國合作爲主，但是到了 2011 年，歐巴馬政府開始在中國政策上轉向，由合作的態度轉爲正視中國崛起後的競爭強度，不但成爲史上第一位親自參與東亞峰會的美國總統，甚至透過國務卿希拉蕊在美國著名的《外交政策》雜誌上投書，正式宣告啓動「重返亞洲」（Pivot to Asia）的戰略方針，積極準備迎接來自中國的挑戰（Shambaugh 2013）。歐巴馬政府的「重返亞洲」政策對美中台關係帶來了重大改變，多位國際關係學者都認爲，在此政策推行之前，從柯林頓、小布希，到歐巴馬的執政頭兩年，

美國在希望跟中國積極進行貿易的前提下，基本上在華府政治圈內的決策菁英都認定美國的國家利益，就是要讓中國願意繼續與美國政府和企業合作，所以即使在美方表示會根據《台灣關係法》協助台灣，扮演著兩岸平衡者角色的同時，台灣的利益往往在美國優先的考量下被忽視。不過，台灣也因為美國鼓勵跟中國積極交流，不讓兩岸關係成為美國拓展對中貿易的障礙，導致台灣深化了與中國大陸之間的經濟互賴程度。然而，當歐巴馬總統調整戰略部署，確定採取重返亞洲的政策，並且在亞太地區投入更多資源，一方面確保美國在亞太地區的優勢，另一方面也準備與中國進行對抗，台灣內部就面臨了是否應該跟著美國轉向的辯論（Wang 2015）。根據美國國關學者蘇特（Robert Sutter）的分析，當美國選擇重返亞洲，許多亞太國家也都打算要準備因應中國的強勢作為時，已經與中國在經濟上高度互賴的台灣，對於聯美抗中的想法並不積極，主要是因為當時多數台灣民意，仍然希望在兩岸維持和平的現況下，繼續擴大與中國的交往（Sutter 2019）。另一方面，2012 年才接任的中國國家主席習近平還沒有對外展現強勢的作為，導致台灣在中美兩強之間並沒有採取避險（hedging）手段的急迫性。事實上，美國歐巴馬總統當時對於兩岸積極交流的現象也沒有抱持反對的態度，只有善意提醒台灣要兼顧尊嚴和尊重的原則來進行兩岸交流[7]。很顯然地，歐巴馬任內啟動重返亞洲策略的主要原因，是體認到中國崛起之後即將要挑戰美國，可是對於中國帶來的挑戰強度仍然處於推測觀望期，因此在與包括台灣在內的亞太地區盟友接觸過程中，都只是建議或提示中國的威脅可能將要到來，而不是真正有了對抗中國刻不容緩的態度，但是，歐巴馬重返亞太的宣示，確實讓美國社會開始正視中國的威脅，也間接在美國民眾心中埋下了與中國之間終須正面對決的印象。

美國與其他國家之間如果只是貿易戰，國內民意的關心程度不會太高，但是一旦涉及國家安全，甚至是軍事威脅，導致可能要出兵參與海外

7　Barack Obama, "Remarks by President Obama and President Xi Jinping in Joint Press Conference," November 12, 2014, The White House.

軍事行動，社會的關注程度就會有所不同。根據美國芝加哥商會針對美國民意與外交爭端所做的長期追蹤民調，當美國民眾被問到是否支持美軍涉入海外潛在軍事衝突，中國對台灣的威脅也被納入其中，雖然支持台灣的比例逐年升高，但相對於其他地區，支持美軍出兵支持台灣的比例仍略低於其他地區（見圖 8-2）。以 2019 年在台灣總統大選前所做的調查為例，當時美國民意有六成左右願意支持南韓對抗北韓以及力挺日本對抗中國，認為美國應該出兵支持台灣與中國對抗的比例卻只有四成。從數據來說，美國民意對於保護台灣的態度在川普就任之後，跟著抗中的氣氛升高而出現轉變，但美國對於保護台灣是不是符合美國利益其實沒有共識。根據過去的研究，政黨認同和年齡與美國民眾的政治態度有很大的關聯，因此本文進一步從這兩個角度，來了解台灣在美國社會當中究竟是如何被看待？首先，從圖 8-3 可以看出美國兩大政黨支持者，近年來對於是否應該出兵支持台灣有著不同的態度。相較於民主黨的支持者，共和黨更願意用行動支持台灣。從 2015 年以來，每次調查都有超過四成的共和黨支持者，願

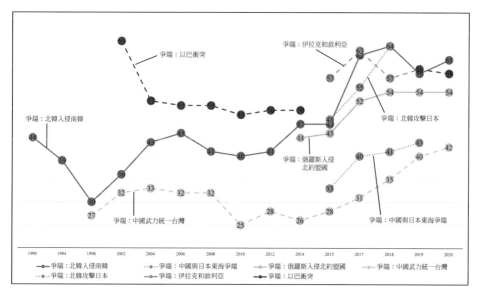

圖 8-2　美國民意對主要海外爭端出兵支持程度變化（1986-2020）

資料來源：芝加哥全美商會年度調查（作者自行彙整）。

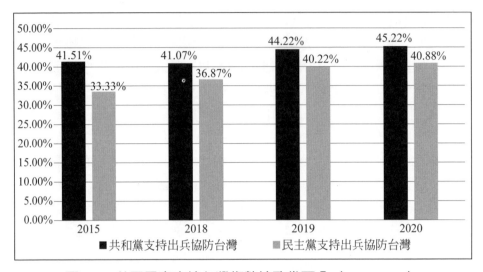

圖 8-3　美國民意支持台灣趨勢按政黨區分（2015-2020）

資料來源：芝加哥全美商會年度調查（作者自行彙整）。

意支持美國出兵幫助台灣抵抗中國，但是民主黨支持者則是在美國抗中氣氛高漲之後，於 2019 年才首次出現了四成以上表態願意支持為了台灣派出軍隊。相對於國會裡對台灣的支持出現黨派之爭，兩黨的支持者之間，對台灣支持的態度雖然有所差距，但整體而言，美國民眾不分黨派，在台灣議題上的支持比例逐漸上升，反映出在美國一般民眾的心中，台灣確實開始被看見，也得到了更多的支持。當然，這樣的數據極有可能與美國在川普任內帶動的抗中氛圍有關。

　　除了政黨可能影響支持台灣的程度，如果再從美國各年齡層對台灣支持態度的變化，也可以協助了解美國社會看待台灣的方式是如何轉變。由圖 8-4 可見，2015 年的調查顯示，18 歲到 29 歲的年輕美國民眾，對於台海爭端只有不到 25% 認為有協防台灣的必要，而 60 歲以上的族群，雖然最支持台灣，但是願意為台灣出兵的比例也只有不到 33%。不過，對台灣的支持在川普上任之後逐年升高。在 2019 年台灣總統大選前，每一個年齡層的美國民眾對支持出兵協助台灣的比例，都增加了至少 10% 以上，可以推斷川普帶領美國的抗中氣氛，與有意協助台灣的比例上升確實

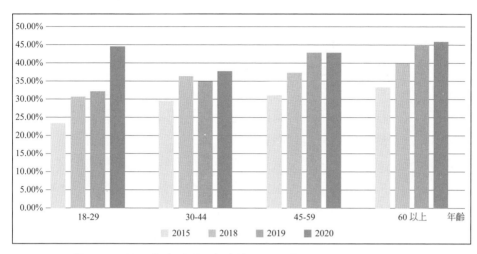

圖 8-4　美國各年齡層支持協防台灣態度（2015-2020）

資料來源：芝加哥全美商會年度調查（作者自行彙整）。

有一定的關聯。如果進一步觀察 2020 年的資料，雖然是台灣總統大選後所做的民調，但是從 18 歲至 29 歲這個年齡來看，對台灣的支持度突然提高到將近 45%，可以看到美國青年支持讓美國一起守護台灣的態度轉變，原因非常可能是因為疫情爆發之後，對中國的反感提高所導致，但也正因為對中國反感會導致對台灣的支持度上升，兩者之間的關係值得進一步分析。一種合理的推斷是過去幾年受到美國對中國政策轉變所影響，美國民眾開始更加關注中國對外擴張相關議題，也逐漸把台灣跟美國在全球的利益放在一起思考，因此讓台灣在美國民眾心中的重要性也隨之水漲船高。從上述幾張圖表，可以看出美國民意對台灣的友好程度升溫，不過，在川普卸任之後，如果美國政府不再主導抗中，觀察未來幾年美國民意對台灣的支持如何變化，或許可以進一步確認美國民意對中國不滿態度是一時氣憤，還是真的已經把台灣視為跟日本與韓國一樣重要的亞洲盟友。

　　從美國國會提案紀錄和民調資料，可以看出美國社會在過去十幾年當中，對台灣的支持態度如何變化。根據本文的推論，美國因素要成為足以影響台灣選民投票行為的關鍵，在於選民如何看待美國對待台灣的態

度，而民眾的觀感主要就是來自於媒體上所看到關於美國對台灣友好的消息。從友台法案數量增加，到美國民意支持台灣的比例逐年上升，這些對台灣正面的資訊，台灣選民透過媒體全看在眼裡。因此，也就可以理解為何在川普執政期間，台灣從政治人物到社會大眾都認為台美關係來到了前所未有的友好程度。也因為台灣選民感受到美國對台灣的支持力道增強，讓民眾認為台灣可以更有自信面對中國威脅，因為即使是最壞的情況，也有美國的支持。另外，根據文獻對外國勢力介入他國選舉的效果來分析，台灣內部兩黨的激烈競爭，也讓外國介入台灣選舉有較大的機會，能夠扮演勝利的推手而獲得影響未來決策的機會。不過，雖然理論上有介入台灣大選的動機和誘因，但台灣畢竟跟過去美國積極介入選舉的新興民主國家不同，內部的兩大政黨雖然在兩岸關係的立場差距很大，但都從不是反美的政黨，僅僅是在對抗中國的強度上有所不同。值得一提的是，美國的中國政策歷來也都是隨著政黨輪替而改變，換句話說，美國政府會不會真的在台灣的選舉中選邊站，除了國家層次的動機和誘因之外，國內民意對中國的感受，以及支持台灣的強度，都是美國是否有必要介入台灣已經高度民主化，而且沒有反美立場的考慮因素。在美國川普政府上任之後，雖然對中國的立場強硬，讓台灣在美國獲得較多的重視，但是美國民意對台灣支持的態度是否真的改變？在政黨對立造成兩極化嚴重的美國，不同政黨的民眾對台灣的支持程度有顯著的差別，過去比較支持台灣的共和黨支持者，和一直都認為美國內政比外交重要的民主黨支持者，對台灣的支持程度變化，值得長期追蹤研究。

肆、台灣如何看待美國：政黨立場和共同利益

美國帶有善意的數據給了選民可以正面解讀的基礎訊息，本文認為選民對判斷美國是否支持台灣的看法，與選民在大選中會做出何種決定高度相關。要理解選民對美國挺台的認知，就要先討論選民到底是用何種心態來看待美國。根據上述的文獻回顧以及過去台灣選舉的相關研究，台灣

選民在看待美國與台灣之間的關係，主要可以分成兩種觀點。一種是用個人的政黨立場出發，而另一個角度，則是從美國與台灣之間，是否存在共同利益的角度來評價。這兩種評價方式決定了美國因素在個別選民心中的重要程度，連帶也影響了投票時的決定。所謂的政黨評價，指的是選民在看待美國跟台灣之間的關係時，會從美國是否對特定政黨有所偏好來進行評估，從這種視角來看台美關係，帶來的影響就是當選民認為美國對於自己支持的政黨有好感，連帶地也會認為台美關係比過去更為深化，相反地，如果選民認為美國支持的是自己反對的政黨，或是覺得美國對自己支持的政黨並不友善，就會主張台美關係並不如想像中緊密。與用政黨視角來評價台美關係不同，另一種推論是認為選民會用國家間是否有共同利益的角度來看台美關係，當選民認為台灣除了美國之外沒有其他可以依靠的盟友，或者認為美國支持台灣符合了美方的核心利益，選民看見的會是美國對於台灣的整體支持，而用這樣的評價角度來看待台美關係的選民，比較不會受到政權輪替所影響。這類型的選民會認為美國對台灣的政黨或政治人物沒有特定的偏好，支持或不支持台灣都是基於美國的國家利益考量，而台美關係如果有進步，他們會認為是台灣符合了美國的國家利益，反之，當美國與台灣的關係稍微疏遠，從利益視角來評價的選民，會認為美國不再重視台灣，不是政黨或政治人物可以控制，而是世界局勢有所改變。

　　從個體層面的角度來看美國因素在大選中的影響，本文認為選民對台美關係的評價可以用以上兩種角度來做出區隔。與過去國際關係學者所做的研究不同，本文不從政府的官方發言或是政府之間的交流頻率，去探究台美關係的好壞，而是根據民調資料，解讀台灣選民從媒體以及生活中累積出來的美國印象來做評估。分析選民到底是用政黨或者共同利益的角度來看待台美關係，並進一步了解台灣選民在大選中是否有受到美國因素的影響。根據現有的台灣選舉研究文獻，我們知道政黨立場和選民的投票行為有高度的關聯性（陳陸輝、耿曙、王德育 2009），而台灣的兩個主要政黨，在中國議題上站在完全對立的位置，在統獨光譜的左邊，民進黨主張在兩岸政策上，傾向朝台灣獨立的方向邁進，而右邊則有國民黨認為

兩岸的和平只有跟中國密切交流才可能維持。基於兩大陣營對於兩岸未來路線的分歧，雙方政黨的支持者看待美國的角度，就很可能會受到政治立場所影響。尤其是在2018年下半年之後，川普政府對中國正式開啓貿易戰，明顯的抗中立場使得在台灣政治意識形態支持與中國對抗的選民，認爲川普帶領的美國和民進黨的主張有交集，也因此讓民進黨的支持者對川普政府抱有高度的期待。相對來說，政治立場傾向國民黨的支持者，看待川普政府的抗中主張，一方面，了解美國支持對台灣安全有多重要，所以期待美國持續支持台灣，但另一方面，又擔心抗中力道強烈的川普政府，可能把台灣當成籌碼，在美國利益有需要的時候，就會放棄台灣，甚至把台灣推向戰爭。很顯然地，民進黨跟國民黨的支持者，面對美國的抗中態度有著截然不同的感受。

　　期待台灣硬起來與中國對抗的選民，會對台美聯手抗中的言行樂觀其成，甚至認爲台灣應該毫不保留地積極親近美國。在這樣的情況下，就算美國並沒有主動地打算介入台灣選舉，但是對中國強硬以及支持台灣的發言，透過媒體和政治人物的分享，就非常可能會對台灣選民帶來影響，例如，讓民眾覺得美國會爲台灣兩肋插刀，或強化對美國可能會支持台灣走向獨立的期待。不過，另一方面不支持強硬對抗的陣營，看待川普政府與中國的交鋒，恐怕不會覺得振奮，反倒擔心兩岸情勢會因此而更緊張。由此可知，若是心中有了黨派的立場，就很可能會先入爲主認定美國的一舉一動都是對特定陣營的支持。隨著選情的升溫，認爲美國跟特定政黨的關係變得更加密切，或是更加疏遠，都可能成爲影響選民決定投票意向的關鍵因素。倘若從美國與台灣有共同利益的角度來評價美國，當選民認爲美國與台灣的關係變好，很可能會認爲美國是透過政府的外交政策，才給予台灣正面的評價，進而願意表態支持。不論是美國歐巴馬政府看見台灣以務實外交政策，維持兩岸和平穩定，減少美國對亞太地區的擔憂，還是川普政府時期，台灣與美國站在同樣的抗中立場，所以基於共同利益而支持，選民都會因此把台美關係友好，視爲執政黨的政績。換句話說，在投票的時候，如果認爲執政黨的外交政策成功，促進了台美關係友好，民眾就可能會比較願意支持執政黨，而這樣的支持，是針對台美共享的利益，

並不全然是考量政黨立場。對執政黨外交政策表現的評價，不但與台美關係好壞呈現正相關，也跟選舉當中願不願意投票支持執政黨，有著密切的關係。根據本文的主張，在大選中如果用政黨立場來看待台美關係的選民，就會把美國對台灣的支持看成對執政黨的偏好，而用台美共享利益的觀點來解讀美國支持的選民，則會更重視美國究竟支不支持台灣的民主。基於上述的文獻討論，本文歸納出以下推論：當選民從政黨立場來評價台美關係，則美國是否支持台灣將會與選民支持的政黨是否為執政黨有關。而選民如果認為美國對台灣的支持程度上升，是基於執政黨的外交政策讓美國覺得雙方有共同的利益，則民眾對執政黨的外交事務施政表現應會較為滿意。根據上舉理由，本文蒐集現有各項民調資料，接下來將以數據來對以下推論進行驗證。

推論一 (a)：民眾感受台美關係友好，與對執政黨的外交政策滿意度相關。

推論一 (b)：有政黨傾向的民眾，對執政黨的外交政策滿意度較不受台美關係變化而波動。

推論二 (a)：台灣民意對美國的信心，與民眾對美中台三方關係的發展相關。

推論二 (b)：有政黨傾向的民眾，對美國是否支持台灣的感受會受到政黨立場所左右。

伍、台灣選舉中的美國因素

由於本文所要驗證的幾項推論，都是要討論民意對於美國因素在選舉當中的影響力，所以適合採用民意調查的資料，針對上述假設進行討論。本文在資料的蒐集上，先試圖透過現有民調資料，篩選出足以反映台灣選民對於外交政策以及美國因素相關的題組，同時也希望能與美國民意如何看待是否支持台灣進行比較。在民意調查資料的蒐集上，本文遇到的限制，是現有的民調資料，其實並沒有針對美國因素進行系統性的規劃，因

此本文僅能從現有的各方民調資料當中，試圖拼湊出台灣民意如何看待美國因素在大選當中的影響。基於這樣的研究限制，本文總共蒐集到兩份與美國相關的民調數據來協助檢驗本文的推論。在台灣的部分，本文採用的是來自政大選舉研究中心，每三個月一次的總統滿意度電訪資料，從蔡英文總統就職後第一次的民調數據開始蒐集，將 2016 年 6 月的民意調查作為資料起始點，追蹤記錄到 2020 年 9 月，總共 18 次的民調數據，用來驗證台灣民眾對外交政策滿意度與台美友好有關的第一項假設。政大選舉研究中心的民調受訪者是以戶籍設在台灣地區，年滿 20 歲以上的成年人為調查母體，再以抽樣方式，用台灣中華電信公司出版的住宅電話號碼資料作為抽樣清冊，採取系統抽樣法也就是等距抽樣來執行調查。此外，針對已抽出的電話號碼，再將其最後一碼，以亂數隨機取代，用來提高樣本的涵蓋率，而在家戶電話接通之後，再利用洪氏戶中選樣法進行戶中抽樣，確保家戶當中不同年齡階層的民眾都有接受訪問的機會，來促進樣本的代表性。這份總統滿意度調查每一次的調查時間間隔，維持固定三個月，四年多來總計完成有效樣本數，累計共 18,862 份。在這份資料當中，本文選用台灣民眾對於執政黨在外交政策上的滿意度，來反映民意對台美關係好壞的評價指標。

受訪者在這個調查當中，針對蔡英文總統在外交方面的表現滿不滿意給出評價，從圖 8-5 呈現的趨勢可以看得出來，整體而言，台灣民眾對於蔡英文總統在外交上的施政滿意度，出現明顯的變動。在剛上任之初，認為蔡英文總統在外交上的表現是非常滿意，或是還算滿意的比例，高達75.68%，但隨後的兩年之間，受到內政表現不盡理想的衝擊，民眾對蔡英文總統的外交政策滿意度也大幅滑落。在 2018 年地方選舉之前，甚至滑落到三成以下，值得注意的是，在 2018 年 6 月之後，美國的川普政府已經開始對中國採取較強硬的對抗立場，展開貿易競爭，抗中的力道逐漸增強，只是美方的抗中立場並沒有立刻反映在台灣民眾對蔡英文總統外交施政表現上。然而，在 2019 年 1 月之後，當中國大陸國家主席習近平發表了「一國兩制、台灣方案」的演說，蔡英文總統強勢回應之後，她在外交上的施政滿意度就開始快速回升。三個月之內，從 27.82% 竄升到

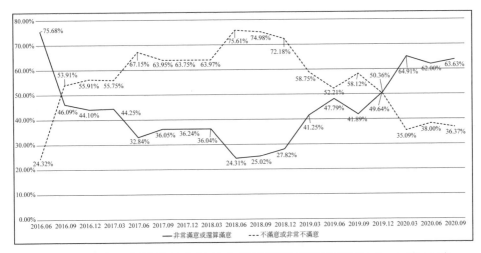

圖 8-5　台灣民意對蔡英文總統在外交施政滿意度變化（2016-2020）

資料來源：政大選研中心長期總統滿意度調查（作者自行彙整）。

41.25%，而 2019 年 6 月香港爆發反送中事件之後，美國再進一步強化對抗中國的立場，連國會也陸續發表對台灣友好的聲明。透過媒體報導，民眾對台美之間緊密連結有了深刻的印象，反映在民意調查上，可以看出此時蔡英文總統在外交政策的滿意度，提升到了 64.91%，也是就任以來的最高點。雖然我們無法直接由民眾對蔡英文總統在外交政策上的滿意度，來評估美國因素或者外交政策是不是會影響到選民的投票決定，可是很顯然地，從趨勢的變化，看得出民眾對於蔡英文總統的支持，確實與外部重大的事件有關。毫無疑問，中國因素仍扮演著主導民意在外交政策滿意程度上產生波動的關鍵角色，但是從初步的總統外交政策滿意度數據來看，台灣社會對於政府是否有處理好台灣與美國的關係，進而讓美國願意在危機發生時跟台灣站在一起，對選民面對中國的態度有相當程度的影響。換句話說，從圖 8-5 可以看到，選民對蔡英文總統的外交政策滿意度變化確實符合本文第一個推論，也就是民眾感受台美關係友好，與執政者的外交政策滿意度呈現正相關。

　　雖然台美關係友好程度可以影響執政者在外交事務上的整體施政滿

意度，不過，把不同政黨立場的選民分開來討論，結果是否仍然一致呢？追求台美關係友好雖然是全民的共識，而希望美國支持台灣也是跨黨派的期待，可是從過去的文獻當中清楚地證明，不同黨派立場的支持者，對於執政者的施政評價會出現明顯的分歧。簡單來說，選民眼中的台美關係進展到底是誰的功勞，往往是基於個人主觀對政治人物的評價，而不全然是反映對實際台美友好程度的觀感。雖然過去的文獻都顯示外交政策並不是決定台灣選民投票動向的關鍵（Ornstein 1992），加上在川普政府上任之前，美國與中國的互動主要還是以和平發展貿易為主軸，而不是以全面的對抗來阻擋中國崛起。因此，過去數十年間，美國在基於中國政策以追求經濟利益為主要目標的同時，面對台美交流，符合美國利益的做法，就是確保台灣不會成為美中交流阻礙。這也是為何美國雖然一直作為兩岸間的平衡者，理應站在中間立場，但為了鼓勵兩岸對話，甚至保持密切往來，以確保美國與中國關係不會被激化。可是，當川普政府開啟了美中的全面競爭甚至是對抗關係，讓美國在對中國政策上重新檢視其國家利益，台灣在美中之間可以扮演的角色，也被重新評估。正因為美中台關係的情勢出現轉變，而且面對已經崛起的中國，美國絕對無法再忽視中國帶來的壓力，回歸到川普時代之前全面擁抱中國的立場。

本文認為以台灣特殊的兩岸關係，以及美中台的互動模式，如果不把台灣選民對美國與台灣的關係納入選舉研究的考慮，恐怕會忽略了這個重要的外在變數。因此，根據政治人物在外交政策上的表現來推估，可以看出選民看待台美關係和他們如何投票之間的相關性。除了選民對政府在外交施政的整體滿意度可能會影響投票決定之外，本文也提出第二個推論，認為有政黨傾向的民眾，對於執政黨的外交政策滿意度整體波動幅度較小。過去的研究早已證明選民的政黨傾向與對施政表現滿意度高度相關（Lebo, M. J. and Cassino, D 2007），而不同政黨的支持者在滿意度上，會出現明顯的差異也不令人意外。但是，值得探究的部分，是當選民受到政黨立場影響之後，在施政滿意度上的變動，是不是就必然不再浮動？換句話說，民進黨的支持者在蔡英文總統執政期間，不論美國跟台灣之間的關係變好還是變壞，是否都不會影響蔡英文總統在外交政策上的滿意度？

同樣地，國民黨的支持者是不是也同樣不論台美關係是否有長足的進步，或者有明顯的惡化，都不會改變對民進黨政府的差評？從圖 8-6 中可以看出，國民黨和民進黨支持者，在外交政策滿意度上的顯著落差，尤其是在 2019 年年初，當蔡英文總統的整體民調因爲對中國強勢回應而從民調最低點回升之時，兩黨支持者在外交政策滿意度上，差距居然超過 60%。兩黨支持者對外交施政的評價方式，很顯然是由政黨立場所左右。從蔡英文總統上任以來的外交施政滿意度，以及不同政黨支持者對政府的外交表現評價差異，本文提出的間接證據，確認了台灣選民對台美關係友好的感受，與對執政黨的外交政策滿意度呈現正向相關，但是有政黨傾向的民眾，對執政黨的外交政策滿意度則比較不受台美關係變化而產生大幅變動。

雖然外交施政滿意度看起來對台灣民眾的投票決定可能會有影響，而台美關係也確實是台灣外交政策當中最重要的一環。不過，民眾對政府在外交表現上的評價，其實不會只從台美關係好壞來決定。事實上，因爲外交工作往往無法立即看到成果，所以當外交相關新聞出現在民眾面前，往

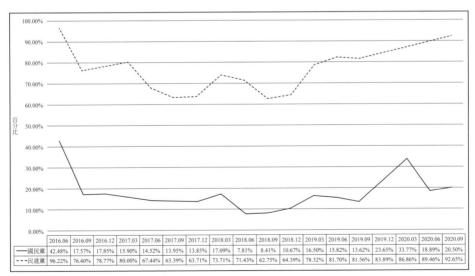

圖 8-6 不同政黨傾向對蔡英文總統在外交施政滿意度變化（2016-2020）

資料來源：政大選研中心長期總統滿意度調查（作者自行彙整）。

往不是大好就是大壞的消息。例如，台灣在非洲的索馬利蘭設置辦公室，可能讓台灣民眾爲之振奮，而所羅門群島決定接受中國援助而跟台灣斷交，則可能讓不少台灣民眾對中國的打壓產生不滿，這些外交新聞帶來的衝擊，都可能會反映在對政府的外交施政表現評價之上，也因此如果只看外交政策滿意度來判斷選民是否會支持執政者，很難成爲美國因素可能左右台灣選情的理想證據。

　　因此本文接下來採用美國杜克大學牛銘實教授所主持，由政治大學選舉研究中心負責執行的台灣國家安全長期民調資料，來檢視台灣民眾如何看待美國跟台灣的交情。尤其是針對美國到底會不會出兵協助台灣的問題，彙整從 2008 年以來，總共 9 次的台灣安全調查資料來解讀民意的變化。在問卷當中，受訪者被問到：如果因爲宣布台灣獨立，大陸出兵攻打台灣，請問你認爲美國會不會出兵幫助台灣？從數據上來看，在 2008～2016 年國民黨執政的八年期間，民眾認爲美國出兵支持台灣的機會很大，相反地，認爲不會出兵支持台灣的比例平均只有三成左右。從圖 8-7 當中可見，當川普總統上任之後，即使蔡英文總統曾經與川普通過電話，

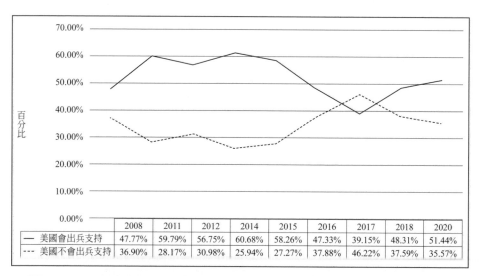

	2008	2011	2012	2014	2015	2016	2017	2018	2020
美國會出兵支持	47.77%	59.79%	56.75%	60.68%	58.26%	47.33%	39.15%	48.31%	51.44%
美國不會出兵支持	36.90%	28.17%	30.98%	25.94%	27.27%	37.88%	46.22%	37.59%	35.57%

圖 8-7　台灣民意對美國是否出兵支持台灣的信心變化（2008-2020）

資料來源：政大選研中心長期總統滿意度調查（作者自行彙整）。

但台灣民眾卻沒有因此真的感到放心，反而認為川普的商人性格不見得會協助台灣，連帶也對美國會不會派兵協防台灣的信心受到打擊，從過去過半認為美國會支持台灣，銳減到 39.15%。直到香港反送中事件之後，美國加強對香港議題的支持，以及各項友好台灣的法案及政策出現，民眾對美國的信心才逐步回升。

同樣的一個問題，如果我們用政黨立場來看待，圖 8-8 所呈現的趨勢和數據可以看到非常不同的現象。對於民進黨的支持者而言，不論是誰執政，他們對美國是否協防台灣的信心沒有太大差異，或許是基於台灣主體性必須依賴美國來協助維持的現實考量，也或許是認定美國對台灣的支持符合美國與中國對抗的自身利益，所以讓民進黨支持者對美國是否會在爭端發生時願意以行動支持台灣始終抱有較高的信心。2008～2020 年，民進黨支持者認為美國會派兵協防台灣的比例平均有將近七成左右，特別值得注意的是，從趨勢變化上來看，民進黨支持者對美國的信心出現明顯下滑的時間點，分別是在 2012 年與 2016 年這兩個總統大選年，在這兩次的調查裡，民進黨支持者對美國出兵協助的信心，都從七成以上跌到 65%

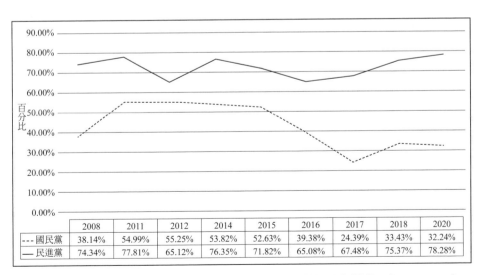

	2008	2011	2012	2014	2015	2016	2017	2018	2020
- - - 國民黨	38.14%	54.99%	55.25%	53.82%	52.63%	39.38%	24.39%	33.43%	32.24%
—— 民進黨	74.34%	77.81%	65.12%	76.35%	71.82%	65.08%	67.48%	75.37%	78.28%

圖 8-8　不同政黨傾向民眾對美國出兵支持台灣的信心變化（2008-2020）

資料來源：政大選研中心長期總統滿意度調查（作者自行彙整）。

左右。不過，這兩次大選的贏家，分別屬於不同的政黨，也就是說，民進黨支持者看待美國對台灣的支持，並不會受到執政者是誰所影響，而是認為美國對台灣的支持，可能會因為政治變動而出現亂流。但是國民黨支持者對於美國會不會出兵支持台灣，卻有明顯不同考量。從趨勢圖可以看出，雖然國民黨支持者對美國是否會為台灣兩肋插刀沒有這麼高的信心，但是在 2008～2016 年的八年間，除了執政初期因為對陳水扁總統執政時期的台美關係沒有信心，導致對美國不信任之外，在國民黨執政期間，有超過半數的國民黨支持者對美國恢復了一定的信任。可是，跟民進黨支持者不同，藍營民眾對美國的評價，在政黨輪替之後就大幅滑落，如同圖 8-8 中顯示的數據，在政黨輪替前，國民黨支持者對美國會出兵支持台灣的問題，有超過五成以上認為有信心，但在 2016 年大選過後，藍營支持者相信美國願意出兵協防台灣的比例，從前一年的 52.63%，立刻下降到 39.38%。在台美關係沒有發生重大事件的情況下，可以合理推斷國民黨支持者對美國的觀感，有相當大的可能性是受到政黨輪替的影響，換句話說，藍營支持者眼中的台美關係，較大比例是取決於執政者是不是跟自己的立場一致。回到本文對於台灣民眾看待台美關係的兩項推論，長期民調資料為這兩項推論提供了一定的支持證據。台灣民眾心中對於美國支持台灣的信心，確實會受到美中台關係的發展所影響，另外，有政黨傾向的民眾，在看待台美關係時，出現兩種不同的視角。國民黨的支持者比較傾向以政黨視角來評價台美關係，對美國的信心取決於國民黨是否執政，若由國民黨執政，則對美國有信心，反之，則會較為懷疑美國。相對來說，民進黨支持者看待台美關係，則會站在台灣要維持主體性就必須親近美國的觀點，因此，對美國是否支持台灣的信心就比較不受政黨輪替的影響。

陸、結論

　　本文試圖了解在台灣的總統大選當中，台美關係對選民的投票意向是否會產生影響，尤其是 2020 年的總統選舉，因為香港反送中事件，以及美國跟中國之間貿易對抗，讓台灣民眾感受到美中台關係出現明顯的變化，也因為國際政治氛圍的改變，我們可以合理地推測台美關係在這次選舉中，或多或少影響到台灣民眾對未來的看法。過去在台灣的學術研究中，很少把中國因素之外的外部變數視為選民決策時的關鍵，其中的主要原因之一，是因為大部分的台灣選民認為，兩岸關係的緊張程度只是媒體與政治人物用來爭取支持，區分你我的辯論題目，是被刻意營造出的氣氛，跟一般人民的生活其實沒有太大的關聯。而過去因為兩岸關係緊張，真正有機會影響到選民決定的，只有在 1996 年的飛彈危機真正讓選民有感，可是之後的二十多年，台灣民眾已經習慣了來自對岸的文攻武嚇，所以中國因素在選戰當中慢慢地成為了兩黨各自表述，也各自用不同手法操作的選戰議題。然而，2020 年這場總統大選，台灣民眾因為看到中國政府處理香港反送中事件的強硬方式，讓台灣社會出現「今日香港，明日台灣」的焦慮，也讓來自中國的威脅從原本只是立場之爭的兩岸關係辯論，轉變成真正擔心民主生活方式可能會被剝奪的「亡國感」。就在此時，美國川普政府因為貿易戰和亞太地區的戰略安全考量，決定正面迎接中國的挑戰，強硬對抗中國的態勢，讓正在面臨亡國感威脅的台灣選民，對台灣和美國合作對抗中國的期待更加高漲。在選戰當中的這一份對美國的期待，就變成了投射在候選人身上的支持力量。

　　從本文所回顧的相關文獻當中，大致可以分成總體和個體兩個層次，來討論美國因素對台灣選舉如何產生影響的解析角度，首先是從美方的總體利益來評估是否有主動影響台灣選舉的動機，以及介入之後的效果是否會符合預期，來推測美國在 2020 年台灣總統大選當中，是否會主動扮演特定的角色，另一方面，則是從台灣的角度分析，討論美國因素在台灣選舉中為何會成為關鍵變數。從美國國會推動友好台灣法案的歷史資料，和是否要出兵支持台灣對抗中國的長期民調數據，很顯然台美關係在

過去四年當中，得到更多曝光的機會。因為川普的抗中政策帶動，國會花了更多時間討論台灣議題，連帶讓台灣在美國社會被注意到的次數有長足的進步。美國芝加哥商會的長期調查報告，證明美國民眾對台灣的支持，確實從 2010 年的 25%，進步到 2020 年有 42% 的美國民眾願意以行動支持台灣。看到台灣在美國社會的能見度提升，有助於台灣爭取到更多真正的行動支持，更重要的是民眾透過報導，看到台美關係升溫的正面消息，對執政的蔡英文總統連任大為加分。其次，本文試著從台灣的民意變化，來了解民眾到底對美國抱持著怎麼樣的期待。雖然在台灣的選舉研究文獻中，都強調兩岸關係是左右台灣當前政治的最重要議題，不過，本文主張在 2020 年的總統大選當中，民眾看待美國的方式出現了變化，不再只把美國對台灣的支持，當成選戰以外的獨立新聞事件，而是把美國會如何協助台灣對抗中國，納入投票時的考慮，因為在兩岸情勢緊張的狀況下，美國對台灣的支持程度如果上升，連帶也會讓台灣的選民更有信心，更願意支持對中國態度強硬的候選人，因為有了美國的支持，政治人物對中國的態度，就能更有信心地用對抗的姿態說服選民。反之，如果美國支持不夠明顯的情況下，政治人物就會在兩岸議題上避免升高衝突，而選民們也會考慮候選人是不是能夠降低兩岸之間的敵意。

由本文的推論和資料彙整，發現台美關係與 2020 年台灣的總統大選確實有值得深究的相關性。以過去十多年以來的資料為美國因素在台灣選舉中的影響提供間接證據，支持本文的推論。處於中美兩國之間的台灣，未來在大選過程中，勢必會受到中美競爭所影響。如同過去的歷次選舉一樣，台灣選民將會繼續期待政治人物帶領台灣維持和平現狀，只不過在美中競爭愈來愈明顯的情況下，想要維持現狀，除了跟過去一樣必須重視政治人物對於兩岸關係的拿捏能力之外，很可能也必須要注意到政治人物和政黨對於維繫台美關係的能力是否一樣可靠。雖然本文的初探性研究有其侷限性，僅能間接推斷美國因素對選舉結果有影響，但本文的嘗試應該可以作為未來對美國因素的驗證基礎。當台灣民眾普遍對美國友好，希望拉近台美關係的同時，台灣也要能用理智來判斷美國在兩岸關係中的角色，尤其是美方的善意不該被放大解讀，也不該因為反對執政黨而忽視台美關

係的重要。如果不論藍綠都能回歸理性的考量，相信未來台灣選舉中，台美關係很可能會成為下一個最關鍵的變數！

參考書目

俞振華、林啓耀，2013，〈解析台灣民眾統獨偏好：一個兩難又不確定的選擇〉，《台灣政治學刊》，17（2）：165-230。

胡聲平，2008，〈民進黨政府國內政治考量與操作下的台美關係〉，《全球政治評論》，（22）：81-106。

耿曙、劉嘉薇、陳陸輝，2009，〈打破維持現狀的迷思：台灣民眾統獨抉擇中理念與務實的兩難〉，《台灣政治學刊》，13（2）：3-56。

盛杏湲，2002，〈統獨議題與台灣選民的投票行為：一九九〇年代的分析〉，《選舉研究》，9（1）：41-80。

陳陸輝、耿曙、王德育，2009，〈兩岸關係與 2008 年台灣總統大選：認同、利益、威脅與選民投票取向〉，《選舉研究》，16（2）：1-22。

黃秀端，2005，〈候選人形象、候選人情感溫度計、與總統選民投票行為〉，《台灣民主季刊》，2（4）：1-30。

劉嘉薇、耿曙、陳陸輝，2009，〈務實也是一種選擇──台灣民眾統獨立場的測量與商榷〉，《台灣民主季刊》，6（4）：141-168。

蔡宗漢、林長志，2015，〈潛在變數的測量及其影響：2013 年 TEDS 台灣民眾統獨立場的分析〉，《選舉研究》，22（1）：71-107。

黎寶文，2019，〈美中對抗的新常態下的美中台三角關係〉，《全球政治評論》，（68）：21-29。

Bueno de Mesquita, B., and Downs, G. W. 2006. "Intervention and democracy." *International Organization* 60: 627-649.

Corstange, D., and Marinov, N. 2012. "Taking sides in other people's elections: The polarizing effect of foreign intervention." *American Journal of Political Science* 56(3): 655-670.

Daugherty, W. J. 2006. *Executive secrets: Covert action and the presidency*. University Press of Kentucky.

DeConde, A. 1958. *Entangling alliance: politics and diplomacy under George Washington*. Durham, NC: Duke University Press: 204.

Dobbs, Michael. 2000. "U.S. Advice Guided Milosevic Opposition." *Washington Post*, December 11.

Downes, A. B., and Monten, J. 2013. "Forced to be free?: Why foreign-imposed regime change rarely leads to democratization." *International Security* 37(4): 90-131.

Freedom House. 2012. *Freedom in the World 2012*. Washington D.C.

Gustafson, Kristine. 2007. *Hostile Intent: U.S Covert operations in Chile, 1964-1974*. Washington D.C.: Potomac Books.

Haslam, Jonathan. 2005. *The Nixon Administration and the Death of Allende's Chile: A Case of Assisted Suicide*. New York: Verso.

Ho, K., Clarke, H. D., Chen, L. K., and Weng, D. L. C. 2013. "Valence politics and electoral choice in a new democracy: The case of Taiwan." *Electoral Studies* 32(3): 476-481.

Lebo, M. J., and Cassino, D. 2007. "The aggregated consequences of motivated reasoning and the dynamics of partisan presidential approval." *Political Psychology* 28(6): 719-746.

Levin, D. H. 2016. "When the great power gets a vote: The effects of great power electoral interventions on election results." *International Studies Quarterly* 60(2): 189-202.

Lo, N., Hashimoto, B., and Reiter, D. 2008. "Ensuring peace: foreign-imposed regime change and postwar peace duration, 1914-2001." *International Organization* 62: 717-736.

Miller, J. E. 1983. "Taking off the gloves: The United States and the Italian elections of 1948." *Diplomatic History* 7(1): 35-56.

Niou, Emerson M.S. 2004. "Understanding Taiwan Independence and Its

Policy Implications." *Asian Survey* 44(4): 555-567.

Niou, Emerson M.S. 2005. "A New Measure of Preferences on the Independence-Unification Issue in Taiwan." *Journal of Asian and African Studies* 40(1/2): 91-104.

Ornstein, N. J. 1992. "Foreign policy and the 1992 election." *Foreign Affairs* 71(3): 1-16.

Plomin, Robert, John C. DeFries, Gerald E. McClearn, and Peter McGuffin. 1990. *Behavioral Genetics: A Primer.* New York: W.H. Freeman.

Prados, J. 2006. *Safe for democracy: The secret wars of the CIA.* Ivan R. Dee.

Rahn, William M. 1993. "The Role of Partisan Stereotypes in Information Processing about Political Candidates." *American Journal of Political Science* 37(2): 472-496.

Roberts, Brent W., and Wendy F. DelVecchio. 2000. "The Rank-Order Consistency of Personality Traits from Childhood to Old Age: A Quantitative Review of Longitudinal Studies." *Psychological Bulletin* 126(1): 3-25.

Rogowski, Jon C., and Joseph L. Sutherland. 2016. "How Ideology Fuels Affective Polarization." *Political Behavior* 38(2): 485-508.

Shambaugh, D. 2013. "Assessing the US 'pivot' to Asia." *Strategic Studies Quarterly* 7(2): 10-19.

Shulman, S., and Bloom, S. 2012. "The legitimacy of foreign intervention in elections: the Ukrainian response." *Review of International Studies* 38: 445-471.

Sutter, R. G. 2019. *The United States and Asia: Regional dynamics and twenty-first-century relations.* Rowman & Littlefield Publishers.

Wang, V. W. C. 2015. "The US Asia rebalancing and the Taiwan Strait rapprochement." *Orbis* 59(3): 361-379.

Chapter 9

2019年香港反送中運動對台灣網路輿情的影響

黃紀、郭子靖、洪國智

壹、前言

2020 年總統大選一如往常地競爭激烈。惟與過去幾屆選舉不同之處，在於 2019 年競選期間外在環境對國內氛圍的衝擊及迴響。

2019 年 1 月中國國家主席習近平在《告台灣同胞書》四十週年紀念會上提出「五項對台原則」，以「兩制」爲訴求。一如預期，此訴求立即遭蔡英文總統回應：絕不接受「一國兩制」。孰料被中國視爲「一國兩制」樣版的香港，自同年 3 月下旬起卻因《逃犯條例》修訂草案，引發一系列之「反送中」示威遊行，演變至同年 6 月後之警力鎮壓，衝突節節升高（李立峯 2020；Chung 2020; Dapiran 2020; Hui 2020）。香港激烈的反送中運動及港府與中國政府的強硬，在台灣均被視爲是「今日香港，明日台灣」、「一國一制」的鮮活教訓，且與民進黨反一國兩制、反九二共識的一貫主張完全契合，成爲其總統大選競選期間「反中」的訴求與動員主軸之一。

香港反送中示威與武警鎮壓雖屬境外事件，但其背後的「中國因素」卻深深觸動台灣長久以來的政治分歧（political cleavage），整體氛圍自然牽動了 2020 年 1 月的選情。本文旨在根據網路留言，結合民調資料，勾勒描繪 2019 年香港反送中運動這個外部事件，對當時台灣網路輿情引發的效應。

貳、網路留言大數據之蒐集

現今網路之普及，且滲透到社會各層面，因此運用網路探勘（web mining）儼然成爲民意調查之外，蒐集分析輿情的另一管道，其優缺點之論辯，仍方興未艾。本文認爲，傳統民調與網路輿情，兩者各有擅長，可相輔相成。故本文之網路留言大數據搜尋標的，係建基於面訪民調之受訪者表示最常觀看的 YouTube 政論頻道，以提升大數據之代表性。

由於網路政論節目頗受矚目，競選期間更是吸引網民，對網路輿情影

響甚大，故政治大學「台灣政經傳播研究中心」（簡稱 TIGCR）於 2019 年香港反送中運動期間，針對 YouTube 影音平台網站的留言，進行了資料的蒐集及網路聲量、議題關聯詞頻計算等相關的分析工作。

在網路資料蒐集方面，係以 Python 製作網路爬蟲程式，蒐集重要政論節目頻道公開影片下方的留言，以及針對留言回覆意見的巢狀留言內容。但政論頻道眾多，為求客觀，本文依據台灣政經傳播研究中心 2019 年民眾面訪調查案（TIGCR-PPS 2019，黃紀、張卿卿 2020）中，民眾最常觀看的前 10 個政論節目為影片留言的搜尋對象。政論節目列表如表 9-1 所示。

表 9-1　TIGCR-PPS 2019 調查民眾最常觀看政論節目列表

排序	政論節目名稱	觀看人數	有觀看的比例
1	新聞面對面	524	33.27%
2	新聞龍捲風	481	30.54%
3	關鍵時刻	474	30.10%
4	新聞挖挖哇	471	29.90%
5	少康戰情室	406	25.78%
6	新聞深喉嚨	303	19.24%
7	國民大會	277	17.59%
8	年代向錢看	275	17.46%
9*	政經看民視	273	17.33%
10	新台灣加油	225	14.29%
11	鄭知道了	189	12.00%

資料來源：黃紀、張卿卿（2020）。

說明：本表列出平常有在觀看政論節目共 1,575 位受訪民眾觀看政論節目的次數，並依觀看人數排序，蒐集排序前 10 位的政論節目影片留言。惟因排序第 9 的「政經看民視」在 YouTube 影音平台沒有公開影片，因此無法蒐集影片留言資料，故改以民調排序第 11 的「鄭知道了」節目影片為蒐集對象。

參、網路留言之聲量趨勢

　　蒐集影片留言資料後，進一步將資料清理、彙整為成可供分析的檔案格式，並針對「反送中」議題建立相關的關鍵字，再以 Jieba「結巴」分詞套件 [1] 製作 Python 斷詞分析程式，將留言資料適當斷詞，運用與「反送中」議題相關的關鍵字 [2]，萃取出自 2019 年 3 月 29 日（香港行政長官會同行政會議公布向立法會提交反送中條例當日起）至 2020 年 1 月 10 日（總統立委選舉投票前一日），在 10 個重要政論節目之 YouTube 影音平台網站公開播送影片中與反送中議題相關的影片；並統計相關影片中的留言次數。總計留言次數共 78.7 萬次，各月份留言次數與比例如表 9-2 所示，以及此 10 個頻道在反送中運動期間之網路聲量趨勢圖請見圖 9-1。從網路聲量圖可以發現，在反送中運動的三罷期間（2019 年 8 月）及警民衝突加劇的階段（2019 年 10 月、11 月），網路聲量都有明顯隨之提高的現象。

表 9-2　YouTube 影音平台重要政論節目影片留言與反送中議題相關之次數

月度	留言次數	比例
2019/03/29-31	9,005	1.14%
2019/04	30,547	3.88%
2019/05	28,423	3.61%
2019/06	80,818	10.27%
2019/07	60,268	7.66%
2019/08	169,332	21.51%
2019/09	94,228	11.97%
2019/10	124,487	15.82%
2019/11	114,489	14.55%
2019/12	60,689	7.71%
2020/01/01-10	14,793	1.88%
合計	787,079	100.00%

---

[1] https://github.com/fxsjy/jieba。
[2] 關鍵字包括：送中、香港、黑警、香港警察、暴徒、中共、香港民運反送中、示威、鎮壓、一國兩制、統一、「今日香港，明日台灣」、連儂牆、捍衛台灣、民主自由、港獨、台獨、亂民、九二共識、一中各表、台灣認同、芒果乾、賣台、惠台條款、台商、兩岸經貿、陸客、自由行、小三通、南向政策等。

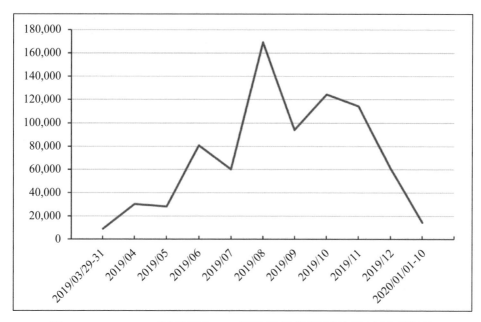

圖 9-1　YouTube 影音平台 10 個民眾最常觀看的政論節目影片
「反送中」期間網路聲量趨勢

肆、網路留言之議題分析

　　除了留言的聲量，更需進一步了解網民較關注的議題。在議題之搜尋整理上，我們同樣以 TIGCR-PPS 2018、PPS 2019 二年度的調查中，民眾認爲國家最重要及次重要議題的所有結果（如表 9-3 所示），由台灣政經傳播研究中心大數據小組召集人張卿卿研究員邀集專家學者，將這些受訪者認爲的重要議題中的相似項目加以整併、改編爲 33 項議題，[3] 再加上由專家學者建議的 7 項議題[4]，計爲 40 項重要議題；而其中 2018 年公民投

3　例如「失業問題」、「民生物價」合併入「經濟發展」項目；「族群和諧」、「社會團結」合併改編爲「族群議題」；「稅金制度」改爲「財政稅金制度」；「非核政策」改編爲「能源議題」等。
4　專家學者又再提出「健康醫療」、「動物保護」、「城鄉發展差距」、「文化藝術與文創」、「災情與災難防治」、「觀光發展」、「體育」等 7 項重要議題。

表 9-3　TIGCR-PPS 2018、PPS 2019 調查民眾認為國家重要議題列表

項次	最重要議題	次數	百分比	第二重要議題	次數	百分比
1	經濟發展	2,556	43.17%	經濟發展	1,505	26.20%
2	兩岸關係	1,637	27.65%	兩岸關係	1,109	19.30%
3	高齡社會	425	7.18%	高齡社會	597	10.39%
4	環境污染	190	3.21%	環境污染	329	5.73%
5	司法改革	175	2.96%	司法改革	316	5.50%
6	死刑存廢	133	2.25%	非核政策	252	4.39%
7	所得分配	112	1.89%	年金改革	237	4.13%
8	非核政策	99	1.67%	所得分配	233	4.06%
9	科技發展	89	1.50%	科技發展	217	3.78%
10	年金改革	86	1.45%	死刑存廢	178	3.10%
11	同性婚姻	76	1.28%	前瞻建設	153	2.66%
12	前瞻建設	52	0.88%	同性婚姻	123	2.14%
13	轉型正義	41	0.69%	轉型正義	109	1.90%
14	社會治安	37	0.62%	社會治安	66	1.15%
15	民生物價	27	0.46%	新南向政策	42	0.73%
16	教育政策	24	0.41%	民生物價	40	0.70%
17	國家認同	19	0.32%	教育政策	29	0.50%
18	農業問題	17	0.29%	社會福利	27	0.47%
19	社會福利	15	0.25%	失業問題	25	0.44%
20	政治安定	13	0.22%	國際外交	21	0.37%
21	國際外交	13	0.22%	農業問題	18	0.31%
22	新南向政策	10	0.17%	政治貪腐	17	0.30%
23	政治貪腐	10	0.17%	環境保護	17	0.30%
24	族群和諧	8	0.14%	食品安全	16	0.28%
25	食品安全	7	0.12%	政治安定	12	0.21%
26	環境保護	7	0.12%	國家認同	11	0.19%
27	生育幼教	7	0.12%	族群和諧	9	0.16%

表 9-3 TIGCR-PPS 2018、PPS 2019 調查民眾認為國家重要議題列表（續）

項次	最重要議題	次數	百分比	第二重要議題	次數	百分比
28	失業問題	6	0.10%	原住民正義	7	0.12%
29	原住民正義	5	0.08%	居住正義	5	0.09%
30	國防安全	3	0.05%	國防安全	4	0.07%
31	居住正義	2	0.03%	生育幼教	4	0.07%
32	勞工問題	2	0.03%	勞工問題	2	0.03%
33	照顧人民	2	0.03%	交通建設	2	0.03%
34	民主發展	2	0.03%	能源政策	2	0.03%
35	能源政策	2	0.03%	一例一休	1	0.02%
36	國家領導人	2	0.03%	官員任用	1	0.02%
37	稅金制度	1	0.02%	稅金制度	1	0.02%
38	總統沒魄力	1	0.02%	人才技術外流	1	0.02%
39	國土規劃	1	0.02%	社會團結	1	0.02%
40	人才技術外流	1	0.02%	道德觀念	1	0.02%
41	交通建設	1	0.02%	酒駕肇事	1	0.02%
42	社會安定	1	0.02%	統獨問題	1	0.02%
43	公平正義	1	0.02%	公務員不是為國家做事而是為政黨做事	1	0.02%
44	統獨問題	1	0.02%	安居樂業	1	0.02%
45	低薪過勞	1	0.02%	軍購案	1	0.02%
46	身心障礙與弱勢族群	1	0.02%	-	-	-

資料來源：黃紀、張卿卿（2019，2020）。

票第13案「東奧正名」雖然與國家認同相關，但因舉行公投而有獨特性，因此再單獨分列出來，合計為41項重要議題。接著以 Google Trend 功能搜尋，整理各議題的相關主題，並且參考各議題相關文獻，經大數據小

組多次討論後，建立 1,427 個議題關聯詞作為辭典。將辭典匯入到 Python 斷詞分析程式中，統計出 YouTube 影音平台重要政論節目在 2019 年 3 月 29 日至 2020 年 1 月 10 日之間影片下方留言提及這些重要議題的次數分布，如圖 9-2 之直方圖。我們並將這個次數排名以字雲（word cloud）做資料視覺化，繪製為圖 9-3。

　　從圖 9-2、圖 9-3 可發現，YouTube 留言比例最高的前五項，分別為：一、國家認同；二、社會治安；三、國防安全；四、兩岸關係；五、國際外交，而經濟發展排在第六項。與 TIGCR-PPS 2019 調查結果相比，兩岸關係與經濟發展在兩種資料蒐集方式中，都著實為民眾最關心的議題。然而「國家認同」議題在 YouTube 民眾常觀看的政論節目上，被提及次數的比例卻比 TIGCR-PPS 2019 年調查高出不少。我們可以研判：國家認同議題在「反送中」期間，隨著香港武警鎮壓的媒體畫面以及政論節目的討

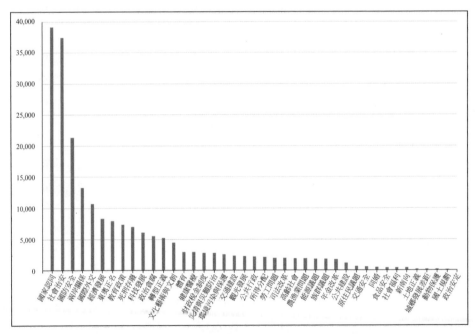

圖 9-2　YouTube 影音平台 10 個民眾最常觀看的政論節目在「反送中」期間頻道留言提及之重要議題

圖 9-3　YouTube 影音平台 10 個民眾常觀看的政論節目在「反送中」期間頻道留言提及重要議題字雲

論，進一步擴大到整個網路社群之中，並具體表現在蒐集的資料內容上。

伍、對民眾認同的影響

　　香港反送中運動對 2019 年議題重心的翻轉，可謂舉足輕重，影響深遠。由於本研究利用網路爬蟲所取得之大數據因個資保護，難以追蹤個別留言者的個體資訊，僅適合呈現集體層次（aggregate level）的宏觀趨勢。欲評估香港反送中事件對民眾產生的效應，民調資料不可或缺，尤以定群追蹤（panel）民調，最能凸顯個體層次（individual level）在態度與行為上的持續與變遷（黃紀 2020）。

　　黃紀、張卿卿（2019，2020）自 2018 年起，即針對台灣 18 歲以上之民眾進行定群追蹤面訪調查。本節分析 TIGCR-PPS 2018 及 PPS 2019 調查資料中，同一群受訪民眾在 2018～2019 年間「台灣人－中國人認同」的穩定與變遷（參見表 9-4），結果顯示：有相當比例的民眾在這一年之

間往該表左方認同自己是「台灣人」或「偏向台灣人」的方向移動。若檢定2018年與2019年的「邊緣分布同質性」（marginal homogeneity），X^2 = 17.52，$df = 4$，$p < .01$，拒斥兩年無顯著差異的虛無假設，也就是說，2019年的「台灣人－中國人認同」分布，相較於2018年，確實產生了統計上顯著的改變，且大體上是朝認同台灣人的方向移動，尤其是2018年自認為「兩者都是」之雙重認同者中，有高達47%的人在2019年改向認同為台灣人（34.5%轉變為「偏向台灣人」、12.5%轉變為認同自己是「台灣人」）。認同態度在一年內產生如此大幅的變化，相當程度上應是外在重大事件造成之衝擊效應。

表9-4　2018年至2019年台灣人－中國人認同之變遷

		2019年台灣人、中國人認同					
		台灣人	偏向台灣人	都是	偏向中國人	中國人	2018 Total [%]
2018年台灣人、中國人認同	台灣人 (%)	485 (71.85)	167 (24.74)	18 (2.67)	4 (0.59)	1 (0.15)	675 [37.73]
	偏向台灣人 (%)	185 (28.46)	366 (56.31)	78 (12.00)	15 (2.31)	6 (0.92)	650 [36.33]
	都是 (%)	42 (12.50)	116 (34.52)	150 (44.64)	20 (5.95)	8 (2.38)	336 [18.78]
	偏向中國人 (%)	2 (2.50)	20 (25.00)	24 (30.00)	28 (35.00)	6 (7.50)	80 [4.47]
	中國人 (%)	4 (8.33)	6 (12.50)	12 (25.00)	9 (18.75)	17 (35.42)	48 [2.68]
	2019 Total (%)	718 (40.13)	675 (37.73)	282 (15.76)	76 (4.25)	38 (2.12)	1,789 [100]

資料來源：黃紀、張卿卿（2019，2020）。

說明：邊緣分布同質性（marginal homogeneity）檢定。

陸、小結

　　本文根據網路留言，結合民調資料，勾勒 2019 年香港反送中運動對當時台灣網路輿情引發的效應。從網路聲量的趨勢觀察，在反送中運動的三罷期間及警民衝突加劇的階段，網路相關之聲量都有明顯隨之提高的現象；從網路留言的議題分析，次數及比例最高的前五項分別為：國家認同、社會治安、國防安全、兩岸關係、國際外交，其中除了社會治安外，均與「中國因素」息息相關。在一片「捍衛台灣」的氛圍下，連原屬長期漸變的「台灣人－中國人認同」，也在一年內產生了相當大幅度的轉變，足見香港反送中運動對台灣輿情的衝擊，進而牽動了 2020 年 1 月的大選選情。

參考書目

李立峯，2020，〈後真相時代的社會運動、媒體，和資訊政治：香港反修例運動的經驗〉，《中華傳播學刊》，37：3-41。

黃紀，2020，〈調查研究設計〉，陳陸輝主編，《民意調查》，台北：五南。

黃紀、張卿卿，2019，「台灣政經傳播研究多年期研究規劃：2018 年民眾定群追蹤面訪調查資料」，國立政治大學台灣政經傳播研究中心，DOI：10.6923/TW-TIGCR-PPS2018，https://tigcr.nccu.edu.tw/tw/survey/1-2019-10-05-06-14-12。

黃紀、張卿卿，2020，「台灣政經傳播研究多年期研究規劃：2019 年民眾定群追蹤面訪調查資料」，國立政治大學台灣政經傳播研究中心，DOI：10.6923/TW-TIGCR-PPS2019，https://tigcr.nccu.edu.tw/tw/survey/5-2019-10-23-11-13-41。

Chung, Hiu-Fung. 2020. "Changing Repertoires of Contention in Hong Kong: A Case Study on the Anti-Extradition Bill Movement." *China*

Perspectives 2020(3): 57-63.

Dapiran, Antony. 2020. "Hong Kong's Reckoning." In *China Dream*, eds. Jane Golley, Linda Jaivin, Ben Hillman, and Sharon Strange. Acton, Australia: ANU Press.

Hui, Victoria Tin-bor. 2020. "Beijing's Hard and Soft Repression in Hong Kong." *Orbis* 64(2): 289-311.

Chapter 10

人格特質與政治消息的關注：以2020年總統選舉為例

廖崇翰

壹、前言

　　2020 總統大選是充滿話題的一年，前一次 2016 年的總統選舉中，民進黨結束了國民黨八年的執政，蔡英文當時代表民進黨參選，並且再度取得執政權。而自 2016 年上任以來，經歷許多政策及三任行政院長與內閣的改組後，在 2018 年的縣市長選舉中，民進黨的競選結果，不如 2016 年的表現來得好，甚至民進黨長期執政的高雄市，也在該次選舉讓國民黨參選人韓國瑜當選高雄市長。在經歷過 2018 年縣市長選舉之後，國民黨的信心大增，特別是韓國瑜當選高雄市長，將高雄市行政權在歷經民進黨十二年的治理之後奪回，對於準備要迎接 2020 年總統大選挑戰的國民黨而言，重新燃起執政的信心。由於韓國瑜在競選高雄市長時所颳起的旋風，「韓粉」在網路上的聲量屢屢為韓國瑜打下高知名度，也讓他在國民黨內部將由誰角逐 2020 年總統大位有諸多討論，然而當時參與國民黨初選民調的有鴻海集團董事長郭台銘、前新北市長朱立倫、周錫瑋以及政治學者張亞中等人，相較於國民黨對於總統候選人的討論，民進黨雖然在初期，針對黨內初選的方式有爭議，但在中執會 5 月 29 日決議後，便順利執行初選民調，提出候選人的時間較國民黨早了近一個月。而在韓粉推波助瀾之下，國民黨初選民調將韓國瑜也納入人選考慮中，最終韓國瑜也因初選民調結果領先，被國民黨推舉出來競選總統，而我們知道 2020 年的總統選舉，最後仍由蔡英文總統高票連任，並且韓國瑜市長最後也在總統選舉之後，被高雄市民提起罷免選舉等，不僅在選前創造了許多話題，更在選後成為史上第一位被罷免的高雄市長，民進黨陳其邁也因此透過再次補選，重新奪回高雄市長的位置。

　　綜觀 2020 年總統選舉前後，相對於過去選舉不同的是，政治資訊及候選人消息在不同管道的媒體之間流動，這使得許多人可以從不同的管道去關注政治，也使不同政黨、不同候選人的支持者能夠掌握許多政治資訊，同時候選人以及所屬政黨可以透過資訊的互動去反映選民所期待的態度與行為表現。在過去的競選策略中，有選舉策略、競選消息的傳遞，以及透過不同場地集結支持者宣傳造勢。選舉消息的傳遞是從媒

體以及網路上的傳播，稱爲「空戰」；動員支持者集結造勢，串起各地人際關係的連結，在選舉策略上又稱爲「陸戰」，透過空戰與陸戰的資訊傳遞，炒熱選舉氣氛及話題，是近幾年重要的選戰策略。以 2020 年總統大選來說，無論是國民黨或是民進黨都在此次選舉中透過資訊「空戰」的競選策略，創造了許多話題以及選舉氣氛，也開始改變過去僅用選舉造勢的宣傳方式。這說明了政治資訊的確影響了選舉的結果以及選民的投票參與，然而這麼多的政治消息，是否都引起選民的關注呢？哪些人會去特地關注政治消息呢？是否有些人只在選舉時關心政治資訊，而平時的政治資訊較不關心呢？從上次選舉的空戰效果，可以發現政治資訊對選舉的影響程度，因此有關選民關注政治消息的情況，是值得關注的主題。本文將從人格特質的角度出發，探討 2020 年總統大選時，選民的個性與政治消息的關注上是否有關係？並探討選民在選前及選後關注政治消息的情形是否有所變化。透過人格特質與政治消息的關注情形，進一步了解不同個性的選民如何看待政治資訊，且對於不同個性的選民而言，關注政治消息的情形是否有所不同。

貳、人格特質與政治資訊

　　本節從五大人格特質理論說明不同人格特質的意義以及行爲特徵的表現，之後再進一步說明五大人格特質與政治資訊的關係，最後於理論基礎上提出不同人格特質對於政治消息關注的行爲假設。

一、五大人格特質概念

　　人格特質是個人的行爲、思考以及感受的結合。Allport（1937, 48）認爲人格是一種動態的組織，組織的運作伴隨著個人的生理心理系統（psychophysical systems），而系統運作的決定是來自於個人與環境之間獨特的互動與調整。從 Allport 的定義中我們發現人格可以從動態組織、生理心理系統以及互動調整三者來反映個人的行爲，首先動態組織的部

分，指的是心理層面的組織系統，運作的方式會根據一個人所面臨的環境而調整，在經過自律與內部行為評估後反映出個人的外在行為。第二是生理心理系統，指個人在接受生理層面的感官刺激，以及心理層面的組織運作融合後所展現出的個性。最後互動調整的部分，強調的是個人的生理因素對人格的影響，因為個人生理因素不同，所以面對環境刺激之後調整的方式也會有所不同，同樣的環境刺激會造成每個人有不同的想法與反應，這就是個人與環境之間互動的調整過程。簡而言之，人格是來自於生理心理系統下產生的特質而驅使了個人的行為，行為的產生是經過了個人生理條件與環境調適的結果（Allport 1937, 48-50），驅使個人的行為關鍵是來自於人遇到某些情境的時候如何轉換成他們的行為（Allport 1937, 284-285），在相似（similarity）外在環境的刺激，個人會根據過去的經驗做出相等（equivalence）的行為反應，由於相似情境與相等行為反應的概念是自身經驗的累積與認知，也間接說明了為何人格可以持久穩定的發展（Allport 1937, 278-285），所以人格不僅是內在因素以及外在環境評估的結果，更是持久穩定地在個人身上發展。

　　心理學家以人格特質為基礎，透過不同描述人格特徵的形容詞，最後發現人可以透過五種特質，解釋多數的個人行為，因此五大人格特質理論在經過不斷的實驗及測量後最終被確立。五大人格特質理論是 McCrae 與 Costa（2003）結合 Golberg（1990）的同義字清單篩選過後的結果，兩位學者認為人可以透過五種人格特質，說明人的個性以及解釋人們之間行為上的差異，五項人格特質可分為開放性（openness to experience）、嚴謹性（conscientiousness）、外向性（extraversion）、親和性（agreeableness）與情緒穩定性（neuroticism/emotional stability）五種，以下我們將逐一描述五大人格特質的特徵及行為表現。

　　首先是開放性人格特質，McCrae 與 Costa（2003, 46）認為此人格傾向指的是一個人會容易產生新的想法、新的方法以及新的見識或經歷，他們的思維不會拘泥於形式及框架，並且喜好接受所有的新知，對新奇的事物也會很感興趣。具有這類特質的人與他人互動時會比較不拘謹，在評論事情的時候也不會心胸狹隘或難以忍受他人的想法，相反地，不具有這種

個性傾向的人，是比較務實且循規蹈矩的個性，思想以及行爲上也會比較保守，所以開放性特徵的個人，他們對於具體、熟悉及實用的事物較缺乏興趣。從豐富的想像力、具有獨特如藝術家思維、對周遭環境的敏銳以及活潑不死板的特徵等，都是開放性人格所展現出的外在行爲（McCrae and Costa 2003, 49-50）。

嚴謹性人格特質，指的是人的個性偏向謹慎小心，對身邊的人事物都是認眞對待、錙銖必較且追求完美的個性。具有此人格的個人，會對於組織規章較爲依循，追求自我目標的達成，較有責任感且自律，通常此個性傾向會被認爲他們是工作認眞到近乎工作狂的情況，對工作追求完美，給人可靠的印象。但是相反地，嚴謹性傾向較低的人，會展現出隨意及不認眞的態度，對待人事物都比較不謹愼（McCrae and Costa 2003, 46）。從上述對嚴謹性人格描述，McCrae 與 Costa（2003, 50-51）認爲嚴謹性的外在行爲表現，可以從一個人在組織內的表現稱職與否來判斷，通常嚴謹性傾向高的人會很理性，對組織及規章的服從度較高；除此之外，責任感、追求卓越以及自律等也是嚴謹性人格的特質表現。

外向性人格特質，是指個人與他人的互動以及對於活動參與熱烈情況。McCrae 與 Costa（2003, 49）認爲外向性人格特質可以從「人際交往」及「天生性情」兩種外在行爲來觀察。首先人際交往的特質指的是帶給人溫暖、合群以及自信等感覺，展現在與人互動時讓人感受到友好、親密等風格；與外向性相反的傾向，就是帶給他人冷酷的感受，以及與他人互動是比較不友善、不好相處等，所以一個人若是帶給人不溫暖以及不合群的感覺，就是在人際互動的過程中較差。最後，自信感所散發的行爲是領袖的特質，他們會在團體中積極表達自己的想法及意見，展現他們的感受及渴望等，在人際交往的三項特質當中，無論是溫暖、合群、自信都是具有易與人相處良好的特質。除了人際交往的特質外，另外三種天生性情的特質，分別是行爲具有活力、喜愛尋求刺激，以及散發正向情緒。McCrae 與 Costa（2003, 49）指出外向性人格傾向者，喜歡忙碌於參與活動及相對健談，隨時充滿活力，另外他們也喜歡追尋外在環境的刺激，富有冒險精神，並且散播正面能量給旁人，讓人感覺充滿活力又開朗。

　　親和性人格特質，指的是一個人較無私、對他人具有信任並且富有同情心的行為表現，反之親和性傾向較低的人，會展現出比較固執且自我的一面。McCrae 與 Costa（2003, 50）對於親和性特質的描述主要聚焦於對人友善的讚美、信任、利他主義、謙虛以及溫柔的情懷等，綜合來說，他們在團體中是會與他人交好，為團體著想的程度遠勝過自己所得到的利益，信任別人，為他人著想等會讓人感到相當和善的特質。

　　最後，情緒穩定性人格特質，又稱神經質人格特質，是指個人特質的傾向呈現較多的情緒、不開心以及惱人的行為。McCrae 與 Costa（2003, 47-48）針對情緒穩定性特質的說明從焦慮、情緒低落及害羞、衝動等外在表現來判別，首先焦慮以及憤怒的敵意是這類人格特質所呈現出的情緒，儘管每個人都有情緒焦慮及對事物感受到憤怒等等，但是情緒穩定性傾向較低的人這兩種感受的發生頻率較高，愈焦慮的人就愈會神經質，於旁人相比會比較擔心很多事物，同時也比旁人易於憤怒，導致有這類特質傾向的人們無法在團體中與他人相處得很好；除了焦慮，悲傷傾向的人會感到絕望、無助，他們會懷疑自我價值以及覺得自己是罪人；容易害羞的人，他們會比較多愁善感，並且會讓自己身處在很多複雜的情緒當中，無法分清楚自己的主要感受，然後逐漸產生了複合的情緒而導致神經質的傾向。最後我們可以從衝動及易受責難等兩種情緒表達，觀察出他們的情緒穩定性人格傾向，這兩種因素是會強化此特質的傾向。衝動的人會極力表現出他們的渴望，並且自己難以控制這樣的行為，通常大吃大喝、購物狂等都具有這類的特性；易受責難的人指的是他們無法處理自己感受到的壓力，任何生活周遭的不順遂都會讓這類人格傾向者感到煩躁，深怕自己的行為導致他人的負擔而讓自己感到很恐慌，所以會發生依賴別人幫忙而不相信自己等行為產生。

　　從上述說明，我們了解五大人格特質的定義及其表現出的外在行為特徵，然而不同特徵的個人，在面對政治資訊的時候，是否也會有不同的行為反應？如果按照人格的定義而言，個人在接收外在刺激，並內化資訊之後，必然會有不同的行為反應，我們在下一段將探討五大人格特質與政治資訊的關係。

二、五大人格特質與政治資訊關注

前述我們說明五大人格特質的概念以及不同性格所展現的行為表現，而在面對政治消息時，人格特質各自會展現出何種行為與態度呢？相關的研究主要在 Mondak（2010）以及 Gerber（2011）等人的研究。我們依序將其對人格特質的假設，以及實證研究，逐一說明。

五大人格特質與政治消息的研究，Mondak（2010）將五大人格特質及政治資訊的關係從媒體使用、政治討論、對政治知識以及民意的注意情形進行分析。他認為人格特質與政治行為的連結中，媒體的影響相當重要，並且不同的人格特質對於使用媒體的關注上也會有所不同，他認為開放性人格、嚴謹性人格以及外向性人格等三項人格特質，會對媒體較為關注。從人格特質的定義上來看，開放性人格對任何資訊是表現出相當渴望的，所以開放性人格傾向愈高，會愈渴望去關注媒體的資訊來獲得政治消息；嚴謹性人格因為具有責任感以及負責的心態，在國家的框架中，自己在角色就是公民的責任與義務，要扮演好公民的角色，履行責任與義務的話，就要了解政治資訊，便於了解國家大事；外向性人格因為具有較高的社交能力，良好的資訊能夠幫助他們在與人互動中有較多話題，而跟他人之間最大的話題，就是國家大事，關注媒體及吸收政治資訊，有助於展現與他人不同的主見。Mondak（2010）的研究中發現，在媒體關注上，外向性人格傾向愈高者，對於媒體的使用度較高，也較為關注資訊，這符合該人格本身的理論表現，但是開放性人格與媒體之間是沒有關聯的，這與開放性人格積極吸收資訊的表現較為不同，另外嚴謹性人格愈高者，會較常透過電視新聞來獲取政治資訊，也可說明嚴謹性人格對自己身為公民的責任義務，有較積極的一面。另外在政治討論的部分，開放性人格和外向性人格愈高者，跟朋友討論政治的次數也會愈高；但嚴謹性人格以及親和性人格傾向愈高者，反而較不會與他人討論政治，可見得嚴謹性人格對於政治消息的取得方式，不會透過與他人討論的方式獲得，親和性人格因為避免衝突的個性，會不傾向與他人討論政治。最後在政治知識以及其他政治意見的關注情形上，發現開放性人格傾向愈高，注意政治消息及吸收相

關政治知識的情況也會愈高，但是嚴謹性以及外向性人格愈高者，較不會吸取政治相關知識以及其他政治意見。從 Mondak（2010）的研究結果對照五大人格特質的預期是有些許差別，一開始預期開放性、嚴謹性以及外向性人格傾向愈高者會比較偏好注意政治資訊，不管是在媒體使用上、政治討論以及其他意見的關注，然而結果顯示開放性人格不會偏好在媒體使用上，反而是外向性人格以及嚴謹性人格愈高，會較常使用媒體獲取政治資訊，另外在政治討論的情形中，嚴謹性人格也和預期表現不同，較不會去和他人討論政治。最後在注意政治意見及資訊的部分，嚴謹性與外向性人格卻不會傾向關注政治訊息，這也與五大人格特質的預期有所不同，然而 Mondak（2010）的研究讓我們更確定，政治資訊對於個人內化成為行動表現的過程中會受到其他因素的影響，在某些情況下，政治資訊對於不同個性的人有不同的意義，才會有不同於預期的行為表現，也同時強調了外在環境對個人內化外在刺激的重要性。

除了 Mondak（2010）之外，Gerber（2011）等人也發現政治資訊以及五大人格特質的關係，Gerber（2011）等人發現開放性人格愈高者會對於吸收政治知識感興趣，也會有較高的機會去說服別人的想法，另外嚴謹性人格以及外向性人格愈高者，也會對於基本的政治事務有興趣，並追求相關資訊，整體來說 Gerber（2011）等人的研究與 Mondak（2010）的研究發現相近，這也說明個人的人格特質不同，對於不同途徑的政治資訊關注情況也會有所不同。從實證研究結果來看，關注政治資訊的情況中，開放性、嚴謹性以及外向性人格愈高者，對於政治資訊的關注都較高，但是將政治資訊在以不同途徑細分之後，媒體、政治知識以及與他人討論政治的情況中，不同的人格特質皆有不同的表現。

相對於西方的研究，台灣在人格特質及政治資訊的討論尚未有實證研究出現，但我們從上述研究中也了解到不同性格的人，對於政治資訊的反應是不同的，這可以幫助我們進一步了解到，選民的政治行為是可以藉由選民的個性來探討。因此本文以 2020 年總統大選的選前及選後兩個時間點的電話訪問資料，分析人格特質與關注政治資訊的情況，與先前的研究較為不同的是，過去西方研究主要是聚焦於人格特質與不同政治資訊的關

注情形，但本文分析的是關注政治消息於選前和選後的變化，如果選前及選後不變的話，代表人格對於政治消息的關注是穩定的行為表現，若選前與選後是有變化的，無論對政治消息的關注是變高或變低，皆代表人格對政治消息的關注會因為選舉活動而有所變動，也說明了人格特質會受到環境脈絡而影響不同個性的人的行為表現。這也便於日後討論選民政治行為時，提供更多元的解釋面向。

　　根據五大人格特質理論對外在行為表現上的預期，以及人格特質與政治資訊的實證研究，本文對於人格特質與關注政治消息的情形做出以下幾點假設：

　　（一）開放性與嚴謹性愈高者，選前與選後對政治消息的關注不變。

　　（二）外向性愈高者，選後對政治消息的關注較低。

　　（三）親和性與情緒穩定性愈高者，選後對政治消息的關注較高。

　　在公領域訊息日新月異，並且與公共事務息息相關的政治資訊前，不同性格的選民會按照自己的個性持續關心著資訊的發展。首先，開放性人格在過去研究中，是會去與他人討論政治事務以及吸收基本政治知識的；嚴謹性人格則是會較常看電視，並且會去注意基本的政治事務及政治知識。前者是不拘泥於規則框架的思維；後者是遵守規則，依循制度的個性。外向性人格基於需要展現良好的社會互動，需要主題及舞台以發展他的魅力，相較於選後確定的結果，選前來自四面八方的資訊以及對選舉結果的不確定感，讓外向性人格傾向者有更多的機會去發揮他們的意見，也會有更多的舞台去展現他們良好的領袖氣息，所以選後的確定結果會讓他們對於政治消息的關注降低；親和性人格，因為展現出團體和諧的行為，選前對於選舉結果較為不確定的討論，特別容易與自己理念不合的人起衝突，但在選後結果確定之後，經過激情過後的冷靜，也會讓親和性特質的人願意與他人談論政治消息，以便融入團體討論選舉結果。情緒穩定性，因為對環境抗壓程度的不同，對周遭訊息的敏感度也有不同，在政治消息的關注上，因為選後的選舉結果已經確定，選舉時期的強烈資訊變少，情緒穩定較高者也較能吸收政治消息，對政治資訊也應該會較關注。

　　以上是本文根據過去研究以及文獻理論所設計的假設，我們在下一節將說明本文如何進行操作，包括研究設計、資料來源以及變數操作等，以驗證本文研究假設。

參、資料來源與研究設計

　　本文欲分析在 2020 年總統大選期間，不同個性的選民在選前與選後關注政治消息的變化及差異，使用的資料來源為陳陸輝所主持的「新台灣選民」科技部計畫，該計畫總共執行兩次電話訪問，第一次電訪是 108 年 10 月 2 日至 10 月 8 日的總統大選之前，共完成 2,053 份的成功樣本；第二次電訪是在 109 年 1 月 14 日至 1 月 19 日，追蹤第一次電訪的 2,053 位成功樣本的意見，最後追蹤完成了 971 份成功樣本，我們以總統大選的選前電話訪問以及選後追蹤的訪問來比較不同人格的選民在選前及選後對政治消息關注的差異。

　　本文主要比較選前及選後人格特質與政治消息的關注情形，依變數是選民對政治消息的關注，然而我們要進行不同時期的差異比較，因此在依變數的處理上，我們將兩次電訪選民關注政治消息的結果相減，使用第二次電訪中選民對政治消息關注的情形減去第一次選民對政治消息關注的情形，便可計算出選民在選前及選後關注政治消息的差異，倘若相減的結果是負數時，代表選民在選後關注政治消息的情況降低；相減為 0 的話，代表選民在選後關注政治消息的情況與選前的關注情況無差異；最後如果兩者相減的結果為正數時，代表選民在選後的關注政治消息的情形會變高。因此我們將兩次電訪結果相減之後，重新編碼為三類，分別是關注政治消息變低、關注政治消息變高以及關注政治消息沒有改變三者，透過三分類，分析選民在選前和選後關注政治消息的情況差異。

　　自變數部分，主要可分為五大人格特質、個人的政治態度以及選民的人口背景三大類。五大人格特質的部分，我們以 Gosling（2003）等人所提出的 10 項測量（ten item personality inventory）題目蒐集選民的人格特

質，每一項人格特質分別用兩道題目測量，一題為正向形容詞，另一題為反向形容詞，每一題的形容詞以兩個相近的概念進行測量，測量所得的結果將反向形容詞的測量轉為正向後，兩道題進行相加合併，由於每道題目的測量為 0 至 10，相加之後會成為 0 至 20 區間的變數，接著我們將合併的變數除以 20，使其成為範圍是 0 至 1 的變數，最終五大人格特質變數是以五個 0 至 1 的變數呈現來分析。

　　個人政治態度的部分，我們將個人的政黨認同、統獨立場以及台灣人／中國人認同納入分析。政黨認同是解釋選舉的重要變數，在 2020 年總統選舉中，候選人所屬的政黨分別是民進黨、國民黨以及親民黨，親民黨與國民黨是偏向泛藍，民進黨是偏向泛綠，因此我們在政黨認同的操作上分為泛藍、泛綠以及中立三項，泛藍政黨包括國民黨、親民黨、新黨等；泛綠政黨包括民進黨、時代力量、民眾黨以及台聯黨；中立指的是不偏向泛藍與泛綠的任何一個政黨。統獨立場的部分，是在台灣分析選舉時重要的變數，兩岸關係一直都影響著政黨的政策及選舉策略走向，我們將統獨立場分為偏向統一、偏向獨立以及維持現狀三項。最後台灣人與中國人認同部分，我們將選民的認同分為台灣人、中國人與兩者都是三項。平時的政策制訂以至全國選舉時，幾乎都會將兩岸議題納入攻防意見，並且政治消息會有部分與統獨立場有關連；另外政黨認同也是影響選民投票的主要原因，因為對政黨的喜好關係，所以選民會支持自己偏好的政黨情況下，在關注政治消息時也會蒐集對自己所支持的政黨相關的特定訊息，乃至於會出現某個政黨的支持者比較喜歡看哪一台電視新聞，或是哪一份報紙等情形的狀況，因此在分析選民對政治消息的關注情形，我們納入政黨認同一併分析；而在台灣人／中國人認同的概念上，由於認同的不同，對於政黨的政策偏好也會不同，也影響了選民偏好特定政黨以及統獨立場的情形，並且對於政治消息的關注也會有不同的偏好及動力，所以將台灣人／中國人認同納入分析，也幫助我們理解在關注政治消息時，認同對於蒐集資訊的影響情形。

　　除此之外，由於本次分析是以 2020 年總統大選期間為主，政治消息的內容也就因此是以選舉為主，如同先前所述，國民黨在黨內初選時已經

有不少話題，加上韓粉的支持讓韓國瑜可以在黨內初選民調中得到多數國民黨員的支持，並代表國民黨競選總統，韓粉即是韓國瑜支持者，也就是比較喜歡韓國瑜的人，這些韓粉具有左右選舉結果以及影響政治消息發展的角色，所以在本次分析選民關注政治消息的情況，我們也將選民對蔡英文以及韓國瑜的喜好程度一併納入成為自變數，由於兩次電訪皆有針對兩次候選人的喜好程度進行測量，因此我們也透過個人選前及選後對於兩位候選人的喜好變化來分析對政治消息的關注，我們同樣將選民對於同一候選人兩次的偏好相減，相減為負值代表對同一候選人偏好變低，相減為正值代表對同一候選人的偏好變高，相減為 0 者代表選前選後對同一候選人的偏好沒有改變，因此我們將選民的候選人偏好變化重新編碼為三類，分別是偏好變低、偏好不變以及偏好變高。

　　人口背景的部分，主要是選民的年齡、性別、教育程度以及父親省籍。不同年齡層關注政治消息的狀況也會有所不同，年輕人因為熟悉使用網路，獲取政治訊息的方式會比長輩來得多，由於 2019 年台灣結婚平均年齡，男性為 34.7 歲，女性為 32.1 歲，代表 40 歲以下是台灣民眾結婚生子的分水嶺，進入家庭生活也代表了生命週期的改變，會使個人的價值觀有所改變，對政治的態度以及對訊息的關注也會有所不同，因此我們將年齡分為 20 歲至 39 歲、40 歲至 59 歲、60 歲以上，用 20 歲為區間分為三類。性別上，男性較女性更常討論政治事務，不過出現在媒體前的女性政治人物通常都讓人印象深刻，加上韓國瑜競選時的言論有被認為在物化女性的情形，因此性別對於政治消息的關注上，我們也納入分析。教育程度上，候選人雖然出身都是屬於教育菁英，但是韓國瑜過去曾在農會系統中服務過，因為政治經歷不同，也導致候選人展現的政治風格有所不同，也各自吸引不同教育程度的選民，所以我們將教育程度分為國中學歷以下、中學（高中、職）以及專科以上。省籍部分，則是因為總統大選時，省籍常被操作成不同的統獨偏向。這些都會是選前跟選後政治消息的主要內容，因此將這些變數都一併納入，幫助我們了解在這些選民政治態度、人口背景之下，如何影響他們關注政治消息的情況。有關本文的研究架構圖如圖 10-1 所示。

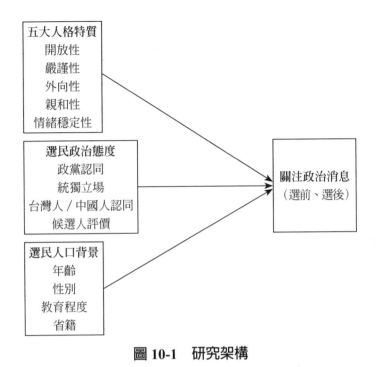

圖 10-1　研究架構

資料來源：作者自繪。

　　以上為本文的研究設計以及資料來源，相關的問卷測量如附錄 10-1。針對選民人格與政治消息的關注情形，下一段將繼續說明資料分析結果。

肆、資料分析

　　本節將進行資料分析，依變數為選民選前與選後關注政治消息的變化，前述提及依變數是以關注降低、關注變高以及關注不變三類，因此在分析上我們使用多元勝算對數模型（multinomial logistic regression）進行。選民選前選後關注政治消息的情形如表 10-1 所示，可以發現選前選後關注政治消息不變的比例較高，占了將近六成；而變動的部分，選後關注變多比變少的人要多，可見選民不僅因為選舉期間會關注政治消息，選後也

表 10-1　台灣選民關注政治消息的變化

變數名稱	次數	百分比
關注變低	191	20.0
關注不變	559	58.5
關注變高	206	21.5
合計	956	100.0

資料來源：陳陸輝（2019，2020）。

持續關注政治消息。

　　人格特質的部分，我們從第一次的電訪資料來看，台灣選民的五大人格分布如表 10-2 所述。從內容上來看，台灣民眾的嚴謹性人格平均數比其他四項人格特質略高，與親和性人格及情緒穩定性人格二者的平均數較為接近，而開放性人格以及外向性人格兩項，與其他三項人格相比平均數略低一些。可以看出台灣民眾嚴謹性人格傾向較高、外向性人格傾向較低的總體趨勢。

　　了解選民性格的整體趨勢，以及選民在關注政治消息上，選前與選後的總體情形後，我們接續分析選前選後，人格特質對政治消息關注的差異為何，分析如表 10-3。

　　表 10-3 的結果告訴我們人格特質對於政治消息的關注，在選前與選後會有不同的變化。相對於選後關注政治消息沒有改變的選民，外向性人格愈高的選民，在選後關注政治消息的情形會降低；親和性人格愈高的選民，選後關注政治消息的情形會提高，這樣的結果從人格特質的預期中不難理解，因為外向性人格會表現出良好的互動以及需要展現意見的舞台，在選前會有相當大量的政治消息去討論選舉的發展，所以外向性人格的選民，會把握吸收資訊的機會，並且與他人分享自己的看法，甚至在團體中表現自己對於選舉的獨特見解，反觀選後已經確定選舉結果，大部分的選民在選舉的激情過後也逐漸冷靜下來，因此外向性人格傾向的選民，相比選舉前對政治消息的關注會降低。有趣的是親和性人格在選後關注政治消

表 10-2　台灣選民人格特質分布

變數名稱	樣本數	最小值	最大值	平均數	標準差	信度
開放性	1,971	0	1	0.54	0.17	0.78
嚴謹性	1,952	0	1	0.69	0.17	0.76
外向性	1,958	0	1	0.53	0.19	0.76
親和性	1,981	0	1	0.66	0.15	0.73
情緒穩定性	1,992	0	1	0.67	0.17	0.89

資料來源：陳陸輝（2019）。

表 10-3　人格特質與政治消息注意變化

	關注變低／沒有改變			關注變高／沒有改變		
	係數	標準誤	Exp(B)	係數	標準誤	Exp(B)
開放性（0-1）	−0.43	(0.65)	0.65	0.19	(0.59)	1.21
嚴謹性（0-1）	−1.08	(0.67)	0.34	−0.73	(0.61)	0.48
外向性（0-1）	1.42[**]	(0.55)	4.15	0.40	(0.50)	1.49
親和性（0-1）	1.28	(0.71)	3.61	1.92[**]	(0.66)	6.81
情緒穩定性（0-1）	−0.12	(0.65)	0.89	0.05	(0.59)	1.05
蔡英文偏好差異（不變＝0）						
偏好變低	−0.16	(0.31)	0.98	−0.10	(0.31)	0.91
偏好變高	−0.24	(0.22)	0.79	0.32	(0.22)	1.37
韓國瑜偏好差異（不變＝0）						
偏好變低	0.68[**]	(0.25)	1.98	0.25	(0.24)	1.28
偏好變高	0.49[*]	(0.24)	1.64	0.43[*]	(0.22)	1.54
統獨立場（維持現狀＝0）						
偏向統一	−0.46	(0.39)	0.63	0.33	(0.35)	1.39
偏向獨立	0.01	(0.27)	1.01	0.37	(0.23)	1.44
政黨認同（中立＝0）						
偏向泛藍	0.32	(0.28)	1.38	−0.52	(0.27)	0.60
偏向泛綠	0.47	(0.28)	1.59	0.03	(0.23)	1.03

表 10-3　人格特質與政治消息注意變化（續）

	關注變低／沒有改變			關注變高／沒有改變		
	係數	標準誤	Exp(B)	係數	標準誤	Exp(B)
台灣人／中國人認同（都是＝0）						
偏台灣人	−0.21	(0.25)	0.81	0.02	(0.24)	1.02
偏中國人	1.50**	(0.49)	4.49	0.66	(0.58)	1.93
年齡（60 歲以上＝0）						
20-39 歲	0.26	(0.34)	1.29	−0.02	(0.24)	0.99
40-59 歲	0.58*	(0.29)	1.78	0.20	(0.27)	1.22
性別（男性＝0）						
女性	0.27	(0.20)	1.31	0.25	(0.19)	1.29
教育程度（專科以上＝0）						
國中以下	0.19	(0.31)	1.21	0.39	(0.28)	1.47
高中職	−0.12	(0.23)	0.89	−0.02	(0.22)	0.98
父親省籍（大陸各省市＝0）						
本省客家人	−0.76*	(0.38)	0.47	−0.18	(0.44)	0.83
本省閩南人	−0.56*	(0.27)	0.57	0.52	(0.33)	1.69
常數	−2.11*	(0.84)	0.10	−3.16***	(0.81)	0.04
統計資訊	$X^2 = 89.85^{***}$; Pseudo $R^2 = 0.0582$; N = 828					

資料來源：陳陸輝（2019，2020）。

說明：***：$p < 0.001$；**：$p < 0.01$；*：$p < 0.05$；$^{+}$：$p < 0.1$（雙尾檢定）。

息會變高，由於選前的政治資訊較多，百家爭鳴的階段，跟他人討論政治時會容易產生不同的意見，但在選後已經確定選舉結果，親和性個性的人為了保持跟大家一致的認同，會關注政治消息，一方面可以避免與不同意見的人產生衝突，另一方面在大局已定的情況下，了解政治訊息也幫助自己在團體內被認同等。

　　在其他變數的影響情況中，對於候選人的偏好也會影響其關注政治消息的情況，特別是在對韓國瑜的偏好上，我們發現相較於關注政治消息

沒有改變的選民，選後較不喜歡韓國瑜的選民，以及選後變得更喜歡韓國瑜的選民，關注政治消息的情況在選後都降低了，這樣的情況可以說明韓國瑜的支持者，其實都比較不在乎政治消息如何發展，而是唯一支持韓國瑜，而在選後變得比較喜歡韓國瑜的選民，也有關注政治消息變高的情況，主因可能在於韓國瑜如何回到高雄繼續當市長，以及高雄市民是否會罷免韓國瑜等等的消息特別關注。

　　人口背景的部分，偏好自己是中國人的選民，選後關注政治消息的情形會降低，這可能與選舉結果有關，因為蔡英文在本次選舉中拿下史上最高票當選，認同自己是中國人的選民在選舉結果出現之後，選擇不關心政治消息來冷靜面對選舉結果，年齡的部分，相較於 60 歲以上的選民，40 歲至 59 歲的選民會在選後較不關注政治消息，原因可能在於這個年齡層的選民，在選前較為關注政治消息是因為選前的政治消息會以選舉為主，在選舉結果確定之後，相關選舉的消息量變少了，對於政治消息的關注也降低了，可見得這個年齡層的選民可能會比較關注選舉消息多於政治消息；最後省籍部分，本省人相較於大陸各省市人，關注政治消息的情況都變低，可能的原因在於選舉時期的政治消息，會較凸顯省籍問題，但在選舉結束後，省籍問題就不被提及，所以本省族群彼此之間就不會再持續關注政治消息。

伍、結論

　　本文以五大人格特質解釋台灣選民在選前與選後關注政治消息的變化，從結果上來看，與西方的實證研究有所不同。西方研究中發現，開放性人格、外向性人以及嚴謹性人格對政治資訊關注較高，而在台灣的研究中我們發現，外向性人格在選後較不關注政治消息，因為選後的政治消息不及選前來得多元，討論政治話題也相對減少；而親和性人格在選後會較關注政治消息，以保持自己在團體中的合群，這與我們先前的理論假設一致。開放性與嚴謹性的人格，相較於關注消息不變的人，具有兩者特質的

選民皆不會影響他們關注政治消息的變化，而情緒穩定人格，也並未影響選民在選前及選後關注政治消息的情況，這三項人格特質與我們最初的研究假設不同，也說明了台灣的情況與西方社會的差異。

　　透過選民人格對政治消息關注的變化，提供了選民的政治行為更多元的解釋，人格在理論上是不變的，但是在不同的環境脈絡情境下，會讓個人政治行為有不同反應，我們比較選前與選後對政治消息的關注，不僅發現人格對關注政治消息的情形在選前與選後有所不同之外，也證實了選舉氛圍所營造出的環境會影響人格對政治消息關注的變化，也是本文在分析人格特質影響個人行為及態度的主要貢獻。

附錄 10-1

變數測量方式

變數名稱	測量題目
外向性	我們經常會談到一個人的個性，每個人都不太一樣。以下我們會列出許多個人特質的描述，有些很適合用來描述您，有些並不適合。請您用 0 到 10 來表示這個特質適不適合用來描述您的個性。0 表示非常不適合、5 表示普普通通、10 表示非常適合。 請問您覺得「外向、熱情」適不適合描述您的個性？0 到 10 適合描述您的程度是多少？ 請問您覺得「不主動表達意見、安靜」適不適合描述您的個性？0 到 10 適合描述您的程度是多少？
親和性	那「為他人著想、貼心」呢？ 那「批判、喜歡辯論」呢？
嚴謹性	那「可以依賴的、自制的」呢？ 那「毫無組織、漫不經心」呢？
情緒穩定性	那「沉穩、情緒穩定」呢？ 那「焦慮、容易沮喪」呢？
開放性	那「追求嘗試新事務或是經歷」呢？ 那「保守、循規蹈矩」呢？
關注政治消息	請問您對政治相關的消息注不注意？ 1. 非常注意；2. 有點注意；3. 不太注意；4. 非常不注意。
蔡英文偏好	接著（台：擱來），我們想要請您用 0 到 10 來表示您對這次總統選舉兩黨候選人的看法，0 表示您「非常不喜歡」這個人，10 表示您「非常喜歡」這個人。 請問，0 到 10 您會給蔡英文多少？
韓國瑜偏好	請問，0 到 10 您會給韓國瑜多少？
政黨認同	在目前國內的政黨中，請問您認為您比較支持哪一個政黨？
台灣人／中國人認同	在我們社會上，有人說自己是「台灣人」，也有人說自己是「中國人」，也有人說都是。請問您認為自己是「台灣人」、「中國人」，或者都是？ 1. 台灣人；2. 中國人；3. 都是。

變數測量方式（續）

變數名稱	測量題目
統獨立場	關於台灣和大陸的關係，有下面幾種不同的看法，請問您比較偏向哪一種？ 1. 儘快統一；2. 儘快宣布獨立；3. 維持現狀，以後走向統一；4. 維持現狀，以後走向獨立；5. 維持現狀，看情形再決定獨立或統一；6. 永遠維持現狀。
性別	受訪者性別？（男性；女性）
年齡	請問您是民國那一年出生的？
教育程度	請問您的最高學歷是什麼？
省籍	請問您的父親是本省客家人、本省閩南、大陸各省市人、原住民，還是新住民？

資料來源：陳陸輝（2019）。

參考書目

陳陸輝，2020，《新台灣選民》，科技部補助專題研究計畫，計畫編號：MOST 109-2811-H-004 -516，台北：科技部。

Allport, Gordon W. 1937. *Personality: A Psychological Interpretation.* New York: H. Holt.

Gerber, Alan S., Gregory A. Huber, David Doherty, and Conor M. Dowling. 2011. "The Big Five Personality Traits in the Political Arena." *Annual Review of Political Science* 14: 265-287.

Gerber, Alan S., Gregory A. Huber, David Doherty, and Conor M. Dowling. 2011. "Personality Traits and the Consumption of Political Information." *American Politics Research* 39(1): 32-84.

Goldberg, Lewis R. 1990. "An Alternative 'Description of Personality': The Big-Five Factor Structure." *Journal of Personality and Social Psychology* 59(6): 1216-1229.

Gosling, Samuel D., Peter J. Rentfrow, and William B. Swann Jr. 2003. "A Very Brief Measure of the Big-Five Personality Domains." *Journal of Research in Personality* 37: 504-528.

McCrae, Robert R., and Paul T. Costa, Jr. 2003. *Personality in Adulthood: A Five-Factor Theory Perspective*. New York: Guilford Press.

Mondak, Jeffery J. 2010. *Personality and the Foundations of Political Behavior*. Cambridge: Cambridge University Press

Mondak, Jeffery J., Matthew V. Hibbing, Damary Canache, Mitchell A. Seligson, and Mary R. Anderson. 2010. "Personality and Civic Engagement: An Integrative Framework for the Study of Trait Effects on Political Behavior." *American Political Science Review* 104(1): 85-110.

Appendix

2020年總統選舉相關新聞 *

* 本資料初稿由沈庭如小姐整理，特此致謝。

2018 年 11 月 24 日至 2020 年 4 月 12 日

年	月	日	事 記
2016	7	25	立法院三讀通過《政黨及其附隨組織不當取得財產處理條例》。8 月 31 日，不當黨產處理委員會正式，時任民進黨籍不分區立委顧立雄爲不當黨產處理委員會主任委員。
2016	12	23	一例一休第一階段：總統府公布的《勞動基準法》修正案，其中第 36 條，「勞工每七日中應有二日之休息，其中一日爲例假，一日爲休息日。」對於「一例一休」的討論開始。
2017	1	1	一例一休第二階段：《勞動基準法》修正案落實週休二日、加班費加碼。2017 年 1 月 1 日正式實施，除「一例一休」，也取消七天的國定假日。並在 2018 年 1 月修法放寬「七休一」、休息日加班工時核實計算、放寬單月加班工時上限至五十四小時……等規定。
2017	1	26	《電業法》修法總統公布：其中第 95 條第 1 項載明：「核能發電設備應於中華民國一百十四年以前，全部停止運轉。」
2017	5	24	《司法院釋字第 748 號解釋》公布，解釋文表示：《民法》第四編親屬第二章婚姻規定與《憲法》第 22 條保障人民婚姻自由及第 7 條保障人民平等權之意旨有違。有關機關應於本解釋公布之日起二年內，依本解釋意旨完成相關法律之修正或制定。
2017	7	6	立法院通過《前瞻基礎建設特別條例》。以四年爲期編列 4,200 億預算。
2017	12	27	《促進轉型正義條例》由總統公布施行。
2018	1	5	台灣大學選出管中閔爲台大第 12 屆新任校長，預計 2 月 1 日上任。
2018	4	14	潘文忠請辭教育部長獲准。
2018	4	19	教育部長由中研院院士、東華大學前校長吳茂昆接任。
2018	4	27	教育部拒聘管中閔，裁決台灣大學必須重啓遴選程序。
2018	5	29	吳茂昆辭職下台，任期四十一天，成爲任期最短的教育部長。
2018	5	31	促進轉型正義委員會成立：依照《促進轉型正義條例》成立促轉會。
2018	7	1	軍、公教年改正式執行，公教人員受影響程度遠比軍人爲大。
2018	7	16	前內政部長、台灣大學法律系教授葉俊榮接任教育部長。
2018	9	11	促進轉型正義委員會副主任委員張天欽在內部會議中發言偏離行政中立的錄音被媒體公布而引發風波。
2018	9	12	張天欽發布聲明宣布辭去促轉會副主委一職。
2018	9	12	葉俊榮要求台灣大學遴選會，回到先前的會議議程，先決議遴委蔡明興是否需迴避或解除職務，再重新推薦 5 位候選人（含管中閔在內）開始依法進行遴選，決定結果報請教育部聘任。

年	月	日	事 記
2018	10	4	台灣大學正式回函教育部，指重啓遴選無法源依據，難以重啓。
2018	11	24	地方選舉與全國性公民投票同時舉行，公民投票通過第 7、8、9、10、11、12、16 案：第 7、8 案爲能源相關公投；第 10、12 案爲婚姻相關公投。
2018	11	24	民進黨地方選舉大敗，繼總統蔡英文請辭黨主席、行政院長賴清德請辭院長一職被慰留後，總統府秘書長陳菊也宣布請辭，不過總統府稍後也表示，陳菊已獲慰留。
2018	11	26	針對此次地方大選民進黨慘敗，黨主席蔡英文在開票當晚就表示將爲敗選負責請辭，行政院長賴清德也口頭請辭但遭慰留，行政院今（26）日召開記者會表示，賴清德表示，經過與蔡英文再次討論後，決定留任，對於公投結果他也尊重，接下來將針對此次公投結果與立法院民進黨團討論後續修法方向。
2018	12	1	行政院長賴清德今日下午召集閣員召開敗選「政策檢討會議」，會中環保署長李應元、農委會主委林聰賢、交通部長吳宏謀再度表示請辭，會後賴揆也已准辭。
2018	12	1	中選會主委陳英鈐爲選務爭議請辭負責，但今天被踢爆辭職正式生效日爲 12 月 3 日，立法委員林奕華痛批，當然和貪圖可以以部長等級薪資計算拿到整年的年終獎金有關。
2018	12	6	蔡英文在地方選舉敗選後，舉辦首場「迴廊談話」，針對敗選後傳出民進黨內有「逼宮說」做出說明。
2018	12	24	葉俊榮宣布勉予同意管中閔擔任台灣大學校長。
2018	12	25	教育部長葉俊榮昨（24）日宣布，「勉予同意」中央研究院院士管中閔接任台灣大學校長，引發社會討論，行政院長賴清德今（25）日下午約見葉俊榮，同樣「勉予同意」葉部長提出的辭呈。
2018	12	25	卸任新北市長的朱立倫宣布將成立工作室，投入 2020 年總統選舉。他說，這是很清楚的目標，將爲台灣打拚、與國際接軌，尋找解決問題的方法，並以新北市施政經驗推廣到全國。
2019	1	2	中共中央今天在北京人民大會堂舉行《告台灣同胞書》發表四十週年紀念會，習近平出席並發表對台談話。全文提及：「海峽兩岸分隔已屆七十年。台灣問題的產生和演變同近代以來中華民族命運休戚相關。……1949 年以來，中國共產黨、中國政府、中國人民始終把解決台灣問題、實現祖國完全統一作爲矢志不渝的歷史任務。……七十年來，我們秉持求同存異精神，推動兩岸雙方在一個中國原則基礎上達成『海峽兩岸同屬一個中國，共同努力謀求國家統一』的『九二共識』，開啓兩岸協商談判，推進兩岸政黨黨際交流，開闢兩岸關係和平發展道路，

年	月	日	事　記
			實現兩岸領導人歷史性會晤，使兩岸政治互動達到新高度。……我們把握兩岸關係發展時代變化，提出和平解決台灣問題的政策主張和『一國兩制』科學構想，確立了『和平統一、一國兩制』基本方針……。……探索『兩制』台灣方案，豐富和平統一實踐。『和平統一、一國兩制』是實現國家統一的最佳方式！」其中，「一國兩制」、「台灣方案」的說法受到矚目。
2019	1	2	蔡英文下午也發表談話表示：「今天上午，中國國家主席習近平，發表了所謂《告台灣同胞書》四十週年的紀念談話，提出了探索一國兩制、台灣方案等相關內容，身為中華民國的總統，我要在此說明我們的立場。首先，我必須要鄭重指出，我們始終未接受『九二共識』，根本的原因就是北京當局所定義的『九二共識』，其實就是『一個中國』、『一國兩制』。……其次，我們願意坐下來談，但作為民主國家，凡是涉及兩岸間的政治協商、談判，都必須經過台灣人民的授權與監督，並且經由兩岸以政府對政府的模式來進行。……第三，必須以和平對等的方式來處理雙方之間的歧異，而不是用打壓、威嚇，企圖讓台灣人屈服。第四，必須是政府或政府所授權的公權力機構，坐下來談，任何沒有經過人民授權、監督的政治協商，都不能稱作是『民主協商』。……『四個必須』正是兩岸關係能否朝向正面發展，最基本、也最關鍵的基礎。」
2019	1	3	蔡英文總統在臉書表示：日前海漂到金門的死豬，行政院農業委員會剛剛公布檢驗結果，確認檢體驗出非洲豬瘟病毒。農委會已立即採取管制措施，並將暫停金門豬隻及其產品運輸到台灣本島兩週。
2019	1	3	四位獨派大老包括吳澧培、李遠哲、彭明敏及高俊明今天在平面媒體發表聯名公開信，提出呼籲總統蔡英文放棄競選連任。
2019	1	4	針對國民黨主席吳敦義曾質疑總統提名初選全民調有灌水問題，剛卸任新北市長朱立倫說，2018 年縣市長選舉，包含高雄、台中、新北，都是透過全民調方式產生國民黨提名的候選人，只要大家有信心，民調題目設計得好，目前這是社會大眾比較能接受的。
2019	1	5	藍綠與無黨籍要角可能參選 2020 年總統大選者眾，《蘋果日報》針對 7 位政治人物進行互比式民調顯示，新北市前市長朱立倫支持度 33.61% 排行第一，台北市長柯文哲 13.09% 位居第二，行政院長賴清德 12.15% 排第三，而現任總統蔡英文支持度 10.16% 排行第四。
2019	1	6	行政院發言人 Kolas Yotaka 在臉書上 PO 文，稱非洲豬瘟是生化炸彈，引發各界討論。
2019	1	11	行政院長賴清德 11 日上午召開臨時院會，率全體內閣總辭，結束一年四個月任期。蔡英文總統宣布由蘇貞昌接任行政院長。

年	月	日	事　記
2019	1	12	總統蔡英文昨（11）日宣布蘇貞昌接任行政院長後，蘇貞昌立即啟動內閣人事徵詢。其中，副院長由陳其邁接任、教育部長由潘文忠回任、交通部長由林佳龍接任，較受矚目。
2019	1	12	距離 2020 年總統大選還有兩年的時間，不過已經有多人先行表態參選，前行政院長張善政，坦言曾考慮過參選總統。
2019	1	21	《遠見雜誌》最新民調指出，2020 年總統選舉，依然由台北市長柯文哲領先（27.8%）。值得注意的是，在中國國家主席習近平發表演講後，總統蔡英文的民調從九合一大選後的低點攀升，與前行政院長賴清德並列民進黨內呼聲最高的候選人。
2019	1	21	身兼時代力量執行黨主席的立委黃國昌，21 日在記者會上宣布，將卸下黨主席職務，並表明不會參選 2020 年總統，也不太可能進入民進黨執政的行政部門。
2019	1	22	台塑集團總裁王文淵表示，對於今年景氣保守看待，除了美中貿易戰以外，兩岸關係不好也有影響。
2019	1	23	台北市長柯文哲今晚接受電視節目《年代向錢看》專訪，被問及是否組黨議題時，柯稱「我正在想」，但否認說過要選總統。
2019	1	23	TVBS 今日公布最新 2020 年總統大選民調，不論民進黨和國民黨由誰參選，皆是以無黨籍的台北市長柯文哲支持度最高；如果綠營派前行政院長賴清德，藍軍由前新北市長朱立倫出征，柯文哲支持度為 33%，朱立倫是 29%，賴清德 21%。
2019	1	23	台灣制憲基金會董事長辜寬敏今天呼籲總統蔡英文請前行政院長賴清德出馬，希望兩人搭檔參選 2020；至於是「蔡賴配」或「賴蔡配」，他說，「這是他們決定，這不是我決定的事」。
2019	1	27	台北、台中兩席立委補選結果揭曉，分別由民進黨的何志偉、國民黨的沈智慧勝出。
2019	1	28	新任民進黨主席卓榮泰接受廣播節目《POP 搶先爆》專訪，針對 2020 年總統大選，卓榮泰表示「民進黨會在 4 月中旬確定要推派的總統候選人」。
2019	1	31	中央選舉委員會今日舉行第 525 次委員會議，會中討論通過第 15 任總統、副總統選舉與第 10 屆立法委員選舉同日舉行投票。
2019	2	1	經濟部昨（1 月 31 日）公布公投後能源政策評估，表示核電廠全部延役，引發各界討論。
2019	2	2	國民黨總統初選機制未定，南投縣長林明溱表態支持全民調決定國民黨總統候選人後，台中市長盧秀燕也表態支持科學方法，以全民調找出能贏的候選人。藍營中生代呼籲韓國瑜投入總統大選，以免台北市長柯文哲參選，藍營候選人最後被棄保。

年	月	日	事 記
2019	2	17	前立法院長、國民黨立委王金平，近日對總統大選動作頻頻，先前還在臉書放「蒜到底」的圖片引發聯想。王金平今下午表示，他確定會登記參加，但等因緣成熟後才會正式對外宣布。
2019	2	17	2020 年總統大選在即，國民黨預計 4 月啓動初選，先公告初選辦法，5 月開始報名，6 月底前提報，7 月由全國黨代表大會提名，但初選機制至今仍未確定，黨主席吳敦義日前拋出「全黨員投票」產生候選人。
2019	2	19	總統蔡英文接受 CNN 專訪時表示，她將投入 2020 年總統大選，代表民進黨競選連任。
2019	2	20	《蘋果日報》委託世新大學知識經濟發展研究院民意調查研究中心執行民調顯示：若國民黨派出韓國瑜參選，對上柯文哲及蔡英文，韓以 35.1% 領先柯的 28.6%、蔡的 22.0%。若是民進黨換上賴清德，韓仍以 37.7% 領先賴的 25.4%，但柯則落爲第三，只有 24.3% 支持率。若是柯未參選，韓則分別以 52.5%、49.4%，勝過蔡的 33.4%，以及賴的 36.9%。
2019	2	24	前立法院長王金平有意投入 2020 年總統大選，但仍不願意正式宣布參選，昨晚王金平由國民黨前立委盧嘉辰陪同，前往新北市土城區順聖宮參加王金平之友會授旗典禮。
2019	2	27	朱立倫前天接受媒體專訪說若當選總統，基於國安考量，能源不足時願重啓核四。
2019	2	27	國民黨今天召開中常會，主席吳敦義拍板定案總統初選機制，最終決定回歸制度，也就是七成民調、三成黨員投票，也讓討論兩個月的制度問題暫告一個段落。
2019	2	28	立法院前院長王金平今回高雄與鄉親聚會，王表示，他不是爲做總統而選總統，而是爲追求社會和諧安定、兩岸和平，讓人民過幸福美滿生活的目標而選舉，3 月 7 日會召開參選總統記者會，請大家支持，讓高雄出總統。
2019	3	4	以核養綠公投領銜人黃士修再推「核能減煤」公投，今日上午和「核能減煤」公投提案人廖彥朋宣布將提出「核能減煤」公投與「重啓核四」公投，預估今下午就會將 4,000 多份提案連署書送達中選會審核，拚與 2020 年總統及立委選舉一起進行。
2019	3	5	前副總統呂秀蓮提出和平中立公投，今赴中選會遞交 1 萬份提案連署書，盼能與明年總統大選合併投票。中選會表示，預計 3 月下旬舉行委員會討論公投主文，若無問題就可送戶政事務所查對，通過後進入第二階段連署，須募集 28 萬 1,745 份連署書才能過關。

年	月	日	事　記
2019	3	5	民進黨中常會明（6）日將討論總統初選，根據黨內目前規劃時程，3月18日至22日進行總統初選登記，如需進行初選，則在4月上旬進行民調，如果除已表態爭取連任總統蔡英文外，無人登記初選，或如進行初選，但蔡英文在初選民調中勝出，中執會可望在4月17日，通過提名蔡英文為黨的2020年總統候選人。
2019	3	6	國民黨總統初選打得火熱，新北市前市長朱立倫已經表態參選，立法院前院長王金平也將於明天舉行記者會正式宣布。吳敦義昨接受《蘋果》專訪時首度鬆口，5月總統黨內初選登記結束後，「就算『萬一我參與登記』，那我也應該邀請他們（登記參選者）出來商量」，《蘋果》追問是否投入總統大選，吳說：「我保留萬分之一的機會。」
2019	3	7	《中國時報》民調顯示，若蔡英文、韓國瑜與柯文哲三人參選2020，韓國瑜支持度為31.9%領先柯文哲的22.9%，蔡英文僅獲15.6%之支持度，有19.1%的民眾未表態。 如果是蔡英文、朱立倫、柯文哲三人參選，朱立倫獲得31%的支持度位居第一，柯文哲第二有25.7%的支持度，蔡英文第三有12.2%的支持度，有18.6%的民眾未表態。
2019	3	8	日前在總統府軍事會談中，由蔡英文總統拍板定案，向美方正式提出採購新戰機要求。
2019	3	12	總統府今（12）日上午召開記者會宣布，總統蔡英文將於3月21日至26日出訪南太平洋友邦帛琉、諾魯、馬紹爾。 韓國瑜將在3月22日至28日出訪香港、澳門、深圳、廈門；柯文哲將在3月16日至24日赴紐約、華盛頓、波士頓、亞特蘭大。
2019	3	16	新北市第3選區、台南市第2選區、彰化縣第1選區、金門縣等4席立委補選今日投開票，新北市余天、台南市郭國文、金門縣陳玉珍、彰化縣柯呈枋自行宣布當選。
2019	3	18	行政院前院長賴清德上午赴民進黨中央登記參選，投入2020年總統大選黨內初選。
2019	3	18	今天是台北市長柯文哲訪美第二天，柯下午到紐約大學與大紐約地區台生以及部分陸生、港澳生進行座談。
2019	3	19	前總統馬英九在3月初召開的民間會議上定調，未來如果藍軍重返執政，將朝「重啟核四」的方向努力，也跟堅持「非核家園」的民進黨做出區隔。
2019	3	19	新系大姐陳菊表態挺蔡英文。
2019	3	20	中選會今舉行委員會議，會中討論通過第15任總統、副總統與第10屆立法委員選舉定於2020年1月11日同日舉行投票。

年	月	日	事　記
2019	3	22	總統蔡英文昨赴民進黨中央黨部完成黨內總統初選登記。雖面對行政院前院長賴清德挑戰，但蔡仍信心十足地說：「2020 蔡英文要勝選」，還開出「有國際觀」、「推動改革」、「團結黨內」台灣總統 3 條件，願為民進黨、為台灣，承擔下階段的任務。
2019	3	23	台北市長柯文哲訪美行程昨從亞特蘭大飛抵最後一站波士頓，參訪當地生技產業並與哈佛大學學者交流。
2019	3	23	因應《政黨法》修正，親民黨下週將舉行全國委員大會完成法人化程序，進行全國委員及黨主席選舉。親民黨 2000 年成立至今，宋楚瑜已連任 10 屆黨主席，預料可連任成功。
2019	3	25	前立法院長王金平今（25）天說，國民黨有意採徵召領表讓高雄市長韓國瑜參加黨內初選，這種做法會讓人質疑。
2019	3	27	高雄市長韓國瑜 22 日出訪，今日是在中國參訪行程的最後一天。韓國瑜一早至廈門南普陀寺向觀音菩薩上香祈福，媒體詢問是否不選 2020？韓國瑜僅回應，「老鼠偷拖鞋，大的在後頭」。
2019	3	27	台灣制憲基金會今日公布最新總統大選民調，前行政院長賴清德無論是迎戰藍營最強敵手、高雄市長韓國瑜的「藍綠對決」，或面對韓、台北市長柯文哲夾殺的白綠藍「三腳督」均可險勝，反觀蔡英文總統在兩種戰局都將落敗。
2019	3	27	今傳出台北市長柯文哲在訪美前，曾密會擁有 30 萬黨員的國會政黨聯盟黨主席妙天禪師尋求支持，妙天更透露「柯文哲會選總統」，屆時他會幫柯連署，讓柯輕鬆跨過參選總統連署門檻。
2019	3	27	高雄市長韓國瑜昨見證廈門與高雄企業簽定總價約 9 億元採購訂單，並會見廈門市委書記胡昌升和廈門市長莊稼漢。
2019	3	27	行政院副院長陳其邁今對總統大選表示，民進黨在這次總統大選，「團結都還不一定會贏」，對民進黨來講是非常嚴峻的挑戰，「不團結絕對會輸」。
2019	3	28	國民黨 2020 年要派誰出來參選總統，有意參選的各方人馬紛紛表態，除了台面上的人物之外，國民黨主席吳敦義表示要直接與高雄市長韓國瑜溝通徵召，甚至拋出「特邀」的腹案。
2019	3	28	擬參與國民黨 2020 年總統大選黨內初選的前新北市長朱立倫，今日直播提出政見，透露如果他當選總統，一定會「落實依法行政，確實執行死刑」。
2019	3	30	副總統陳建仁 29 日發布公開信，宣布階段任務告一段落，讓蔡總統形成最強組合。
2019	3	30	民進黨總統初選開戰，行政院前院長賴清德昨表示，「寧可輸掉這場初選，都不可能傷害蔡英文總統。」

年	月	日	事　記
2019	3	31	郭台銘今日臉書最新貼文出現「選舉不能成為唯一的寄託，要和世界拼搏不容易，大家一起做實事」，讓外界如霧裡看花。
2019	4	5	太陽花學運領袖林飛帆今在臉書貼出一張與總統蔡英文的合照表態挺英，並說若行政院前院長賴清德願意接受黨內初選協調機制，與蔡英文搭檔，將是展現更大承擔的最佳機會。
2019	4	7	原訂今日舉行的「吳朱會」破局，前新北市長朱立倫今受訪時強調「需要溝通的是反對徵召韓國瑜的人，但我一定全力支持」，呼籲國民黨儘速徵召高雄市長韓國瑜。
2019	4	7	大甲媽祖遶境祈福行程今晚 10 點起駕，總統蔡英文、前行政院長賴清德、國民黨主席吳敦義、立委王金平、高雄市長韓國瑜參加起駕儀式，台北市長柯文哲、新北市前市長朱立倫要跟著大甲媽遶境。
2019	4	8	國民黨 2020 年總統初選作業頻頻卡關，前總統馬英九今（8）日到宜蘭南方澳參香時，被問到黨內初選機制問題，馬英九微笑回答「吳主席不是講了，不會拖過 4 月底」，至於是否支持徵召高雄市長韓國瑜，則快閃離去沒有再做回應。
2019	4	8	參加民進黨總統初選的蔡英文與賴清德兩人，今日第一次會面，雙方各說各話，事後還傳出蔡總統堅持「現任應先」的說法，蔡總統希望黨中央不只辦選務，也要更積極地帶領全黨全節勝選，保持「任何可能性和最大彈性」，似乎為蔡賴合作保留了空間。
2019	4	10	國民黨內總統初選爭議不斷，今天中常會上吳敦義臨時出面講話，對於是否參選總統，吳強調「他沒有這個意願。」
2019	4	13	高雄市長韓國瑜訪美行程今天下午抵達洛杉磯，上百名支持者聚集在機場大廳高喊「選總統」。韓國瑜感謝大家，並說「還沒有碰觸到所謂的 2020 年總統大選。」
2019	4	13	美國新聞網站《華盛頓自由燈塔》日前刊登文章指出，台灣 2020 年總統大選結果不但牽動兩岸關係，也攸關美國利益至鉅，親北京的台灣領導人將嚴重威脅美國利益。
2019	4	13	國民黨主席吳敦義日前與黨內太陽會面的安排全數喊卡後，總統提名時程也確定延後，可能得延至 4 月 24 日中常會處理。
2019	4	15	在美國參訪的高雄市長韓國瑜，日前出席經濟論壇批評台灣過去二十年的經濟被 3 個法律系總統（指陳水扁、馬英九、蔡英文）搞殘，引發外界議論。
2019	4	16	2020 總統大選戰情詭譎，《蘋果》獨家進行第二波對比式民調，結果顯示，韓國瑜 40.1%、柯文哲 26.5%、蔡英文 26.2%；若韓國瑜 vs. 柯文哲 vs. 賴清德則為韓 38.8%、柯 28.4%、賴 26.5%。

年	月	日	事　記
2019	4	16	鴻海總裁郭台銘今上午出席台美「印太安全對話」研討會，媒體追問是否決定要選總統時，郭台銘強調：「就這兩天，希望可以為台灣做更多事情。」
2019	4	16	人在美國訪問的高雄市長韓國瑜，今天清晨接受聯訪時稱讚郭台銘「是跨國性的、國際型的企業家，而且自己赤手雙拳打出他今天一片江山，也跟美國、中國大陸還有世界各國的關係都非常好。」
2019	4	16	前台北縣長周錫瑋今天到屏東出席國民黨立委參選人黃冬輝、林育先及柯富國聯合造勢活動，周錫瑋為 3 人披戰袍，高喊「關扁、倒蔡、救台灣」，直指蔡英文總統為「蔡則天」，寧願要戰爭不要和平，破壞民主制度，呼籲支持者打倒民進黨。
2019	4	17	郭台銘上午現身慈惠宮時表示「媽祖叫我一定要出來，出來做一些事情，為人民。」郭台銘宣布投入國民黨黨內初選且不接受徵召。
2019	4	18	高雄市長韓國瑜於本月 9 日出發訪美，分別在哈佛與史丹佛大學進行演說，並出席洛杉磯及舊金山兩地的僑界晚宴。
2019	4	23	高雄市長韓國瑜今天正式對 2020 年總統大選表態，「此時此刻，無法參加黨內初選。」
2019	4	23	台灣大哥大基金會董事長張善政今天宣布辭職，將專心參選 2020 年總統大選。
2019	4	24	蔡英文總統日前表示國民黨總統參選人先後出現了韓國瑜、郭台銘，不相信大陸沒有干預台灣總統大選。
2019	4	24	國民黨中常會今日討論總統初選遊戲規則做成決議，無論「主動參選或被動有意願參選總統的人」，未來都將全部納入初選民調，為高雄市長韓國瑜解套。
2019	4	26	宣布將參加國民黨黨內總統初選的鴻海董事長郭台銘，今中午接受聯訪時，稱可能成為初選對手的高雄市長韓國瑜「是我的兄弟，也是我的英雄。」對此，韓國瑜隨後回應，「郭董是成功企業家，願說我們是兄弟我很開心。」
2019	4	30	國民黨立委江啟臣 29 日在美國受訪表示，他拜會白宮國安會、國務院，美方官員關心台灣 2020 年總統大選，並表達美國不會干預台灣內部選舉，也不會對檯面上的候選人有任何意見。
2019	4	30	對於是否投入 2020 年總統大選，台北市長柯文哲在今晚播出的電視專訪中表示，他如同日本戰國時代桶狹間之戰的武將織田信長，時機一到就出兵，在此之前就養足精神。
2019	5	1	民進黨中常會今天決議，總統提名初選由 5 人小組繼續協調到 5 月 22 日，政見會及民調等相關時程，5 月 22 日中執會通過後實施。

年	月	日	事　記
2019	5	1	民進黨總統初選競爭白熱化，前行政院長游錫堃今天呼籲，維護民進黨成為華人世界的民主典範，要從參選人做起，唯有參選人更多約束、自我節制，才能呵護民進黨的核心價值——「民主」。
2019	5	1	《再生能源發展條例》總統府公布，政府躉購與電力自由交易二者可相互轉換。
2019	5	2	宣布參選的鴻海集團董事長郭台銘，今天前進白宮與美國總統川普會面。
2019	5	2	親民黨主席宋楚瑜日前出訪中國並接受官媒《新華社》專訪，專訪內文指宋同意中國國家主席習近平所提議，兩岸應對一國兩制進行政治協商，引發外界熱議，親民黨文宣部主任、台北市議員黃珊珊宣布請辭。
2019	5	4	鴻海董事長郭台銘週四高調進入白宮會見美國總統川普後，罕見邀媒體一起搭乘私人專機，從華府飛赴威斯康辛州。郭台銘對隨行媒體表示，他轉換跑道後將「退出江湖」，相信會讓大家看到「沒有郭台銘的鴻海比過去做得更好」，若他當選總統，當然會以國家利益為重。
2019	5	6	蔡英文前天拋出將手機納入總統初選民調，讓真實民意充分反應。賴清德昨反對說，總統初選若突然加入手機，恐怕外界會質疑不公平；賴幕僚也質疑，「比賽已經鳴槍起跑，中途更改規則，難以向社會交代。」
2019	5	6	鴻海董事長郭台銘今天召開美國行返台記者會，他在會議上被媒體問到中國的政治威脅時，要怎麼迴避？他說，如果今天因為他當了總統，中國官員告訴他說談什麼平等尊嚴對等談判，要他把工廠關掉，那他一定會說：「謝謝！給我幾個月的時間，我一定會搬到更有競爭力的地方！」
2019	5	6	立法院前院長王金平今天啟程訪問中國，展開三天兩夜的祭祖行程，王金平出發前強調，此行不談政治；昨他與廈門市委書記會面指出「兩岸文化血緣關係難切割，中華兒女本是同根生。」王金平今將會晤國台辦主任劉結一，會談內容備受關注。
2019	5	10	國民黨總統初選參選人、鴻海董事長郭台銘昨表態支持辯論、支持手機民調，他說「沒有一中各表，就沒有九二共識。」
2019	5	10	投入國民黨總統初選的鴻海董事長郭台銘，昨到內湖採買花束時，發現一位攝影記者鞋帶沒綁好，竟彎下身替對方綁鞋帶，這樣的舉動也讓外界相當吃驚。
2019	5	12	前行政院長賴清德今天中午應邀在東京進行一場演講，前國策顧問金美齡上台擁抱賴清德，期許賴清德像日本首相安倍晉三一樣能站在國際社會的中間位置。
2019	5	12	2020年總統大選各方人馬不約而同力地打經濟牌，自高雄市長韓國瑜再提自經區議題後，是否設置自經區成為各方潛在參選人經濟議題論戰重點。蔡英文總統、前閣揆賴清德堅決反對此構想；鴻海董事長郭台銘日前參戰，大酸蔡、賴兩人「外行」。

年	月	日	事　記
2019	5	12	前行政院長賴清德 12 日在東京與台灣媒體早餐會時，被問到他的台獨色彩濃厚，訪日對他爭取中間選民是加分或扣分一事，他認為是加分，並指這次總統大選主張統一者將失民心。
2019	5	13	台北市長柯文哲的 LINE@ 正式宣告上線，更打算全台走透透，被外界解讀是要「試水溫」，不過對此，柯文哲也解釋，去外面就是不斷學習。而被問到是否 6 月就要宣布？柯文哲也改口表示，他沒有說「確定 6 月宣布，應該是可能宣布」。
2019	5	13	「吳郭會」今登場，國民黨 2020 年總統初選提名辦法也預定本週三（15 日）中常會通過。鴻海董事長郭台銘昨說，他與國民黨主席吳敦義會面時將提手機民調的建議，還質問「民進黨敢做的事情，為什麼國民黨不敢做？」不過，黨務人士透露，初選部分將以全民調方式進行，不納入黨員投票、也不採手機民調，將由提名協調小組徵詢各參選人，依共識選出 5 家民調公司，每間公司抽樣至少 3,000 份樣本，減少誤差。
2019	5	15	國民黨中常會今正式通過總統提名特別辦法、作業要點、時程及中央提名協調小組成員名單，總統初選正式啟動。確定 6 月 10 日公布參加初選者名單；6 月 23 日至 7 月 4 日間舉辦 3 場國政願景電視發表會；7 月 5 日至 15 日間進行全民調，在 16 日公布民調結果；並在 7 月 17 日中常會提報總統提名人選，7 月 28 日全代會正式提名，通過的特別辦法，也替韓國瑜的被動參選以及郭台銘的黨權問題解套，讓兩人可以參加黨內初選。
2019	5	16	高雄市長韓國瑜拋出「總統兼任行政院長」的想法，引發藍綠等各界議論。
2019	5	16	鴻海董事長郭台銘今日走訪台東，在中小企業座談會中指韓國瑜沒當過老闆、沒拼過經濟，根本不懂什麼是庶民經濟，還說「簽芭樂訂單」是農業局長的事，直批韓國瑜「把官做小了」。
2019	5	17	民進黨針對總統提名初選，中常會舉行第 2 次選務協調會，初步共識：舉行 2 場電視政見發表，至於民調，蔡賴共識以對比式民調，並可納入手機採樣，但比例要再以專業討論定之。
2019	5	17	《司法院釋字第七四八號解釋施行法》三讀通過。
2019	5	18	立法院前院長王金平今天下午到彰化參拜天公廟，向天公稟明選總統心意，強調若民進黨政府做得好，他絕對不會出來選。
2019	5	19	針對民進黨總統提名初選期程，賴清德今下午透過行動辦公室發言人李退之強調，是在認定 5 月底總統、立委須完成提名作業前提下，才會接受、參與事務性協調會議，這些原則都是早在民調初選提名辦法公布後確認，如今卻一延再延，遙遙無期。
2019	5	19	藍營天王各自備戰 2020 年總統大選，高人氣的高雄市長韓國瑜近來卻在議會備詢時跳針「高雄發大財」，引發批評。

年	月	日	事　記
2019	5	21	總統蔡英文上任滿三年，昨首度在520當天舉行記者會回應媒體。蔡細數年金改革、加薪減稅、綠能、長照托育等10項政績。
2019	5	22	高雄市長韓國瑜拋出「若當選總統將留在高雄辦公」，以平衡南北發展，但遭外界質疑維安問題，他今受訪表示，在軍區上班就無維安問題，「左營軍區只是其中之一，還有陸海空三軍基地，安全絕對不是問題，心才是問題，總統要把心放在南台灣！」
2019	5	22	民進黨中執會下午討論總統提名初選選務日程相關事宜，全程開放媒體直播、採訪。民進黨主席卓榮泰表示，配合兩場電視政見發表會，將自6月10日到14日進行民調。
2019	5	22	總統蔡英文公布《司法院釋字第七四八號解釋施行法》。
2019	5	23	台北市長柯文哲今起參訪日本，短短四天將走訪東京、富山、福島、仙台等地，拜會日本眾議員岸信夫、東京都知事小池百合子等政要，觸及議題包含核食、亞運、觀光、能源等。
2019	5	23	民進黨總統初選陷入膠著，今中執會激辯兩小時無法達成共識，黨主席卓榮泰宣布下週再議，英德之爭戰線再延長。
2019	5	24	《司法院釋字第七四八號解釋施行法》生效。
2019	5	24	台北市長柯文哲上午與首相安倍左右手、自民黨幹事長代行萩生田光一進行早餐會，吸引五家日本媒體到場採訪。
2019	5	24	高市府發出新聞稿，指楊秋興委由秘書轉交副召集人書面辭呈給市府，高市府已收到辭呈。
2019	5	26	台北市長柯文哲今晚結束為期四天的訪日行。
2019	5	27	台灣人違法任職中國社區主任助理，內政部今日再依《台灣地區與大陸地區人民關係條例》第90條第3項規定，進行第三波裁處，開罰23人各10萬元罰鍰。
2019	5	27	有意角逐民進黨總統提名初選的行政院前院長賴清德，中午接受媒體記者聯訪，澄清並沒有打算用法律戰來解決初選問題，也希望中執會別強行通過初選辦法。
2019	5	27	美國在台協會（AIT）台北辦事處前處長包道格（Douglas Paal），今現身高雄市議會3樓旁聽，並於中午與高雄市長韓國瑜、高市議會議長許崑源等閉門餐敘。
2019	5	31	立法院今三讀通過《台灣地區與大陸地區人民關係條例》修正案，條文增訂，兩岸若要簽和平協議，需經國會同意、人民公投雙重高門檻。
2019	6	1	民進黨黨內總統初選時程底定，將在九天後由總統蔡英文及行政院前院長賴清德進行民調對比。

年	月	日	事　記
2019	6	1	高雄市長韓國瑜在國會政黨聯盟主席妙天、花蓮縣長傅崐萁、雲林張榮味家族等人幫忙下，今天下午在凱道上舉辦誓師造勢大會。傍晚接近 5 時，韓國瑜在妻子李佳芬陪同下進行演說。韓國瑜說：「2020 年韓國瑜鄭重宣布，準備承擔任何重要職務，為了中華民國不惜粉身碎骨。」
2019	6	3	民進黨將在下週進行總統初選民調，行政院前院長賴清德近日展開全國掃街行程，今天上午他赴台北龍山寺參拜致詞時說，他「生在台灣、死在台灣、葬在台灣。」
2019	6	7	國民黨立委、立法院前院長王金昨與國民黨「5 人小組」碰面後，宣布退出國民黨總統初選。
2019	6	8	陸委會上週宣布禁止國人、團體參加海峽論壇涉及「民主協商」探索「一國兩制」的活動，也禁止在台辦理「海峽論壇」相關活動。
2019	6	8	民進黨今下午舉辦「2020 民進黨總統初選電視政見會」。
2019	6	9	韓國瑜在花蓮六期重劃區舉行造勢活動。
2019	6	9	嘉義縣前縣長張花冠，今在 LINE 群組，支持蔡英文選總統。
2019	6	10	為抗議港府《逃犯修例》修法，香港昨 103 萬人走上街頭。
2019	6	10	民進黨今晚開始展開總統初選民調，前總統陳水扁今天發文表態「支持清流」。
2019	6	10	國民黨黨內總統初選今公布名單，確定包含鴻海董事長郭台銘、新北市前市長朱立倫、高雄市長韓國瑜、前台北縣長周錫瑋以及孫文學校總校長張亞中等 5 人，經過會議討論，決定不採用手機民調，仍維持家戶民調。
2019	6	13	民進黨總統初選民調出爐，由總統蔡英文出線。
2019	6	23	時代力量立委黃國昌、網紅「館長」陳之漢共同舉辦的「拒絕紅色媒體，守護台灣民主」集會活動。
2019	6	25	國民黨總統初選今晚舉行第一場國政願景電視發表會。
2019	6	29	國民黨初選第二場電視國政願景說明會。
2019	7	7	國民黨今天下午在凱道舉辦反鐵籠公投遊行，抗議蔡政府將公投與大選脫鉤。
2019	7	8	國民黨總統初選將從今天開始進行電話民調，預計 7 月 15 日公布結果，決定 2020 年總統人選。
2019	7	9	台北市議員鍾小平今宣布退出國民黨，將支持台北市長柯文哲選總統。
2019	7	11	親民黨組織部主任張碩文昨天回應表示，柯文哲與黨主席宋楚瑜兩人沒談到柯披橘袍參選一事，明年大選親民黨既定方向是衝刺立委選情，總統部分還沒定論。

年	月	日	事　記
2019	7	11	桃園市長鄭文燦被問及總統蔡英文是否徵詢擔任副手時表示，「這個事情沒有發生」，市長與市民間有無形契約，他期許把事情做好，沒有想其他可能，會支持蔡總統選擇。
2019	7	13	國民黨初選民調作業將於 14 日晚間結束，五家受委託的民調公司將各自完成至少 3,000 份的有效樣本，預計 14 日晚上結束。
2019	7	15	國民黨今天公布總統初選結果，高雄市長韓國瑜以總平均 44.81% 的支持率大勝初選對手、鴻海創辦人郭台銘的 27.73%、前新北市長朱立倫的 17.90%，韓國瑜將披「藍旗」上陣，挑戰尋求連任的蔡英文總統。
2019	7	16	國民黨總統初選民調由高雄市長韓國瑜勝出。初選參選人、前新北市長朱立倫昨表示「坦然接受初選的結果」，並強調團結。
2019	7	18	配合 7 月 28 日將召開全代會，國民黨中常會昨通過核備高雄市長韓國瑜為總統選舉被提名人，以及黨章研修小組建議刪除現行黨籍總統當然兼任黨主席、增加 5 席由黨籍直轄市與縣市長擔任的指定中常委等黨章修正案，提報全代會公決。
2019	7	25	柯文哲是否參選 2020 年總統大選？柯再度改口稱「9 月上旬」宣布。
2019	7	28	國民黨今天召開全國代表大會，正式通過提名高雄市長韓國瑜為總統候選人。
2019	8	1	台北市長柯文哲籌組的「台灣民眾黨」將於 6 日召開創黨大會。
2019	8	5	高雄市長韓國瑜 2020 年總統競選發言人由台視前主播何庭歡擔任。
2019	8	6	民進黨主席卓榮泰昨天先與基進黨共同推薦陳柏惟參選，今天將與時代力量黨主席邱顯智會面，希望儘快與友黨對話。
2019	8	9	蔡英文總統連任辦公室選在民進黨中央黨部旁「匯泰大樓」，競選總部預計 10 月底、11 月初正式成立。
2019	8	9	國民黨總統參選人韓國瑜的全國競選總部將設在高雄市，並預定在台北市的中央黨部 11 樓設置北部競選辦公室。
2019	8	9	柯文哲再被問到是否搭檔郭參選總統大選，柯直言，「我要擔任副手，那我就繼續當台北市長就好，何必這麼麻煩？」
2019	8	12	前行政院長賴清德今日透過發言人李退之強調，2020 年大選，賴沒有脫黨參選的問題，一定會盡一分力。
2019	8	14	台獨建國聯盟等多個本土社團召開「抗中保台——支持本土政黨、挺蔡英文連任」記者會，台獨建國聯盟主席陳南天、台灣安保協會榮譽理事長羅福全、社民黨立委參選人范雲、楊宗澧、基進黨戰企部主任顏銘緯等人昨共同召開記者會，呼籲本土政黨與台灣人民，應支持蔡總統與本土政黨在國會過半。

年	月	日	事 記
2019	8	18	國民黨總統參選人韓國瑜的「國政顧問團」正式成軍。
2019	8	20	國民黨要求縣市首長擔任韓國瑜競選總部主委，新北市長侯友宜率先表態不接，台中市長盧秀燕沉默多日，昨委婉表示以黨員同志立場一定幫忙，但是否接主委須再商量，目前以市政為重。南投縣長林明溱確定接任競總主委，且指現在已開始輔選。
2019	8	21	國民黨總統參選人韓國瑜今天將公布能源政策，他表示「在人民同意及安全無虞兩項前提下，必須重啟核四。」
2019	8	23	台北市政府今在北安公園舉辦「八二三砲戰六十一週年音樂饗宴」，市長柯文哲、鴻海集團創辦人郭台銘、前立法院長王金平首次同框。
2019	8	24	軍公教年改釋憲結果出爐，宣告多數條文「合憲」。
2019	8	25	韓國瑜競選辦公室發布新人事，立委顏寬恒、國民黨台南市黨部主委謝龍介，將擔任競選辦公室副執行長，分別負責中台灣及南台灣辦公室選務。
2019	8	29	依據台灣競爭力論壇昨公布 2020 年大選最新民調，在 8 月 23 日後，在柯文哲與王金平共挺郭台銘的情況下，郭的支持度反從 22.4% 下跌至 20.9%，蔡英文與韓國瑜的支持度則上升至三成以上，分別增加了 2.8 個百分點、3.3 個百分點，顯示民眾對柯王的支持無法順利轉換成郭的選票。
2019	8	30	國民黨總統參選人韓國瑜昨天提出解決青年貧窮感的「撐腰三策」，包括協助青年擁有第一桶金的自立成家基金，同時將打造優教社區讓老青共居，以及建立留才補助獎勵制度。
2019	8	31	鴻海創辦人郭台銘昨自中東返台，郭台銘幕僚蔡沁瑜昨天明確表示，若郭台銘要參選，會以「獨立參選人」的姿態參選，並將在 9 月 17 日連署申請截止前，向外界報告最後決定。
2019	9	1	蔡英文總統全國競選辦公室由行政院前副院長林錫耀、民進黨前秘書長洪耀福及前立委沈發惠擔任主要操盤手。
2019	9	10	國民黨總統參選人韓國瑜昨晚在新北三重辦造勢晚會，地主市長侯友宜和前市長朱立倫都沒參加。
2019	9	10	韓國瑜初選出線後首場造勢活動，前總統馬英九、吳敦義、前主席洪秀柱、前台北縣長周錫瑋、國政顧問團總召張善政等人皆站台力挺。
2019	9	13	國民黨 31 位大老昨天聯名刊登廣告，對鴻海創辦人郭台銘發出最後呼籲，郭台銘則以宣布退出國民黨做出回應。郭台銘在退黨聲明中批評，國民黨不該成為個人利益及權力分贓的平台，經數月來的初選過程與國民黨互動，深刻體會百年政黨改造的艱辛與黨魂流失的嚴重，決定退出國民黨。

年	月	日	事　記
2019	9	13	中央選舉委員會今（13）日開始受理總統連署登記，登記聲量極高的台北市長柯文哲、鴻海創辦人郭台銘以及前立法院長王金平皆未現身。
2019	9	16	鴻海創辦人郭台銘退出國民黨後，是否參選總統即將亮牌。據了解，郭台銘已找好副手，若宣布投入選戰，2020年將是三腳督戰局。
2019	9	16	前副總統呂秀蓮16日晚間透過採訪邀請揭露，她受喜樂島聯盟推薦，將參與2020年總統大選，正面對決總統蔡英文。
2019	9	16	索羅門總理蘇嘉瓦瑞召開內閣會議，決定中斷與台灣的外交關係，與中國大陸建交。目前在蔡政府任內已有6個邦交國確定與我國斷交，分別是：2019年的索羅門；2018年的多明尼加、布吉納法索和薩爾瓦多；2017年的巴拿馬；2016年的聖多美普林西比。
2019	9	16	明天是2020年總統大選被選舉人登記日最終日，鴻海集團創辦人郭台銘16日晚間11時突發表重大聲明，表示宣布不參選2020年總統大選。
2019	9	17	親民黨組織部主任張碩文昨天表示，親民黨持開放態度，會做好參選或與其他盟友合作的準備，預計10月初開會決定。郭台銘、柯文哲不參與連署競選總統，外界關注是否可能代表親民黨參選。張碩文昨天未把話說死，僅表示因應大選，參選作業一直都在進行，只是到目前為止，還沒有開會做最後決定。
2019	9	18	第15屆正副總統被連署人領表登記昨天截止，中選會統計共50人領表，共8組申請登記，分別為：黃多玉及張幼薇；藍信祺及胡宗偉；曾坤炳及黃源誠；黃榮章及柯振榮；楊世光及陳麗玲；呂秀蓮及彭百顯；王堯立及江丁威；梅峯及張建富。
2019	9	20	時代力量黨中央草擬「時代力量總統候選人提名辦法」，並以徵召黨籍立委黃國昌為優先考量選項之一。時代力量立委黃國昌今天表示，他目前沒有意願參選總統，也不在他的待辦事項中。
2019	9	23	聯合報最新總統選情調查發現，郭台銘宣布棄選總統後，藍綠對決情勢無明顯變化，蔡英文支持度四成五，韓國瑜維持三成三，兩人差距12個百分點。若呂秀蓮和黃國昌加入戰局，蔡領先韓的幅度將由12個百分點縮小為8個百分點。
2019	9	28	民進黨全代會今天通過「社會同行世代共贏」決議文，明確拒絕中國政府提出的「一國兩制」主張，也將作為2020年大選的戰略方針。
2019	10	4	民進黨主席卓榮泰今天拋出不分區立委提名3原則與人選3條件，強調不分區立委不是代表某一個特定派系；沒有現任優先問題，起跑點與其他人一樣；並思考人選及名單與其他政黨交換意見或有更大的合作。
2019	10	7	國安會日前指出，中國為介入台灣2020年的選舉，年底前可能再斷台灣1個至2個邦交國。

年	月	日	事 記
2019	10	7	無黨籍立委洪慈庸、林昶佐與台灣基進立委參選人陳柏惟共組跨黨派團體「前線」。
2019	10	9	民眾黨目前已推出 8 席區域立委，不分區立委則有幾個口袋名單。
2019	10	30	韓國瑜再提青年學子免費遊學等政策，並表示政府應協助將學貸利息降到最低，甚至由政府補貼全部利息。
2019	11	1	總統蔡英文上午在臉書發文引用行政院主計總處公布最新數據，第三季經濟成長率為 2.91%，是亞洲四小龍第一名。
2019	11	1	新黨提名總統參選人楊世光今天說，總統連署未達到目標，在以大局為重的情況下，新黨會支持國民黨總統參選人韓國瑜。
2019	11	1	高雄市議會總預算案交付審查爆發流血衝突，副市長葉匡時今天表示遺憾。
2019	11	2	尋求總統選舉連署的前副總統呂秀蓮今天宣布退選，強調由於法律及政治因素未能完成連署，深致歉意卻也體認人性善與惡。
2019	11	4	總統蔡英文競選連任，今天推出「關心台灣」政績影片，片中細數執政三年多來的政績。蔡辦發言人顏若芳說，其中一幕可清楚看見蔡總統的白髮，可見蔡總統認真、堅韌的態度。
2019	11	4	中研院院士陳定信等人發起學術界連署，力挺總統蔡英文連任，包括今年總統科學獎得主、中研院院士李遠鵬、陳垣崇與魏福全等人都是連署共同發起人。
2019	11	5	台灣國家聯盟、台獨聯盟、台灣教授協會、台灣基督長老教會等台派社團成員今天共同召開記者會，支持總統蔡英文連任。
2019	11	6	《壹週刊》報導國民黨總統參選人韓國瑜失業時曾購買千萬豪宅，韓國瑜競辦發言人何庭歡今天表示，該筆房產因韓國瑜夫婦高估財務負擔能力，已在交屋前就賠本售出。
2019	11	6	Wecare 高雄、公民割草行動等團體今天發起「1221 Wecare 台灣大遊行」，籲全台響應罷免高雄市長韓國瑜，希望號召 10 萬人參與。
2019	11	7	國民黨總統參選人韓國瑜今天拋出勞動三箭，包含二年內編新台幣 1,000 億元撥補勞保基金等。勞動部今天說，編列預算撥補需要步驟、需要條件成熟，做得到才是重點。
2019	11	8	國民黨總統參選人韓國瑜全國競選總部確定位於三民區建國一路上的國民黨高雄市黨部大樓，這是歷次總統大選以來，首次有候選人將全國競總設在高雄。
2019	11	9	親民黨組織部主任張碩文表示，親民黨將於 13 日上午在台北舉行全國委員會，議程擬徵召親民黨主席宋楚瑜參選總統。

年	月	日	事　記
2019	11	10	民進黨秘書長羅文嘉今天表示，目前雖然總統選情穩定，但也需要國會過半支持，立委席次希望加上不分區目標能有 57 席。
2019	11	11	國民黨總統參選人韓國瑜今天公布前行政院長張善政爲副手。
2019	11	12	前立法院長、國民黨立委王金平今天宣布退出 2020 年總統選舉，王金平表示，親民黨主席宋楚瑜已向他告知決定參選。
2019	11	13	親民黨主席宋楚瑜今天宣布參選 2020 年總統選舉，副手爲廣告名人余湘，並表示將和鴻海創辦人郭台銘合作，親民黨不分區立委名單會有「郭台銘董事長的影子」。
2019	11	14	綠黨今天提出 5 名不分區立法委員名單，醫師鄧惠文列第一、其後依序綠黨創黨召集人高成炎、桃園市議員王浩宇、律師李菁琪與台灣農業讚創辦人張佑輔。
2019	11	15	民進黨中執會昨晚通過不分區名單，第 1 名是現任不分區立委吳玉琴，前行政院長游錫堃列安全名單第 7 名；原本要參選屏東縣第 2 選區立委的莊瑞雄轉列不分區第 10 名。
2019	11	16	國民黨上午召開中央委員會第 3 次全體會議，針對 34 席不分區立委提名名單行使同意權，前陸委會副主委張顯耀不同意票過半遭否決，其他 33 人通過。
2019	11	17	總統蔡英文今天宣布，副手爲前行政院長賴清德，以「蔡賴配」角逐 2020 年總統大選。
2019	11	19	親民黨 20 日將公布 2020 年立委選舉的不分區名單，親民黨總統參選人、黨主席宋楚瑜今天接受專訪時，以點頭方式證實不分區名單有現任立委李鴻鈞、永齡基金會執行長劉宥彤、副執行長蔡沁瑜。
2019	11	21	新黨今天公布不分區立委名單，前立委邱毅列第一位。
2019	11	23	總統蔡英文拋出未來將 0 歲到 6 歲國家跟你一起養政策，鴻海創辦人郭台銘今天說，樂見從善如流。
2019	11	24	親民黨副總統參選人余湘今天赴板橋慈惠宮、接雲寺參拜，對於親民黨總統參選人宋楚瑜爲何未出席拜廟行程，競總發言人于美人表示，宋楚瑜目前正在忙內閣名單，盼在選前提出名單。
2019	11	25	高雄市長韓國瑜 24 日當選市長滿一年，他在臉書發文指出，不曾落跑是爲實現與市民的君子之約，須站在捍衛中華民國的最前方去實踐「打造高雄、全台首富」的眞實可能。
2019	11	25	民進黨團今天公布「反滲透法草案」，民進黨團總召柯建銘說，維護國安是朝野共同責任，籲國、親支持修法。

年	月	日	事　記
2019	11	26	國民黨副總統參選人張善政今天成立副總統競選辦公室，並邀請前台北縣長周錫瑋擔任中心執行長。
2019	11	26	國民黨總統參選人韓國瑜陣營向黨主席吳敦義借將，前組發會主委、智庫副執行長李哲華將擔任韓國瑜競選總部執行長。
2019	11	27	中國國民黨總統參選人韓國瑜的妻子李佳芬昨天出席馬來西亞韓國瑜後援會成立大會，現場有 130 桌、逾千人出席。
2019	11	28	總統蔡英文今天談及是否與中國領導人習近平會面的「蔡習會」議題表示，為維持兩岸和平穩定，願嘗試任何可能性，但不會以國家主權與國家安全為代價。
2019	11	29	國民黨立法院黨團今天提出「反併吞中華民國法草案」，避免中華民國遭消滅、併吞、取代以及敵對勢力干預民主政治運作。
2019	11	29	國民黨總統參選人韓國瑜針對民調出招，原先要支持者拒答民調，今早則要大家回答「唯一支持蔡英文」。
2019	11	29	國民黨總統參選人韓國瑜表示，若當選將廢止《公務人員退休資遣撫卹法》及《公立學校教職員退休資遣撫卹條例》第 37 條附表 3。
2019	11	30	旅居阿根廷台僑 29 日晚間在布宜諾斯艾利斯成立 2020 蔡英文連任阿根廷海外後援會，力挺蔡總統連任。
2019	11	30	國民黨總統參選人韓國瑜被提名後首度針對同性婚姻表態，他說，所有人都被親情、友情和愛情困住，一輩子都跳不出來，他祈禱、期待有情人終成眷屬，完全尊重大家的感情問題。
2019	12	1	「Wecare 高雄」等團體規劃 12 月 21 日舉辦罷免高雄市長韓國瑜的罷韓大遊行，傳出韓陣營當天也要辦挺韓大遊行。立委劉世芳今天拜會高雄市政府警察局長李永癸，盼避免發生街頭衝突。
2019	12	1	中選會今天審定通過第 15 任總統、副總統選舉參選人宋楚瑜及余湘、韓國瑜及張善政、蔡英文及賴清德的候選人資格。
2019	12	2	台灣維新召集人蘇煥智表示，這次的選舉中，某些政黨的不分區立委名單引起關注，但對於許多仍在爭取席次的小黨而言，更需要人們的關注及了解。
2019	12	2	農委會將台肥貸款國民黨總統參選人韓國瑜購宅案送辦，韓國瑜今天表示，農委會依職權怎麼做他都沒意見，但不要繪聲繪影，有不法趕快移送檢調，不要等投完票後才發現烏龍一場。
2019	12	2	國民黨總統參選人韓國瑜今天在港都電台接受專訪，暢談傾聽之旅四十五天見聞，他用「悶」、「苦」、「茫」3 字形容，他說，最可怕的是大家對台灣的未來茫然，沒有希望，未來一定要改變。

年	月	日	事　記
2019	12	2	民進黨副總統參選人賴清德今天參拜苗栗市義民廟指出，「共產黨已經在台灣門口」，呼籲客家鄉親在這次選舉發揮義民爺過去保家衛國精神，團結支持堅決守護台灣的「英德配」。
2019	12	2	國民黨副總統參選人張善政今天到台中與中小企業座談時指出，一例一休政策未來修法方向，應把協商彈性盡量放大，放到企業與勞工的協商裡面，對於較惡質的企業，政府應再輔導。
2019	12	2	中國國民黨總統參選人韓國瑜全國婦女後援會今天成立，韓國瑜偕妻子李佳芬合體造勢，
2019	12	2	時代力量立委黃國昌指國民黨總統參選人韓國瑜與岳家，先違法占用河川地，再變更為礦業用地蓋砂石場，而後申請變更做休閒農場，藉此圈地。期間還兩度申請讓售，試圖把土地變私有。韓辦今已赴台北地檢署按鈴控告黃國昌意圖使人不當選，後續就交由司法處理。
2019	12	2	高雄市副市長李四川今天證實曾向前立法院長王金平請益，王金平辦公室回應，「尊重李四川的說法。王金平下午則透過臉書再度表示，「我支持韓國瑜把市長做好。」
2019	12	2	民進黨高雄市議員陳致中告發國民黨總統參選人韓國瑜涉犯外患罪嫌，高雄高分檢查無不法簽結。
2019	12	2	現任民進黨立委蘇震清以無黨籍投入屏東第2（屏南）選區立委選戰，總統蔡英文今天晚間參加蘇震清的「守護南台灣之夜」，向現場上萬支持者喊「2020屏南選區唯一支持蘇震清」。
2019	12	3	總統蔡英文陣營今天推出影片「從世界愛上台灣」，串聯8個國家台灣遊子在國外打拚的故事；在香港的反送中運動後，遊子們呼籲守護珍貴民主價值，「從世界看見台灣，原來我們可以更愛自己」。
2019	12	3	前總統陳水扁今天指出，是否被特赦是政治考量，尊重總統的政治決定，沒有任何埋怨。他也表態基於是民進黨黨員等因素，會投票支持總統蔡英文連任。
2019	12	3	總統蔡英文今天宣布「英眼計畫」，透過LINE群組招募1萬7,000名志工，就是所謂的「英眼部隊」，明年1月11日代表總統見證每一個開票所的開票作業，這是台灣民主史上第一次總統大選招募報票志工。
2019	12	4	親民黨總統參選人宋楚瑜今天關心新北市鶯歌南靖部落原住民的居住環境，表示要推動原住民不在籍投票以保障原住民政治參與權。
2019	12	4	第15任總統選舉將舉辦3場公辦電視政見發表會，首場預定18日晚間舉行，總統蔡英文、國民黨總統參選人韓國瑜、親民黨總統參選人宋楚瑜都會參與。

年	月	日	事　記
2019	12	6	高雄市府新聞局長王淺秋請辭獲准，今天正式接任國民黨總統參選人韓國瑜競選辦公室總發言人，韓辦表示，王淺秋將擔起重砲手的角色。
2019	12	6	親民黨與郭家軍今天首度合體舉行記者會，公布 6 大政策，眾人也齊跳政策舞，並秀出 6 種代表性選舉小物，強調 2020 要「拚新橘」。宋楚瑜競總 12 日起將發放選舉小物，只要民眾跳政策舞就可兌換。
2019	12	6	新黨發言人王炳忠今天說，未來新黨若進入立法院，會推動「反網路霸凌法草案」；新黨不分區立委參選人邱毅更說，為了收到恫嚇的效果，會附帶提鞭刑入法，這樣才能遏止網路霸凌的歪風。
2019	12	6	立法院會今天處理國民黨立法院黨團所提的「反併吞中華民國法草案」逕付二讀，與民進黨團版的「反滲透法草案」併案協商。因民進黨團有異議，經表決後提案不通過，草案交內政委員會審查。
2019	12	6	台灣基進今天到國民黨總統參選人韓國瑜高雄競選總部送匾額「無恥近乎神勇」，遭警方舉牌後離去。
2019	12	7	藍營民代至外交部抗議並與警方推擠，造成兩名女性立委受傷送醫。國民黨今天表達嚴厲譴責並指出，行政部門接受國會監督是民主原則，居然有部會動用警察阻擾立委，難道台灣已成警察國家。
2019	12	7	國民黨今天公布前陸委會副主委張顯耀擔任黨義務副秘書長兼發言人。
2019	12	7	「卡神」楊蕙如事件延燒，針對楊蕙如是民進黨黨員，是否受黨紀處分，民進黨秘書長羅文嘉今天晚間到高雄輔選時表示，這屬台北市黨部職責，將依司法偵辦結果及黨內程序辦理。
2019	12	8	國民黨總統參選人韓國瑜今天表示，當泰國宣布赴泰需財力證明時，就知道東南亞國家已沒有把台灣放眼裡、不將台灣當一回事，因為經濟不行、外交困難、內部紛擾，導致人家看不起。
2019	12	8	親民黨總統參選人宋楚瑜位在台北市仁愛路的競選總部，今天發現燈箱遭破壞，宋楚瑜照片臉部裂成兩半。親民黨副總統參選人余湘說，覺得有點遺憾，選舉選成這樣，不該是民主社會正常現象。
2019	12	9	中央選舉委員會今天上午舉行第 15 任總統、副總統參選人號次抽籤，親民黨「瑜湘配」抽中 1 號，國民黨「國政配」抽中 2 號，民進黨「英德配」抽中 3 號。
2019	12	9	「卡神」楊蕙如涉網路帶風向侮辱大阪辦事處被起訴，駐日代表謝長廷日前表示，跟他毫無關係。
2019	12	9	前新北市長朱立倫接任韓國瑜全國競選總部主委。
2019	12	10	親民黨總統參選人宋楚瑜今天成立競選總部。他表示，若當選總統會邀集各黨派領袖共商國是，聽不同政黨聲音，他會尊重民意，尊重立法院，每年一定到立法院做國政報告。

年	月	日	事　記
2019	12	10	總統蔡英文今天到雲林縣北港鎮視察收購狀況，當場允諾明天將撥第一波花生收購款項，且延長收購時間到 12 月底。
2019	12	11	韓國瑜全國競總主委朱立倫今表示，國民黨支持港人追求民主，不希望有任何人或政黨把香港爭取民主的過程當成提款機、選舉戰略，國民黨應支持難民法，民進黨若眞正關心香港民主更應積極推動此法案。
2019	12	11	「卡神」楊蕙如案延燒，民進黨台北市黨部執委會昨天做出 2 項決議，包含靜待司法審理及執委會依職權調查。市黨部主委陳正德今天說，全案不能未審先判，會先進行內部行政調查。
2019	12	11	中央選舉委員會今天表示，12 月將舉辦 3 場總統參選人電視政見發表會，首場 18 日晚間 7 時登場；唯一一場的副總統電視政見發表會 20 日晚間 7 時舉行。
2019	12	11	台灣民眾黨發起人蔡壁如今天表示，台北市長柯文哲對於是否參選 2024 年總統曾說，「屆時若身體健康沒問題，是一定要出來的。」民眾黨這次全力拚戰，爲柯文哲爭取 2024 入門票。
2019	12	11	總統蔡英文臉書晚間公開競選歌曲〈自信勇敢　咱的名〉MV，由滅火器 Fire EX. 創作，蔡總統說，這首歌是寫給各位的爸爸媽媽的歌，也是向民主自由致敬的歌。
2019	12	12	韓陣營主張要重新協商 ECFA，以避免經濟鎖國；經濟部今天回應，ECFA 仍在持續執行，且未收到終止條款通知，建議韓陣營向社會說明用意，包含是否要簽署服貿或談判貨貿等。
2019	12	13	民進黨推出「高雄，對不起」篇影片，國民黨總統參選人韓國瑜競選辦公室總發言人王淺秋今天表示，譴責民進黨在高雄落敗不知反省，卻倒過來質疑、羞辱高雄人，民進黨才對不起高雄。
2019	12	13	明年立委選舉，不分區參選爆炸；公民監督國會聯盟與民視電視公司合作，將於 15 日下午共同主辦國會政黨辯論會，預計有 8 個政黨的代表出席，讓他們說明理念，尋求政黨票支持。
2019	12	13	台灣民眾黨主席柯文哲認爲，自家不分區立委名單比親民黨強。親民黨總統候選人宋楚瑜今天說，過去若無親民黨支持，柯文哲恐無法連任台北市長，但他不會因此跟柯文哲吵架。
2019	12	14	中華辯論推廣協進會晚間在劍潭青年活動中心舉辦舉辦「2020 不分區立委政黨票辯論式政見發表會」，促進民眾理解政黨票意涵。共有 11 個政黨參加，包括國民黨、台灣民眾黨、台灣維新、台灣基進、合一行動聯盟、安定力量、時代力量、國會政黨聯盟、新黨、綠黨、親民黨，辯論會共一百六十分鐘。
2019	12	14	蔡英文總統利用高雄行程空檔，抽空參訪高雄在地的新媒體公司，旗下網紅「波特王」發揮「撩妹」本領，讓蔡總統體驗時下流行的網路梗。

年	月	日	事　記
2019	12	15	總統蔡英文日前與 YouTuber 波特王合作拍片，波特王臉書說中國合作方要求不能出現總統，同時微博一百多萬帳號密碼被擅改。
2019	12	17	中國國民黨台北市長候選人丁守中提起選舉無效訴訟，台灣高等法院今天判敗訴確定。
2019	12	18	總統蔡英文今天在首場政見會上，連番攻擊韓國瑜落跑、亂開政策支票、沒有治國能力、兩岸立場曖昧。此外，細數自己的政績，從年金改革到因應美中貿易戰火，台灣經濟表現居四小龍第一，是值得信賴、有能力的政府。
2019	12	18	政見會抽籤的發言順序為韓國瑜、宋楚瑜、蔡英文，率先發言的韓國瑜一上台就質疑蔡總統國家認同以及民進黨政府清廉等問題，第三個登場的蔡總統開場就直接回擊，並加碼砲轟豪宅案和閨密案。蔡、韓接下來還針對中央執政、高雄市政府執政交鋒，韓批經濟數字是假的，蔡總統則質疑韓國瑜落跑，背棄對選民的承諾。
2019	12	19	國民黨不分區立委被提名人吳斯懷今天接受廣播節目專訪，有民眾 Call in 詢問，如果台灣今天與中國開戰，會站在哪邊。吳斯懷回應，「我當然站在中華民國這邊」，願粉身碎骨支持中華民國。
2019	12	19	在聯電榮譽副董事長宣明智的安排下，親民黨總統候選人宋楚瑜今天前往竹科，與科技廠商代表座談。
2019	12	19	距 2020 年總統大選投票日不到一個月，陸委會發言人邱垂正今天表示，兩岸正就「額外需求的專案加班機」溝通。
2019	12	20	2020 副總統候選人政見發表會今晚登場，發言順序為張善政、賴清德、余湘。
2019	12	21	罷韓、挺韓大遊行今日在高雄市登場。
2019	12	25	第二場總統電視政見會今天舉行，其中蔡總統、親民黨候選人宋楚瑜針對《反滲透法》激烈交鋒。
2019	12	26	公民團體發起罷免高雄市長韓國瑜的行程今天啓動，「Wecare 高雄」等 4 位公民團代表上午到中選會遞交提議書。
2019	12	26	柯文哲媽媽何瑞英下午出席活動時表示柯文哲是「綠底」、總統票要投蔡英文。柯文哲接受訪問則表示，他還在猶豫。
2019	12	27	總統大選最後一場政見會今晚登場。
2019	12	30	中選會今天表示，自 2020 年 1 月 1 日 0 時起至 11 日下午 4 時止，不得以任何方式發布與候選人或選舉有關的民調資料，也不得加以報導、散布、評論或引述；違者最高可罰新台幣 500 萬元。
2019	12	31	立法院下午三讀通過《反滲透法》。

年	月	日	事　記
2019	12	31	政府對武漢直航入境班機進行登機檢疫。
2020	1	1	2020年元旦升旗典禮今天在總統府前登場，總統蔡英文手持中華民國國旗進場。
2020	1	2	前總統馬英九指，通過《反滲透法》等於就是恢復戒嚴；台北市長柯文哲說，《反滲透法》的標題沒人反對，內容誰界定才是問題。總統蔡英文則反批，用過去威權的心態來解讀，不適當。
2020	1	2	空軍一架UH-60M黑鷹直升機今天在烏來山區發生迫降意外，參謀總長沈一鳴等8人殉職。
2020	1	3	民進黨總統候選人蔡英文競選辦公室發言人林靜儀日前接受德國之聲訪問，被媒體以「支持統一就是叛國」下標題，她今天說，訪談過程中用詞不精確，引起紛擾，即日起辭發言人職務。
2020	1	5	中央流行疫情指揮中心專家諮詢小組第一次開會。針對此次專家諮詢會議結論如下：1. 十四日內自武漢地區返國民眾，如出現發燒及呼吸道症狀者，應盡速就醫，並由醫師通報採檢；2. 確定醫療院所相關通報定義及後續處置流程，請醫療院所配合辦理，並要求加強感染管制措施；3. 完備我國因應疫情之整備與應變策略及作為，建議加強新興傳染病致病原診斷能力，並因應疫情狀況適時調整應變措施。
2020	1	6	歷經近九年施工，蘇花改全線今天下午4時開放通車。
2020	1	11	2020年大選結果揭曉，民進黨在總統及立委選舉雙雙告捷，蔡賴配57.13%的得票率取得壓倒性勝利，立委選舉也拿下過半的61席，國民黨僅取得38席；但政黨票部分，民進黨在不分區立委席次卻與國民黨相同，僅拿下13席，台灣民眾黨斬獲5席不分區。
2020	1	13	國民黨在這次總統大選大敗，改革聲浪四起，剛完成連任的國民黨立委江啓臣晚間宣布辭去國民黨中常委一職。
2020	1	13	行政院長蘇貞昌今天下午召開臨時行政院院會，依慣例完成內閣總辭案。總統蔡英文今晚已批示：「蘇院長政績卓著，展現施政效能，當繼續領導行政團隊，以面對各項內外挑戰，爰予慰留。」
2020	1	14	國民黨在總統立委選舉大敗，國民黨立委江啓臣率先宣布辭去國民黨中常委一職，立委蔣萬安、台北市議員徐弘庭響應跟進。
2020	1	15	國民黨青壯派立委江啓臣昨天開第一槍請辭中常委，蔣萬安、徐弘庭等人跟進。不過，有常委持不同意見，多數人已達成不慰留黨主席吳敦義請辭的共識，若現在辭常委，明天中常會流會，難道讓吳敦義繼續留任嗎。

年	月	日	事 記
2020	1	15	民進黨主席卓榮泰今天說，希望黨部人事盡早定下來，雖然他的任期到 5 月 19 日，但若總統有需要彈性調整，建議蔡總統可以提前回任黨主席，黨部也會全力配合。
2020	1	15	立委選舉落幕，立委當選人伍麗華破天荒地搶下民進黨三十多年來首席山地原住民立委。
2020	1	15	針對總統蔡英文今天簽署反滲透法並公布，國民黨立委曾銘宗等 39 人提出釋憲。
2020	1	15	疾管署將「嚴重特殊傳染性肺炎」列為第五類法定傳染病。
2020	1	16	國民黨中常委昨天互推林榮德代理黨主席。
2020	1	17	總統府發言人丁允恭今天表示，監察委員陳師孟 13 日透過總統府秘書長陳菊向總統蔡英文表達辭意。
2020	1	18	「Wecare 高雄」發起人尹立今天表示，第二階段連署最快春節期間展開。
2020	1	18	民眾黨今天請公督盟為 5 名準立委上課，秘書長張哲揚表示，若立委連兩會期被評鑑為觀察名單就開除。
2020	1	18	總統府今天公布總統蔡英文 14 日接受英國廣播公司（BBC）專訪全文，蔡總統說：「我們沒有需要再次宣布自己為獨立國家，因為我們已經是獨立的國家了，我們稱自己為中華民國台灣，我們有自己治理國家的制度，我們有政府、軍隊和選舉。」
2020	1	19	中國與緬甸 18 日簽署聯合聲明，緬方重申奉行一個中國政策，台灣是中華人民共和國不可分割的部分。
2020	1	20	將前總統陳水扁奉為精神領袖的「一邊一國行動黨」今天透過臉書宣布解散，並已成立「善後小組」進行後續政黨解散作業。
2020	1	20	疾管署報請行政院核准成立「嚴重特殊傳染性肺炎中央流行疫情指揮中心」，三級中央流行疫情指揮中心由周志浩署長擔任指揮官，全面防範中國大陸新型冠狀病毒肺炎疫情，確保我國防疫安全。流行疫情指揮中心的分級，三級的成立條件是在國外有嚴重疫情且有明顯社區傳播且疫情擴大疑慮；二級是台灣有境外移入病例傳入；一級則是有本土確診個案。
2020	1	21	宣布參選黨魁的前國民黨副主席郝龍斌今天拜訪前立法院長王金平爭取支持。王金平在會後提出黨主席的兩大條件，包括如何喚回黨魂、爭取全民的支持及如何用智慧與資源解決目前面臨的財務等現實問題。
2020	1	21	新冠肺炎台灣出現確診首例，指揮中心宣布自即日起提升中國大陸武漢市旅遊疫情建議至第三級警告（Warning）。

年	月	日	事　記
2020	1	21	旅客來台只要過去十四天內有中國旅遊史且有肺炎，不論國籍通報後送隔離；另針對中港澳入境班機全面衛教。
2020	1	23	我國國籍航空華航、華信、中國東方跟中國南方航空宣布：武漢直航班機（一週 12 航班）全數停飛。
2020	1	24	中央流行疫情指揮中心因應中國武漢嚴重特殊傳染性肺炎疫情非但沒有平息，武漢市也在上午 10 時起全面停止公眾交通運輸營運，顯示疫情有持續擴大跡象，台灣有必要提升防疫層級。將提升至二級開設，衛福部陳時中部長擔任指揮官。
2020	1	24	經濟部公告：109 年 1 月 24 日起至 109 年 2 月 23 日止，N95 口罩及醫用（外科）口罩及活性碳口罩管制出口，
2020	1	25	立委江啓臣今天宣布角逐國民黨主席，同屬青壯世代的立委蔣萬安、許淑華等人第一時間表態力挺，前立委吳育昇轉述前國民黨副主席郝龍斌看法表示，樂見其成，代表良性競爭與世代整合。
2020	1	25	指揮中心將旅遊疫情建議第三級警告範圍擴大至湖北省（含武漢市），請民眾避免至當地；大陸其他各省市提升至第二級警示（Alert）
2020	1	26	今公布中國人士來台之相關限制：1. 全面禁止湖北省陸人來台；2. 湖北省以外，觀光旅遊、社會交流、專業交流、醫美健檢交流暫緩受理，已經發入台許可證者推遲來台；3. 陸生即日起至 2 月 9 日暫緩來台；4. 商務活動交流，除履約活動、跨國企業內部調動（含陪同人員）外，暫緩受理；已經發入台許可證者推遲來台。獲准來台者，須配合自主健康管理十四天；5. 陸配回台（含湖北省），限制居住，自主健康管理十四天；6. 全面暫緩中國大陸人士以小三通事由（含社會交流、藝文商務交流、就學與旅行）到金門、馬祖與澎湖離島；已發入台許可證者推遲到台灣。
2020	1	27	中央流行疫情指揮中心新增第 7 項陸客來台限制，將不再核發旅居中國海外的旅客來台觀光許可證。
2020	1	28	國內確診第 8 例嚴重特殊傳染性肺炎確定病例，為新冠肺炎疫情爆發以來，國內出現的首起本土病例。
2020	1	28	健保署擴大健保就醫警示，凡是湖北省返台者或相關個案接觸者，以健保卡就醫時會立即跳出警示視窗，以利醫師加強防疫。
2020	1	31	張上淳指揮官及國立台灣大學醫學院附設醫院黃立民教授強調，一般學生無須戴口罩，並建議地方政府宣導使用口罩之三大時機，看病、陪病、探病的時候要戴。
2020	2	1	第 10 屆立法院今天舉行立法院長選舉，民進黨立委游錫堃、游其昌當選新任立法院長與副院長。

年	月	日	事　記
2020	2	1	自 1 月 31 日起至 2 月 15 日止，全數徵用國內口罩工廠生產一般醫用口罩及外科手術口罩，均爲合格口罩廠商，另酒精部分也進行相關部會協調，以利市面上的酒精可充足供貨。
2020	2	1	將疾病管制署庫存之 100 萬片戰備口罩，無償撥用予地方政府衛生局，提升其戰備庫存量，以因應地方政府之緊急防疫需求。
2020	2	2	媒體報導，行政院行文考試院，表示不再列席考試院會。
2020	2	2	因應中國大陸新型冠狀病毒肺炎疫情嚴峻，中央流行疫情指揮中心決定全國高中職（含）以下學校，延後二週開學。
2020	2	3	副總統當選人賴清德將出席在美國華府舉行的全美祈禱早餐會，他強調是以個人身分參加。
2020	2	3	首班武漢包機首批 200 多人於今晚 11 點 40 分落地桃園國際機場。
2020	2	4	行政院決定 6 日起購買口罩將採實名制。
2020	2	5	國民黨中常會今天通過中央政策會執行長由國民黨立院黨團總召林爲洲接任。
2020	2	5	今日起浙江省列二級流行地區，有旅遊史者入境後需居家檢疫。
2020	2	6	入境民眾如有中港澳旅遊史，需列入居家檢疫對象，但有申請獲准至港澳返國者，須自主健康管理十四天，居住地在中國各省市之陸人暫緩入境。
2020	2	6	今日起國際郵輪禁止靠泊我國港口。
2020	2	6	實施「口罩實名制 1.0」，民眾可持健保卡至 6,000 多家健保特約藥局及 300 多家衛生所購買口罩。每張健保卡可用 10 元購買 2 片口罩，七天內不能重複購買。
2020	2	7	港澳人士：自 2 月 7 日起，入境後需居家檢疫十四天。 外國人：自 2 月 7 日起，十四天內曾經入境或居住於中國、香港、澳門的外籍人士，暫緩入境。
2020	2	10	自 2 月 10 日 00 時 00 分起，所有旅客經中國大陸、香港及澳門「轉機」入境台灣者，一律居家檢疫十四天。自台北時間 109 年 2 月 10 日 00 時 00 分至 109 年 4 月 29 日 23 時 59 分，兩岸客運航線除往返北京首都機場、上海浦東和虹橋機場、廈門高崎機場以及成都雙流機場之航線外，其餘大陸城市往返台灣之客運航班暫停飛航。
2020	2	11	即日起非中港澳之所有入境航班旅客均需填報「入境健康聲明書」，並應據實填寫入境前十四天內，是否前往中港澳等流行地區之旅遊史及健康狀況，如有填寫不實或其他拒絕、規避、妨礙之行爲者，依法最高將處 15 萬元罰鍰。中港澳入境航班旅客則維持填報「入境健康聲明暨居家檢疫通知書」，且於入境十四日內應配合居家檢疫措施。

年	月	日	事　記
2020	2	11	全面禁止中港澳人士入境。
2020	2	13	因應新冠肺炎疫情的口罩需求，經濟部次長王美花表示，口罩禁止出口將延長到 4 月底，政府徵用口罩也會同步延長到 4 月底。
2020	2	17	促進轉型正義委員會今公布林義雄宅血案調查報告。
2020	2	18	日本橫濱港的鑽石公主號郵輪列新冠肺炎感染區。
2020	2	20	口罩產能提升並因應開學需求，今日起兒童口罩七天內可買 4 片
2020	2	22	台灣高端疫苗生物製劑公司日前宣布將與美國國立衛生研究院（NIH）合作開發新冠肺炎疫苗。
2020	2	24	旅遊疫情建議「第一級」及「第二級」國家入境旅客，入境後須自主健康管理十四天。
2020	2	24	有中港澳旅遊史須「居家檢疫」，違反規定外出最高罰 15 萬。
2020	2	25	因應新冠肺炎疫情，立法院今天三讀通過《嚴重特殊傳染性肺炎防治及紓困振興特別條例》。
2020	2	27	因國際疫情緊急，將中央疫情指揮中心提升為一級開設，並請衛生福利部陳時中部長擔任指揮官
2020	2	27	不限單雙號可買兒童口罩，每次最多持 3 張 13 歲（含）以下兒童健保卡代購，每日都可購買，但每七天仍限購買 1 次。
2020	3	1	為落實居家檢疫及居家隔離措施，並完善關懷服務網絡，針對檢疫及隔離對象的追蹤管理，指揮中心已於 2 月 20 日召開「地方政府執行居家檢疫及居家隔離措施協調會議」，邀集地方政府就涉及層面進行全面盤點，針對指揮體系、第一線人員橫向聯繫、各項策略分工及諮詢整合專線建置等進行討論，確立「地方政府居家檢疫及居家隔離關懷服務計畫」。
2020	3	5	經參考世界衛生組織發布指引、諮詢專家並與相關部會研商，修訂公布「『COVID-19（武漢肺炎）』因應指引：公眾集會」，以供各界籌辦公眾集會活動時參考。
2020	3	5	實名制口罩每人「可多購買一片」，成人口罩購買量增加為七天 3 片，兒童購買口罩購買量增加為七天 5 片。
2020	3	9	行政院增設中央流行疫情指揮中心副指揮官，由內政部次長陳宗彥出任，經濟部次長王美花任物資組長，莊人祥改任社區防疫組副組長，周志浩改任疫情監測組長。

年	月	日	事　記
2020	3	10	衛福部「嚴重特殊傳染性肺炎隔離及檢疫期間防疫補償辦法」，針對民眾因居家隔離、檢疫及家屬請假照顧，最多十四天可領新台幣 1.4 萬元防疫補償金。
2020	3	11	第二次武漢台商返台專機由台灣中華航空與中國東方航空分別執行，針對此次包機，我國安排 13 位醫護人員（4 位醫師及 9 位護理師）前往。登機前，分別由我方（華航）及中方（東航）人員以「發燒或具嚴重呼吸道症狀者，無法上機」原則執行檢疫，其中華航共載送 169 人、東方航空共載送 192 人。361 人將進行十四天集中隔離檢疫。
2020	3	12	跨黨派立委今天與台灣公共衛生學會共同呼籲，立法院應盡快完成《公共衛生師法》立法，讓公衛人才可以獲得國家專業證照。
2020	3	12	實施「口罩實名制 2.0」，新增網路預購通路。
2020	3	13	立法院會今天三讀通過「中央政府嚴重特殊傳染性肺炎防治及紓困振興特別預算案」，總經費達新台幣 600 億元，一毛未刪。
2020	3	14	3 月 14 日 14 時起，尚未登機離開歐洲 27 國或杜拜之旅客，入境台灣後須居家檢疫十四天。
2020	3	15	即日起提升埃及旅遊疫情建議至第二級：警示。
2020	3	17	歐洲申根國家與申根區自由流動共 27 國及杜拜（杜拜含轉機）旅遊疫情建議提升至第三級：警告（Warning）。
2020	3	18	國民黨主席江啓臣今天宣布，數位行銷科技長將公開徵才，以海選方式徵求最適合的人選，希望從中找到了解網路生態、認同國民黨精神的人選，提升網路時代國民黨的行銷力與戰鬥力。
2020	3	18	總統府今天說，2003 年台灣發生 SARS 疫情時，並沒有發布緊急命令；目前包括國民出入境相關限制在內等防疫措施，都有適用法律基礎及授權，足以因應當前防疫上的必要，目前暫無總統頒布緊急命令的需求。
2020	3	18	行政院會明天將討論「國民參與刑事審判法草案」，以推動國民法官制度，讓被選為國民法官的一般民眾，未來可與職業法官合審合判；草案明定國民法官制度時間表，將在 2023 年上路。
2020	3	19	政府宣布：禁止外籍旅客來台（持居留證及特殊許可者除外）。
2020	3	19	所有入境者皆需進行十四天居家檢疫。
2020	3	20	全球旅遊疫情升至第三級警告，國人應避免所有非必要之出國。
2020	3	21	機場免稅店可買口罩，成人 3 片 30 元。
2020	3	23	新增 26 例確診，包括 25 例境外及 1 例本土。

年	月	日	事　記
2020	3	24	因新冠肺炎（COVID-19）受隔離、檢疫者發給每日 1,000 元的防疫補償金，已於 3 月 23 日起受理申請，而照顧者的防疫補償申請將於 3 月 31 日起開始受理。防疫補償金可於受隔離或檢疫結束日之次日起二年內申請。
2020	3	24	我國禁止外籍旅客來台轉機，對外籍人士採取全面入境管制。
2020	3	25	避免群聚感染，建議停辦室內 100 人以上、室外 500 人以上集會活動。
2020	3	26	新增 17 例確診，包括 15 例境外及 2 例本土。
2020	3	29	華航第 503 次班機以「類包機」方式從桃園機場搭載 16 名旅客、貨物及 14 名機組員於 29 日下午 4 點 50 分起飛往上海。晚間 8 點 58 分由上海浦東起飛，搭載 153 名武漢台商旅客於晚間 10 點 20 分降落桃園機場。
2020	4	1	政府邀請旅宿業「安心防疫」，每房每日補助 1,000 元。
2020	4	1	為加強 COVID-19（新冠肺炎）監測，指揮中心修訂「嚴重特殊傳染性肺炎病例」定義，並擴大社區監測採檢對象。
2020	4	1	指揮中心公布「社交距離注意事項」。
2020	4	1	為防疫需要，指揮中心將依法發布確診個案資料：依《傳染病防治法》第 7 條，主管機關應實施各項調查及有效預防措施，以防止傳染病發生。
2020	4	1	禁止旅客來台轉機政策延長至 4 月 30 日，並視疫情滾動檢討。
2020	4	3	過去十四天內有發燒或呼吸道等症狀之入境旅客，除應配合於機場或醫院採集檢體外，旅客應依指示搭乘防疫車隊至指定地點執行居家檢疫措施。
2020	4	8	罷免高雄市長韓國瑜二階連署今天審議通過，但是韓國瑜陣營表示，公民團體連署罷韓有提前「偷跑」的嫌疑，明天將委任律師前往台北高等行政法院呈遞行政訴訟停止執行聲請狀。
2020	4	9	全國酒店和舞廳，自 9 日起停止營業。
2020	4	12	行政院核定「衛生福利部防疫中心興建工程計畫」，將於現疾病管制署昆陽實驗室原地興建防疫大樓，計畫透過建置完善的檢驗實驗設備，配合感染管制及生物安全、急慢性傳染病、新興傳染病整備、港埠檢疫及國內外疫情監測中心等業務單位，並整合「國家衛生指揮中心」（NHCC），期提升我國疫情監控、檢驗研究、疾病防治及政策規劃等項目至國際一流水準，預計 2027 年竣工。
2020	4	15	4 月 15 日起 4 歲至 8 歲小童立體口罩全面網購。
2020	4	17	4 月 19 日起藥局、衛生所在週日不賣口罩。

年	月	日	事　記
2020	4	19	新增敦睦遠訓支隊 21 例確診，1 例境外移入確診。
2020	4	20	由海峽交流基金會接洽中華航空公司第二批湖北類包機首架航班今天晚間 8 時 3 分從上海起飛，搭載 231 名滯留國人回台。
2020	4	21	新增 3 例確診，均為敦睦艦隊實習生及軍人。
2020	4	21	由海峽交流基金會接洽中華航空公司第二批第二架次類包機在晚間 7 時 53 分從上海浦東機場出發，共 229 名乘客返台。
2020	4	21	鑑於東南亞地區 COVID-19（新冠肺炎）疫情升溫，自台灣時間 4 月 21 日 00 時起，入境民眾過去十四天（台灣時間 4 月 7 日 00 時起）如有東南亞地區旅遊史，登機前除了應填寫「入境健康聲明暨居家檢疫通知書」，也須確認住處是否符合居家檢疫條件。
2020	4	22	國民黨去年全代會修正黨章，增訂由黨主席指派 5 縣市長擔任指定中常委，國民黨主席江啓臣今天宣布由高雄市長韓國瑜、金門縣長楊鎮浯、雲林縣長張麗善、澎湖縣長賴峰偉、新竹縣長楊文科擔任。
2020	4	22	新增 1 例確診，為敦睦艦隊實習生。
2020	4	22	實施「口罩實名制 3.0」，民眾可持健保卡至 1 萬多家超商門市的 Kiosk 事務機進行預購，大幅減少排隊的時間成本，提升便利性。
2020	4	23	新增 1 例確診，為敦睦艦隊軍人。
2020	4	23	原本 4 月 29 日到期的「限縮兩岸航空客運直航航線」及 4 月 30 日到期的「全面禁止旅客來台轉機」二項政策，要延長執行。
2020	4	24	新增 1 例確診，為敦睦艦隊磐石艦軍人。
2020	4	24	指揮中心已建置「新型冠狀病毒篩檢及分析技術支援平台」，整合國內生物安全三級實驗室（Biosafety level-3 laboratory，簡稱 BSL-3 實驗室）之專業能量，提供病毒液測試、仿檢體測試、檢體測試、病毒融斑抑制實驗等服務。
2020	4	25	新增 1 例確診，為敦睦艦隊磐石艦實習生。
2020	5	4	促進轉型正義委員會舉行陳文成案調查報告記者會。
2020	5	4	鑑於海外 COVID-19（新冠肺炎）疫情持續，自台灣時間 5 月 4 日 00 時起，自海外入境民眾，登機前除了應填寫「入境健康聲明暨居家檢疫通知書」，也須確認住處是否符合居家檢疫條件。
2020	5	6	基於滯留湖北民眾返台需求及防疫安全的整體考量，自 5 月 8 日起，滯留湖北民眾可自行返台，惟搭機時應加強防護作為，並於返台後集中檢疫十四天。

年	月	日	事　記
2020	5	9	衛福部食藥署為全力加速醫療器材防疫物資上市，積極輔導廠商依循《藥事法》第 48 條之 2 第 1 項第 2 款及「特定藥物專案核准製造及輸入辦法」第 4 條相關規定，提出醫療器材專案製造申請，在專人速審下，自今（109）年 2 月 7 日至 5 月 7 日止，已核准專案製造 31 件醫療器材，如醫用口罩、隔離衣、防護衣、額／耳溫槍、檢驗試劑等重要防疫物資，投入防疫國家隊行列。
2020	5	23	指揮中心逐步放寬新冠肺炎自費檢驗適用對象。
2020	5	28	兼顧個資保護與疫調需求，指揮中心公布「實聯制措施指引」。
2020	5	29	適用對象再放寬，有需求者可至指定院所自費檢驗新冠肺炎。
2020	6	1	罷免高雄市長韓國瑜倒數五天，Wecare 高雄公民團體今天啟動罷韓掃街車隊。
2020	6	1	國民黨今天表示，目前中央與地方對於中火機組能否運作仍有法律爭議，呼籲政府勿強行啟動中火機組，並支持台中市府反空污、顧台中市民健康，守護中台灣天空。
2020	6	6	高雄市民罷免韓國瑜投票通過，依照《選罷法》三個月內要補選。
2020	6	6	國民黨籍高雄市議長許崑源今晚墜樓，當場死亡。
2020	6	8	國內新冠肺炎疫情趨緩，7 日起大規模解封。
2020	6	22	總統府今天宣布第 6 屆監察委員提名人選，總統提名前總統府秘書長陳菊出任第 6 屆監察院長，總統府秘書長蘇嘉全說，兩位被提名人黃健庭與陳伸賢婉謝提名，遺缺暫時保留，待合適時機再提名。
2020	6	23	廢除考試院與監察院議題近期引發討論，行政院長蘇貞昌今天表示，民進黨一直主張三權分立，考監是歷史留下來的機關，在修憲廢除前，要讓它們有新意、做出貢獻。
2020	6	24	總統蔡英文今天表示，釣魚台屬於中華民國領土，為主權範圍所及，這是政府不變的立場，會盡最大力量維護主權。
2020	6	29	立法院長游錫堃今天上午召集朝野黨團協商，原訂繼續研商「召開第 10 屆第 1 會期臨時會」相關事宜，由於國民黨團拒絕出席，朝野協商宣告破局。
2020	6	29	外來人士逐步開放入境，旅客應於登機前出示 COVID-19 陰性檢驗報告，並配合入境後居家檢疫十四天。
2020	7	1	外交部長吳釗燮今天說，台灣將在索馬利蘭設立具官方性質的代表處，名稱為「台灣代表處」（Taiwan Representative Office）。
2020	7	2	民進黨發言人顏若芳今天說，國民黨主席江啟臣對於近期來中國公務船騷擾相關水域作業漁民，引發釣魚台更名風波，衝擊區域穩定，至今未置一詞，只是跳針式攻擊執政黨，恐怕是在逃避問題。

年	月	日	事 記
2020	7	3	總統府秘書長蘇嘉全原訂今天率監察院長被提名人陳菊等人拜會立法院，但因 20 多名國民黨立委在立法院正門口集結，要求廢除考監、撤換陳菊；總統府通知，取消所有立法院拜會行程。
2020	7	4	對於共機、美國軍機近期在台海頻角力，國民黨主席江啓臣今天表示，已對台灣國防造成嚴重壓力，國民黨支持國防精進，但也要避免意外擦槍走火；維護台海安全，不光是靠自己，也需要與對岸有意外防止機制。
2020	7	10	立法院會今天下午進行 NCC 人事同意權案投票，NCC 主委被提名人陳耀祥、副主委被提名人翁柏宗及全數 NCC 委員被提名人均獲出席立委過半同意出任。
2020	7	10	考試院長被提名人黃榮村獲過半數立委同意出任。
2020	7	11	立法院臨時會下週議程將進行監察院人事同意權案審查及投票表決。國民黨團將強力杯葛，「有很多做法，不會讓他們好過」；民進黨團則高度戒備，並奉勸在野黨別搞「偷襲」、「占領」。
2020	7	13	立法院今天開始處理監察院人事同意權案，國民黨主席江啓臣今天說，監委提名名單實在太綠、太酬庸，呼籲總統蔡英文不要違背過去廢考監的價值堅持。
2020	7	15	自今日起，政府提供每一位申請的中華民國國民及其有居留權的配偶，在繳交 1,000 元後，發放等值新台幣 3,000 元的消費專用券。
2020	7	16	2 歲（含）以下持我國居留證的陸籍子女可申請入境，並得由父母親陪同，入境後須依規定完成十四天居家檢疫，執行細節將由移民署與相關單位處理。
2020	7	17	立法院會今天通過監察院人事同意權案，陳菊即將接任監察院長。
2020	7	20	總統蔡英文今天主持新任總統府副秘書長、行政院政務人員、懲戒法院院長及駐外大使宣誓典禮，在蔡總統監誓下，行政院副院長沈榮津、經濟部長王美花、駐美國大使蕭美琴等人完成宣誓。
2020	7	21	高雄市長補選，25 日藍綠各有大型造勢活動，國民黨李眉蓁有前、後任主席及執政縣市長站台，民進黨陳其邁有行政院長蘇貞昌全力相挺，週末藍綠首場造勢活動，拚人氣更要展現氣勢。
2020	7	22	立法院臨時會院會今天三讀通過《國民法官法》，讓成為國民法官的民眾，與法官共同審判特定刑事案件，並一起決定被告有罪與否及刑期。預計 2023 年上路。
2020	7	26	自菲律賓入境台灣之所有旅客，今起皆須配合機場採檢及檢疫。
2020	7	27	因應廢考監等議題，總統府、民進黨政策會、立法院黨團籌組修憲平台，由總統府副秘書長李俊俋負責。

年	月	日	事 記
2020	7	30	前總統李登輝於今晚 7 時 24 分過世，享耆壽 98 歲。
2020	8	1	總統蔡英文今天爲國家人權委員會揭牌。
2020	8	1	政府開放外籍人士有條件來台就醫。
2020	8	2	總統府秘書長蘇嘉全姪子、民進黨立委蘇震清疑因 SOGO 公司經營權之爭涉收賄，蘇嘉全今天以個人因素爲由，主動向總統蔡英文請辭獲准。
2020	8	3	蘇嘉全請辭總統府秘書長後，由李大維接任。
2020	8	9	美國衛生部長艾薩（Alex Azar）訪問團乘坐空軍 C-40B 行政專機，今抵達台北松山機場，明天起將展開數天訪問，他爲川普任內首位、也是 1979 年來訪台最高階美國官員。無獨有偶，爲弔唁前總統李登輝，日本前首相森喜朗今天也率團飛抵台北。
2020	8	15	高雄市長補選結果出爐，曾在 2018 年遭到挫敗的民進黨候選人陳其邁當選。
2020	8	17	台灣駐索馬利蘭代表處今天正式成立。
2020	8	24	小童及幼幼口罩可至網路（eMask）或超商預購。
2020	8	26	總統府副秘書長劉建忻將出任考試院秘書長。
2020	8	26	出入八大類人潮擁擠或密閉場所時務必佩戴口罩，必要時將由地方政府及各目的事業主管機關依法公告罰則予以裁罰。
2020	8	28	總統蔡英文宣布明（2021）年 1 月起開放含瘦肉精「萊克多巴胺」（Ractopamine）的美豬，以及三十個月齡以上的美牛進口。
2020	8	29	大法官會議昨天做出釋字第 793 條解釋，宣告受理解釋的黨產條例條文合憲。大法官黃虹霞在協同意見書中指出，「大法官只有忠於國家（全民）及憲法！何政治背叛之說耶？！」
2020	8	30	捷克參議院議長維特齊（Miloš Vystrčil）與布拉格市長賀瑞普（Zdeněk Hřib）等共 90 人的代表團訪問台灣六日。
2020	9	1	總統蔡英文今天主持考試院長黃榮村、副院長周弘憲、總統府秘書長李大維等人宣誓就職，由考試院長黃榮村帶領宣讀誓詞。
2020	9	7	行政院長蘇貞昌今天表示，台灣是貿易立國的國家，不能置外於世界，政府放寬美豬美牛進口會依據科學證據、國際標準嚴格把關，明白標示且溯源管理，讓民眾自由選擇。
2020	9	9	蔡政府放寬美豬美牛進口，國民黨立法院黨團書記長林奕華今天表示，國民黨團將提出「食品衛生管理法、學校衛生法部分條文修正草案」，將具社會共識的牛豬分離明確入法，也明確禁止學校膳食使用含瘦肉精的食材。

年	月	日	事　記
2020	9	9	總統蔡英文日前宣布放寬美豬美牛進口，引起社會討論；時代力量立委陳椒華等人今天說，政府近期公布健康風險評估報告，並未對哺乳婦女、孕婦、心血管疾病等高危險族群進行研究，也沒提出科學實證，更不應開放含瘦肉精內臟進口。
2020	9	9	索馬利蘭共和國駐台灣代表處今天揭牌。
2020	9	12	國民黨今天舉辦「反對瘦肉精美豬公投連署」活動，黨主席江啓臣表示，這是公共議題，歡迎各政黨來辯論，由人民做主。
2020	9	14	立法院今天針對組成修憲委員會進行朝野協商，朝野黨團皆同意成立，立法院長游錫堃宣布協商結論，將成立修憲委員會，依政黨比例由民進黨 22 人、國民黨 14 人、民眾黨 2 人、時代力量 1 人組成。
2020	9	14	中國官媒央視稱前立法院長王金平率團參加海峽論壇是「求和」而引發外界批評後，國民黨今天宣布不以政黨形式與會。
2020	9	17	立法院新會期將於明天開議，外界關注目前仍有 4 位立委涉案在押。立法院長游錫堃今天回應媒體詢問時表示，希望司法機關能尊重憲政，任何行動和處理一定要符合憲法的規定。
2020	9	18	美國國務次卿柯拉克本週率團訪台，將會見總統蔡英文，並出席前總統李登輝追思禮拜。《紐約時報》報導，此行反映美國政府加強挺台，對抗中國在國際場域企圖孤立台灣的作爲。
2020	9	18	行政院長蘇貞昌今天將赴立法院對含萊克多巴胺美豬進行專案報告並備質詢。
2020	9	18	國民黨立法院黨團今天在院會提案，要求院會做成決議，請總統蔡英文針對放寬美豬美牛進口，至立法院進行國情報告。院會決議逕付二讀，由國民黨團、民進黨團共同負責召集協商。
2020	9	18	總統蔡英文今天接見抱傷近期二度來台的前日本首相森喜朗。
2020	9	18	國產雙鋼印口罩開始全面徵收，11 月起才能自由販售
2020	9	22	台北地院今天認定立委蘇震清、陳超明、廖國棟有羈押禁見必要，已函請立院許可。立法院秘書長林志嘉表示，尚未收到相關公文，若收到公文後，將請立法院長游錫堃邀集朝野協商討論。
2020	9	23	國民黨立法院黨團今天在立法院召委選舉中，因爲與民眾黨合作，成功拿下 7 席召委。黨團人士表示，雙方談妥，未來國民黨會幫民眾黨連署 18 歲公民權修憲提案，也會針對監察院長陳菊人事同意案共提釋憲。
2020	9	24	取消菲律賓入境「無症狀」旅客機場採檢，自該國入境旅客均須於集中檢疫場所完成檢疫，於檢疫期滿前進行採檢。
2020	9	24	陸籍配偶自 24 日 00 時起，可申請入境。

年	月	日	事　記
2020	9	29	立法院朝野黨團日前經協商決議成立修憲委員會，並依政黨比例組成，明天將送交推派名單。目前朝野所推派的名單大致出爐，民進黨團將 2 席禮讓給無黨籍立委林昶佐及台灣基進立委陳柏惟。
2020	10	4	立法院修憲委員會將於 6 日院會通過名單後正式啟動，具原住民身分的民進黨立委伍麗華表示，將提議把平地、山地原住民的稱呼統一正名為原住民。
2020	10	12	太陽花學運驅離事件，台北地方法院日前判決前總統馬英九、前行政院長江宜樺等 4 人無罪。
2020	10	14	日本檢出自台入境之無症狀 COVID-19 陽性個案，我國持續進行疫情調查。
2020	10	19	中選會決議，國民黨推動「公投綁大選」、「顧食安公投」公投案將舉行聽證。中選會主委李進勇今天說，聽證會目的是協助提案人釐清疑點、符合公投法規定，「聽證會是好意的安排」。
2020	10	24	為反對含萊克多巴胺美豬進口，國民黨除了在立法院表達立場外，文傳會主委王育敏今天說，各縣市黨部將選擇適當地點，掛上反萊豬的看板，將戰場擴大到地方基層。
2020	10	24	所有國產的平面式醫療用口罩都得有雙鋼印，要印上「MD」及「Made In Taiwan」，也要全面徵收。
2020	10	28	多個縣市政府訂定自治條例規定萊克多巴胺零檢出，衛福部次長薛瑞元今表示，已善意提醒地方自行檢討，明年若仍牴觸，將以公告方式宣布自治條例無效。
2020	10	29	國民黨立委李德維今天表示，他昨天才知道原來明年元旦起，不只美豬，全球萊豬都可輸台。衛福部長陳時中對此表示，相關文字已公告近二個月，委員卻到昨天才知道，有點無言。
2020	10	30	前總統馬英九表示，開放萊豬進口很可惡，全世界 197 個國家，有 161 國已不使用萊克多巴胺；明明美國未含萊克多巴胺的豬肉已經有進口了，就繼續增加就好，所以他主張「歡迎美豬，拒絕萊豬」，才是正確的做法。
2020	10	31	政府推動組改案已有初擬版本，科技部將改回前身國科會，數位發展部則將整併 NCC 通訊傳播產業與輔導業務、交通部郵電司、經濟部工業局部分業務、國發會資管處，另行政院資安處也將併入數位發展部，並升格為資安署。
2020	11	6	藍營立委不滿行政院長蘇貞昌未就政府放寬含萊劑美豬進口道歉，今天第 7 度杯葛議事，打破前行政院長江宜樺的歷史紀錄。上午在蘇貞昌進行施政報告之前，藍營立委搶先占據官員席、發言台、備詢台及質詢台，不讓議事進行。

年	月	日	事　記
2020	11	8	民主黨候選人拜登（Joe Biden）當選美國總統。
2020	11	9	長榮大學馬來西亞籍女學生遭強擄殺害。
2020	11	10	總統蔡英文今天上午召開記者會，宣布亞太經濟合作會議（APEC）領袖代表由台積電創辦人張忠謀出任。
2020	11	12	立法院衛環等 5 個委員會今天聯席審查有關進口含萊劑美豬的 8 項行政命令，在野黨立委要求不予備查，民進黨立委要求保留送院會協商；朝野黨團幹部協調後決定，行政命令與 102 項提案均保留，送交院會處理。
2020	11	13	國民黨立委不滿政府未回應國民黨團對萊豬進口的相關訴求，今天第 9 度杯葛議事，在行政院長蘇貞昌進行施政報告之前，搶先占據官員席、發言台、備詢台及質詢台，阻止院會進行。
2020	11	18	NCC 今天決議中天新聞台「不予換照」。
2020	11	20	中央選舉委員會今天召開委員會議，決議國民黨發起的公投綁大選、顧食安等兩項全國性公民投票，將函請提案領銜人限期補正後，再提委員會議審議。
2020	11	22	秋鬥今天下午登場，表達「反毒豬、反雙標、反黨國」訴求。
2020	11	24	行政院長蘇貞昌今天第 12 度赴立法院進行施政報告並備質詢，國民黨立委不滿政府放寬萊豬進口，占據立法院議場，繼續杯葛院會，蘇貞昌目前仍無法上台進行施政報告。
2020	11	27	國民黨立法院黨團今天在立法院議場丟擲豬皮與內臟的杯葛行動引發外界議論，國民黨主席江啓臣說，不強烈杯葛抗議，就是縱容獨裁的開始。
2020	11	30	朝野 27 日在立法院為萊豬進口引爆衝突，國民黨立委質疑立法院長游錫堃主持會議不中立。游錫堃今天駁斥，大會主席無法沒收國是論壇，大家都知道為何國是論壇超過四十天無法召開，不是他沒收的，大家自有公評。
2020	12	1	實施「秋冬防疫專案」，強制要求民眾於八大類高感染風險場域活動時，務必佩戴口罩，未佩戴口罩且經勸導不聽者，將依法開罰。 八大類場域包含「醫療照護、公共運輸、生活消費、教育學習、觀展觀賽、休閒娛樂、宗教祭祀、洽公機關（構）」。
2020	12	4	國民黨立委林奕華、楊瓊瓔提案修正《學校衛生法》，要求營養午餐不得使用含萊劑肉品等，且應在供膳契約內載明；立法院會今天處理時，國民黨團提案逕付二讀併案協商，在無人異議下通過，全案將在 8 日由立法院長游錫堃召集黨團協商。

年	月	日	事　記
2020	12	4	全民健保保費是否調漲引發外界關注，台灣民眾黨立法院黨團今天舉辦健保議題公聽會，民眾黨團認為應開源節流，落實家醫轉診，並投入慢性病防治、減少民眾重複的醫療行為，否則調漲費率治標不治本。
2020	12	4	自12月4日至17日，將暫停引進印尼籍移工入境來台工作二週，並視當地疫情，再評估是否自12月18日起減半原印尼籍移工每週入境人數。
2020	12	11	立法院會今天處理增列討論事項時，國民黨提案暫緩萊豬進口，並要求與美方重啟談判，民進黨則提案這次會議僅增列中央政府總預算案審查報告案，其餘依議程進行，因先表決民進黨提案並通過，國民黨的提案均不處理。
2020	12	18	台灣首起國籍航空機師群聚感染：染疫的紐西蘭籍機師於航行途中出現咳嗽症狀、卻未戴口罩執勤，導致同行的日籍和台籍機師相繼染疫的群聚事件。
2020	12	18	持續暫停引進印尼籍移工，視當地疫情重新開放。
2020	12	20	立法院24日院會將處理攸關萊豬進口行政命令及相關修正草案，針對國民黨23日將展開二十四小時不斷電靜坐，並號召群眾24日繞行立院聲援，民進黨定21日召開行政立法協調會報討論因應，朝野對決氣氛濃重。
2020	12	21	教育部長潘文忠日前在「致家長的一封信」重申學校供膳一律使用國產肉品。
2020	12	21	立法院朝野黨團今天再度針對處理攸關含萊克多巴胺美豬進口的行政命令進行協商，但是針對24日院會當天處理的程序，以及發言的次數、人數，朝野黨團經一個多小時的討論未獲共識。立法院長游錫堃宣布，23日下午繼續協商。
2020	12	22	立委今天建議行政院長蘇貞昌，當國內取得2019新冠肺炎（以下簡稱COVID-19）疫苗時，他能夠率先公開施打，提振國民對施打疫苗的信心。蘇貞昌表示，「我願意」。
2020	12	23	立法院經濟與法制委員會今天聯席審查通過公平會新任委員提名名單；公平會主委被提名人、現任經濟部商業司長李鎂表示，若就任主委，未來有3大施政目標：法規與時俱進、加強與企業對話，以及更簡政便民。
2020	12	24	立法院會今天處理食管法部分條文修正草案，在野黨提案多項條文修正案，包含食品、食品添加物應在外包裝標示萊劑、新增萊劑貨號，並羅列不得檢出萊劑的場所。但民進黨團具人數優勢，在野黨版本並未通過。

年	月	日	事 記
2020	12	25	立法院會今天三讀修正通過《民法》部分條文等案，將成年年齡降爲 18 歲，但現行《憲法》規定的選舉資格依舊爲 20 歲。對此，國民黨立法院黨團總召林爲洲說，希望盡快召開修憲委員會討論。民進黨立法院黨團幹事長鄭運鵬說，修憲委員會下會期應能開始運作。
2020	12	29	國民黨立法院黨團今天進行新任黨團幹部改選，經協調，新任總召由國民黨立委費鴻泰接任，書記長爲現任首席副書記長鄭麗文升任，新任首席副書記長由國民黨立委陳玉珍接任；明（2021）年 2 月 1 日上任。
2020	12	30	日前萊豬表決大戰，民進黨立委林淑芬、江永昌、劉建國跑票，民進黨立法院黨團今天決議停權三年，罰新台幣 3 萬元。
2020	12	30	指揮中心洽購近 2,000 萬劑 COVID-19 疫苗，包含 COVAX 約 476 萬劑、AstraZeneca 疫苗 1,000 萬劑及另一家洽談中。預期最早可能供貨時程爲 110 年 3 月。
2020	12	31	行政院今天下午宣布萊克多巴胺含量「全國統一標準」，並指地方的自治條例與中央法規牴觸無效。
2020	12	31	強化自主健康管理者之防疫規範，並透過電子圍籬防止自主健康管理者接近大型活動區域（電子圍籬 2.0）。
2021	1	12	疫情指揮中心公布台灣發生 COVID-19 以來首位照顧 COVID-19 病患而確診的醫師（案 838）與其同院護理師女友（案 839，屬社區感染）。
2021	1	15	國民黨籍立委廖國棟被控收受前太流公司董事長李恆隆賄款遭訴，自去年 8 月間被羈押禁見至今。台北地方法院今天開庭後，裁定廖國棟 1,000 萬元交保，並限制住居、出境、出海。
2021	1	15	入境旅客除須依原規定檢附登機前三日內檢驗報告外，亦須提供檢疫居所證明（以集中檢疫或防疫旅宿爲原則，若選擇居家檢疫者，則須 1 人 1 戶且經切結）。
2021	1	16	民進黨桃園市議員王浩宇罷免案今天通過。
2021	1	16	部立桃園醫院新增 1 名護理人員 COVID-19 確診（案 852）。
2021	1	17	國民黨在「罷王」後持續推進「罷捷」。民進黨黨內人士今天表示，國民黨試圖複製「大砲打小鳥」模式，民進黨會更進一步清楚表態，反對這種不具正當性的報復性罷免，並呼籲民進黨支持者，拒絕接受這種不具正當性的罷免活動。
2021	1	17	又增 1 名醫師確診（案 856），相關病房採取 1 人 1 房居家隔離。
2021	1	18	台中市大里區立仁里長鄭伯其今天宣布將發起罷免台灣基進黨籍立委陳柏惟。

年	月	日	事　記
2021	1	18	新增 1 名醫護人員確診（案 863），隨後疫情指揮中心首次透露該院為衛生福利部桃園醫院，同時宣布指揮中心人員進駐衛生福利部桃園醫院，成立「前進指揮所」，相關確診個案曾活動之病房關閉，病房內病人安排 1 人 1 室進行隔離。
2021	1	19	新增院內 2 名確診（案 868 護理人員、案 869 外籍看護），以及院外 2 名案 863 衍生病例（案 864 丈夫、案 865 女兒）全院醫護員工共有 353 人以集中檢疫或回院隔離、樓層管制並全面消毒、非相關的住院病患陸續轉院，神經內科、心臟血管內科、胸腔內科和腎臟科停診。陸軍第六軍團指揮部 33 化學兵群於下午赴院區協助進行全面消毒。
2021	1	20	新增 1 名案 839 衍生病例（案 870 同住祖母），因個案發病前二日至住院隔離前均在居家隔離，未與他人接觸，故無匡列接觸者。
2021	1	22	中選會今天舉行委員會議，通過 2021 年全國性公民投票案在 8 月 28 日舉行投票。
2021	1	22	新增 2 名衍生病例－案 881（案 852 護理師曾照護之出院病患）、案 882（案 881 的女兒）；院內管制門診降載（不收治新病患）、門診與住院分流（關閉餐廳）。
2021	1	23	新增 1 名衍生病例－案 885（案 881 的女兒）。
2021	1	24	新增 2 名院內感染病例－案 889（出院病患）、案 890（案 889 的家人）。
2021	1	25	某協會爆料前最高法院洪姓庭長 2004 年與承審案件的被告律師聚餐。司法院表示會全面調查與翁茂鍾不當往來的法官。
2021	1	29	民主進步黨籍立委蘇震清被控收受前太流公司董事長李恆隆賄款遭訴，自去年 8 月間被羈押禁見至今。台北地方法院今天開庭，裁定蘇震清新台幣 1,000 萬元交保，並限制住居、出境、出海。
2021	1	29	石木欽案爆出多名司法檢警調高層與富商翁茂鍾不當接觸，司法院人審會昨天決議將 6 位前法官移送監院。
2021	1	30	立法院會昨天表決通過時代力量立法院黨團主決議，針對現行國徽與國民黨黨徽相似，要求內政部兩個月內提出評估報告。
2021	1	30	新增 3 名案 863 衍生病例（案 907、909、910 同住婆婆、另一名女兒、公公）、1 名案 889 就醫相關接觸者（案 908）本土確診個案，其中，案 907 為部桃群聚感染事件當中，首例死亡的個案。
2021	1	31	民進黨台北市黨部主委今天改選投票，新境界文教基金會副執行長吳怡農同額競選，投票選舉人數為 1 萬 7,586 人，選舉結果下午近 5 時公布，吳怡農以 2,217 票當選，廢票 14 票，投票率 12.69%。
2021	2	1	資深媒體人趙少康傳出要重回國民黨。

年	月	日	事 記
2021	2	1	前中研院院長翁啓惠涉浩鼎案遭監察院彈劾、也被當時的公懲會判申誡，但司法判決無罪。
2021	2	1	台中市龍井區居民楊文元今發起罷免台灣基進立委陳柏惟活動，並成立「刪 Q 總部」，宣布將在 2 月 8 日前向中央選舉委員會提案。
2021	2	1	資深媒體人趙少康今天表示，前高雄市長韓國瑜認爲只有他能救國民黨，支持他選黨主席，但因必須當過中央委員、中評委才有參選資格，韓國瑜表明會與黨主席江啓臣討論；至於有沒有資格選，「那是江啓臣的事」，有資格可以選，就再討論。
2021	2	1	資深媒體人趙少康申請回復國民黨籍，是否有參選黨主席資格備受矚目。國民黨發言人盧宸緯今天說，按現行規定，參選黨主席須入黨或回復黨籍滿一年，且曾擔任中評委、中央委員，趙少康不符合參選資格。
2021	2	1	民進黨發言人顏若芳今天說，國民黨不但傾全黨之力支持不具正當性的高雄市議員黃捷罷免案，更由國民黨地方議員成立罷免立委吳思瑤總部，要罷免一位優質的民選立委，這說明了國民黨在主席江啓臣主導下，已經走上非理性鬥爭路線。
2021	2	4	國民黨主席江啓臣今天拜訪前新北市長朱立倫、前總統馬英九等人，商談資深媒體人趙少康回復黨籍後是否能夠選黨主席一事，據透露，江啓臣向馬、朱說明態度，表示一切就照制度走。
2021	2	4	蓋亞那共和國在雙方同意對外發布設處協定後，因中國施壓而宣布終止協定，總統府發言人張惇涵今天表示，對於蓋亞那政府的片面決定，深感遺憾。
2021	2	5	新增 1 名案 924 本土病例，爲案 839（部桃 6A 護理人員）與案 870（案 839）之家人，因案 924 有照顧案 870，於今日確診。
2021	2	6	黃捷罷免今天投票，根據中選會公布最後結果，罷免黃捷案投票率爲 41.54%，其中不同意票數爲 6 萬 5,391 票（占 54.20%），同意票數 5 萬 5,261 票（占 45.80%）。
2021	2	8	台北市議員潘懷宗涉嫌詐領助理薪資案，士檢聲請羈押禁見，士院裁定 200 萬元交保。高院發回更裁。士林地院今天再度開庭。潘懷宗於上午 10 時許到達法院，頭戴棒球帽不發一語。
2021	2	8	中廣董事長趙少康今天宣布將爭取國民黨 2024 年總統提名初選。
2021	2	9	新增 1 名案 863 衍生病例（案 934 同住大姑），案 863 一家七口都染疫。
2021	2	10	總統蔡英文今天表示，指揮中心正式宣布：已和美國製藥廠莫德納（Moderna）簽署 505 萬劑的 COVID-19 疫苗供應合約，預計今年第二季開始供貨。

年	月	日	事　記
2021	2	17	立法院新會期將啓動修憲工程，國民黨主席江啓臣今天說，國民黨立場清楚，不會支持國旗、國歌、國號這類變更國名或國家定位的提案。
2021	2	17	民進黨今天召開中常會，與會人士轉述，民進黨秘書長林錫耀提到，高雄市議員黃捷罷免案後，國民黨推動罷免腳步未停，民進黨要與被點名罷免的人士保持密切聯繫，化解罷免問題；另有中常委建議行政院研議修正《選罷法》。
2021	2	17	國民黨今天表示，將增聘前海基會副董事長高孔廉爲中央評議委員會議主席團主席，並增聘孫文學校總校長張亞中、中廣公司董事長趙少康等6人爲中評委；黨主席江啓臣將擇日親送聘書。
2021	2	18	《時代雜誌》今天公布年度次世代百大人物名單，48歲的國民黨主席江啓臣入選。
2021	2	18	前行政院發言人丁怡銘去年11月因牛肉麵失言風波請辭，行政院今天宣布，懸缺的政院發言人一職由政務委員羅秉成兼任。
2021	2	18	由環團與桃園在地居民共同發起「搶救藻礁」公投，剩最後十天就要截止第二階段連署，安全份數要達35萬份，但距離目標還缺約27萬份。珍愛藻礁公投領銜人潘忠政今天表示，連署行動告急。
2021	2	18	政院今天通過「太空發展法草案」。
2021	2	18	立法院本會期將啓動修憲工程，民進黨立委郭國文針對總統與立委就職日不一，可能造成長達四個月的看守內閣一事提案，調整立委與總統就任日期一致，並刪除總統解散立法院的權力，以及限縮立法院的倒閣權。
2021	2	19	總統府發言人張惇涵今宣布人事異動，陸委會主委陳明通轉任國安局長，前國安會諮詢委員邱太三接陸委會主委，國安局長邱國正出任國防部長，現任國防部長嚴德發轉任國安會諮詢委員。
2021	2	19	部桃群聚感染事件正式告一段落，衛生福利部桃園醫院恢復正常營運。
2021	2	20	國民黨主席江啓臣今天宣布將投入今年黨主席選舉。
2021	2	20	國民黨今天表示，「公投綁大選」、「反萊豬」2項公投案進入第二階段連署，累計份數都已達約60萬份，不斷攀新高的連署份數，代表人民不滿情緒的累積與高漲。
2021	2	20	台北市議員邱威傑（網紅呱吉）今天證實，歡樂無法黨沒打算在2022年或2024年推參選人，最佳解散時間點和方式就是不完成法人登記，已被內政部廢止政黨備案。
2021	2	20	最高檢察署今天表示，因應農、漁會選舉即將陸續展開，已成立「查察賄選及暴力督導小組」。

年	月	日	事　記
2021	2	21	基層農會選舉今天進行投開票。
2021	2	22	屏東農會會員代表選舉賄聲賄影，屏東地檢署今天就檢舉情資進行某鄉農會陳姓會員代表候選人及蘇姓樁腳的傳喚及偵訊，晚上將陳姓候選人以新台幣 5 萬元交保，陳的蘇姓樁腳聲押。
2021	2	24	國民黨主席江啓臣邀台灣民眾黨主席柯文哲參加「願景台灣 2030」論壇，遭解讀爲藍白合作。江啓臣今天表示：國民黨願意跟其他在野黨在議題上尋找合作可能性，但不強求也不會爲合作而合作。
2021	2	24	紓困特別條例今年 6 月將到期，民進黨中常委何志偉今天在中常會建議政府研議是否延長相關紓困措施；不過，與會人士轉述，黨主席蔡英文有些不悅，並回應這議題不適合在中常會討論。
2021	2	24	「搶救藻礁」公投連署近期在網路社群發酵，國民黨也表態支持；民進黨秘書長林錫耀今天在中常會提到，藻礁公投會不會成案還未定，不過民進黨一定要小心因應。
2021	2	24	國民法官新制將於 2023 年上路，台北地方法院昨天舉行模擬法庭國民法官審理程序並經評議後，判決被告無罪；參與的國民法官今天表示，肯定新制有助於縮短國民與審判的距離。
2021	2	25	民進黨中評會今天討論民進黨立委林淑芬等 3 人在萊豬投票跑票一事，經表決，中評會以 5：3 通過「停權一年，再犯則停權三年」的決議，並建請中執會作爲下次提名的參考。
2021	2	26	「搶救藻礁」公投連署近期發酵；行政院長蘇貞昌今天受訪說，蔡政府除盡全力保護藻礁、大幅刪減三接開發面積，也希望早一天停止燃煤發電，這是不得已的抉擇，會把詳細資料讓國人知道。
2021	2	26	國民黨力推「反萊豬」、「公投綁大選」公投案，國民黨表示，「反萊豬」公投連署今天可望突破 70 萬份，這是《公投法》修法後，最短時間達成最高連署份數的紀錄。
2021	2	26	民主進步黨籍立委蘇震清被控涉收受前太流公司董事長李恆隆賄款遭訴，台北地院日前裁定交保，蘇震清今天聲明爲不讓民進黨受到傷害而退黨，直到能以清白之身再重回民進黨。
2021	2	26	中華文化總會今天召開會員大會，前文化部長鄭麗君卸任後回任青平台基金會董事長。
2021	2	26	《入出國及移民法》規定，跨國（境）婚姻媒合不得要求或期約報酬，否則處新台幣 20 萬元以上 100 萬元以下罰鍰。大法官今天做出釋字第 802 號解釋，移民法相關規定合憲。

年	月	日	事　記
2021	2	27	政府為推動轉型正義，成立促轉會，但已延任一年的促轉會5月底任期將屆滿。台灣民間真相與和解促進會（真促會）學者陳翠蓮、陳嘉銘、黃長玲今天下午召開記者表態反對促轉會再延任。
2021	3	1	自3月1日00時起（啟程地時間），恢復非本國籍人士入境條件及桃園機場轉機作業。
2021	3	2	國民黨主席將於7月改選，國民黨中央委員連勝文今天說，未來的主席應定位為「專職黨主席」，不應再去爭取公職選舉提名，特別是總統，應全心於黨務上，不兼任公職。
2021	3	2	立法院第10屆第3會期今進行無黨籍及少數黨團委員參加常設委員會抽籤，民眾黨團5位立委分別抽中交通、外交國防、財政、衛環、經濟委員會，時力黨團則抽中2席教育文化和司法法制委員會。
2021	3	3	民眾黨今天在「天然台湘菜館」舉辦中央委員春酒。民眾黨主席、台北市長柯文哲受訪表示，他會用「台」字形容民眾黨，他不覺得「天然獨」這句話是對的，應該是叫天然台。
2021	3	3	國民黨智庫副董事長連勝文昨天拋出未來黨主席應專任的想法，外界好奇連勝文是否投入7月的黨主席選舉。他今天表示，從今天開始，會認真嚴肅地去思考，近日也將開始進行請益之旅。
2021	3	3	對於民進黨立委林淑芬等3人萊豬投票跑票案，中評會日前決議「停權一年，再犯則停權三年」；林淑芬今天質疑中評會的決議效期是多久。中評會主委康裕成解釋，是指「在本屆立法委員任期內」，再度因違反黨團決議被懲處移送者。
2021	3	3	民進黨中常會今天正式通過成立「憲政改革小組」，由前主席姚嘉文、立法院黨團總召柯建銘、當然中常委鄭文燦擔任共同召集人。
2021	3	3	「珍愛藻礁」公投連署工作小組表示，繼昨天跨過安全門檻後，今天連署書再創單日新高，上衝7萬654份，來到43萬8,518份，可望在近日內突破50萬份大關。
2021	3	3	首批AstraZeneca COVID-19疫苗11.7萬劑抵台。經「傳染病防治諮詢會預防接種組」（ACIP）討論，建議2劑間隔至少八週。接種對象將依ACIP對COVID-19疫苗建議實施對象之優先順序，從第一優先之醫事人員開始循序推動接種工作。
2021	3	4	立法院新會期，國民黨團在經濟委員會席次競爭激烈，不分區立委翁重鈞和彰化縣選出的立委謝衣鳳最終以抽籤決定，結果謝衣鳳中籤參加經濟委員會，翁重鈞則轉往參加司法及法制委員會。
2021	3	4	中國3月起暫停進口台灣鳳梨。

年	月	日	事 記
2021	3	4	針對最高法院法官捲入富商翁茂鍾案，院長吳燦今天代表最高法院向全體司法同仁、外界表示歉意，「非常抱歉，我們沒有做得很好」，並感慨「大夫無私交」，希望事件趕快過去。
2021	3	4	國民黨立法院黨團書記長鄭麗文昨天請辭，黨團總召費鴻泰今天表示，鄭麗文辭意甚堅，但他還是拜託鄭麗文留下來，他也會跟黨主席江啓臣討論，朝如何讓鄭麗文釋懷的方向慰留。
2021	3	5	「刪 Q 總部」發起罷免台灣基進立委陳柏惟活動，中選會今天表示，經查對提議人名冊，符合規定的人數合計 3,744 人，已達法定人數。依規定，第二階段連署六十天內須達 2 萬 9,113 人。
2021	3	8	立法院今天舉行召集委員選舉，民進黨團三度抽籤未中拿下 8 席、國民黨團靠籤運搶下 7 個委員會召委席次；交通委員會則首度「綠白合作」，民眾黨立委邱臣遠在民進黨支持下，順利當選交通委員會召委。
2021	3	9	國民黨發起「反萊豬」、「公投綁大選」公投案，國民黨主席江啓臣今天將加總超過百萬份第二階段連署書送到中選會。他呼籲民眾 8 月 28 日踴躍投票，也要求中選會中立處理。
2021	3	10	帛琉旅遊泡泡卡關主因曝光，指揮中心指揮官陳時中今天透露，帛琉希望入境者做抗原快篩，但台灣認為偽陽性比例太高，建議改做 PCR，回台後則採加強版自主健康管理。
2021	3	11	立法院司法及法制委員會今天通過「審檢調警人員涉及翁茂鍾案重創司法信任案眞相調閱專案小組」運作要點，運作期間從即日起至 5 月 31 日，但經決議後得延長，召集人則由民進黨立委、司委會召委黃世杰擔任。
2021	3	18	總統蔡英文今天還原 2000 年民進黨政府提出核四停建、最後復編核四預算的過程表示，證明了民進黨一直主張停建核四，國民黨卻一直主張重啓核四。將會透過網路社群及面對面的對話，持續說明執政團隊推動能源轉型主張和進度。
2021	3	18	國民黨智庫副董事長連勝文日前表態會愼重考慮是否參選國民黨主席，但現在傳出連陣營內部對參選與否有不同意見。連勝文今天說，他一旦下定決心就會往前衝，沒有內部支持或反對的問題。
2021	3	18	蘇花公路宜蘭東澳段遊覽車疑因車速過快肇事，釀成 6 人死亡、39 人輕重傷事故。
2021	3	18	國民黨立委不滿衛福部以保密協定為由拒談疫苗價格等細節，今天在立法院衛環委員會提案成立專案小組監督疫苗且投票通過，民進黨立委質疑程序瑕疵，雙方僵持約四小時宣布散會。

年	月	日	事 記
2021	3	18	行政院長蘇貞昌支持促轉會延續任期，引發真促會批評。行政院發言人羅秉成今天說，法律明定院長有此權力，「不會是黑機關」，是讓促轉會任務執行有一個段落，「不會是萬年，沒有人希望促轉做萬年」。
2021	3	18	國民黨2月宣布增聘趙少康、張亞中爲中評委，但兩人至今未收到聘書，文傳會副主委鄭照新今天說，張亞中屬一般案件，目前作業中；趙少康情況特殊，爲避免政治霸凌，需特殊考量。
2021	3	19	朝野立委昨天就是否在立法院衛環委員會設調閱小組監督疫苗交火，行政院長蘇貞昌今天受訪說，買疫苗簽有保密契約，事件完成後會公布所有文件，不論什麼政黨都要以保護國人健康爲先，不要因爲違反保密規定而買不到疫苗。
2021	3	19	爲抑制短期炒房，行政院會11日通過「房地合一」所得稅法修正草案，修正「短期持有」的定義。
2021	3	22	行政院長蘇貞昌和衛生福利部長陳時中一早到台大醫院打疫苗。
2021	3	23	國民黨立委曾銘宗今天質詢，行政院支不支持推出囤房稅。行政院長蘇貞昌說，現在沒有要推出囤房稅。
2021	3	23	國民黨昨天頒發中評委聘書，由於中廣董事長趙少康日前表明不必送聘書，黨主席江啓臣僅頒發孫文學校總校長張亞中等5人中評委聘書。
2021	3	24	國民黨團在立法院衛環委員提案成立疫苗採購調閱小組，引發朝野衝突，今天經朝野協商決定照案通過。疫情指揮中心指揮官陳時中下午在記者會中表示，對此結果予以尊重。
2021	3	25	「珍愛藻礁」公投小組今天發表聲明稿澄清，媒體報導公投小組將與國民黨組成「反萊豬、護藻礁」平台並非事實，小組並未參與國民黨會議，目前也並未與任何政黨結盟或聯盟。
2021	3	31	前考試院長許水德今辭世，享耆壽91歲。
2021	3	31	NCC今宣布「有條件」准許華視進駐52頻道。
2021	4	2	台鐵太魯閣號今天在花蓮縣清水隧道北口，與滑落邊坡侵入路線的工程車碰撞出軌後衝入隧道中且擦撞隧道壁發生意外，造成多達49人的死亡。
2021	4	3	台鐵太魯閣號發生事故後，不少藝人、學者在網路上集氣甚至捐出所得，台中市長盧秀燕也將捐出一個月所得。另外，行政院已指示衛福部設置捐款專戶。
2021	4	3	中部水情嚴峻，台中與苗栗地區6日起將分區供水，這也是近五十年來首次因乾旱問題分區供水。
2021	4	5	立法院朝野黨團日前達成共識，成立「疫苗採購調閱專案小組」，成立時間需協商。

年	月	日	事　記
2021	4	6	台電公司 5 日深夜無預警啓動台中火力發電廠三號機組，環保署認定合法操作。
2021	4	6	司法院人審會今天開會討論多名法官疑與富商翁茂鍾不當接觸，是否需懲戒，預計 7 日下午討論完畢。其中前最高法院法官兼庭長洪昌宏今天親自到會陳述意見，主張並無違失。
2021	4	7	司法院今公布首波翁茂鍾案調查第二波調查，認定前大法官蔡清遊、26 名法官有違失，其中，法官鄭小康移送監院。
2021	4	9	立法院會三讀通過房地合一 2.0 修法，規定 2016 年後取得房地、預售屋及特定股權交易，持有二年內出售課 45% 稅率，超過二年、未滿五年內出售課 35%；新制 2021 年 7 月 1 日上路。
2021	4	9	內政部次長陳宗彥今天表示，內政部「評估修改現行國徽之必要性專案報告」並未要求哪個政黨改徽章，也沒有具體提出建議。
2021	4	10	美國國務院今天公布最新的對台交往準則。據指出，在新的交往準則下，美台官員將能前往對方官署拜會與洽公，美方官員也得以參加雙橡園的活動。
2021	4	11	中央流行疫情指揮中心今天宣布另新增 1 例確定病例死亡，為衛福部桃園醫院群聚感染事件的就醫接觸者。
2021	4	12	促進轉型正義委員會任務將在 5 月到期，促轉會主委楊翠今天說，轉型正義工作不能中斷，委員會討論後，決定向行政院報請延任一年，未來工作包括貫徹究責、協力共進及深化法制；她說：「我們不會變成萬年促轉會」。行政院發言人羅秉成表示，促轉會的公文還未到行政院，行政院長蘇貞昌先前在立委質詢時已有表態，政院原則上會支持。

國家圖書館出版品預行編目資料

2020年總統選舉：新時代的開端／方淇等著. --
初版.--臺北市:五南圖書出版股份有限公司,
2021.10
　面；　　公分.

ISBN 978-986-522-806-4（平裝）

1.元首 2.選舉 3.台灣政治 4.文集

573.5521　　　　　　　　110007775

1PBG

2020年總統選舉
——新時代的開端

主　　編 — 陳陸輝(266.5)

作　　者 — 方　淇、王德育、吳重禮、林聰吉、俞振華
　　　　　　洪國智、翁履中、郭子靖、陳陸輝、游清鑫
　　　　　　黃　紀、廖崇翰、蔡佳泓、鄭夙芬、蕭怡靖

發 行 人 — 楊榮川

總 經 理 — 楊士清

總 編 輯 — 楊秀麗

副總編輯 — 劉靜芬

責任編輯 — 黃郁婷

封面設計 — 王麗娟

出 版 者 — 五南圖書出版股份有限公司

地　　址：106台北市大安區和平東路二段339號4樓

電　　話：(02)2705-5066　　傳　真：(02)2706-6100

網　　址：https://www.wunan.com.tw

電子郵件：wunan@wunan.com.tw

劃撥帳號：01068953

戶　　名：五南圖書出版股份有限公司

法律顧問　林勝安律師事務所　林勝安律師

出版日期　2021年10月初版一刷

定　　價　新臺幣400元

經典永恆・名著常在

五十週年的獻禮 —— 經典名著文庫

五南，五十年了，半個世紀，人生旅程的一大半，走過來了。
思索著，邁向百年的未來歷程，能為知識界、文化學術界作些什麼？
在速食文化的生態下，有什麼值得讓人雋永品味的？

歷代經典・當今名著，經過時間的洗禮，千錘百鍊，流傳至今，光芒耀人；
不僅使我們能領悟前人的智慧，同時也增深加廣我們思考的深度與視野。
我們決心投入巨資，有計畫的系統梳選，成立「經典名著文庫」，
希望收入古今中外思想性的、充滿睿智與獨見的經典、名著。
這是一項理想性的、永續性的巨大出版工程。
不在意讀者的眾寡，只考慮它的學術價值，力求完整展現先哲思想的軌跡；
為知識界開啟一片智慧之窗，營造一座百花綻放的世界文明公園，
任君遨遊、取菁吸蜜、嘉惠學子！